工商管理系列教材

组织行为学

苏慧文　王水莲◎编著

企业管理出版社
ENTERPRISE MANAGEMENT PUBLISHING HOUSE

图书在版编目（CIP）数据

组织行为学 / 苏慧文，王水莲编著. -- 北京 ： 企业管理出版社，2024. 10. -- ISBN 978-7-5164-3150-4

Ⅰ. C936

中国国家版本馆CIP数据核字第2024TT3294号

书　　名：组织行为学
书　　号：ISBN 978-7-5164-3150-4
作　　者：苏慧文　王水莲
责任编辑：李雪松　宋可力
出版发行：企业管理出版社
经　　销：新华书店
地　　址：北京市海淀区紫竹院南路17号　　**邮　　编**：100048
网　　址：http: //www. emph. cn　　**电子信箱**：emph001@163.com
电　　话：编辑部（010）68701638　　发行部（010）68417763　68414644
印　　刷：北京厚诚则铭印刷科技有限公司
版　　次：2024年10月第1版
印　　次：2024年10月第1次印刷
开　　本：787mm×1092mm　1/16
印　　张：14
字　　数：281千字
定　　价：58.00元

序言

PREFACE

在这个日新月异的时代，商业世界的版图正以前所未有的速度重构，全球化、数字化转型、可持续发展等议题交织成网，企业不再仅仅追求短期的经济利益，更加注重长期的社会价值创造和可持续发展。商业环境瞬息万变，技术革新层出不穷，市场竞争日益激烈，对企业的战略思维、运营管理、创新能力提出了更高要求。作为培养未来商业领袖的重要摇篮，MBA（工商管理硕士）教育承载着塑造时代精英、引领商业变革的使命，面临着前所未有的挑战与机遇，它不仅要传授传统的商业管理知识，如财务管理、市场营销、运营管理等，更要培养学生的创新思维、全球视野、领导力，以及解决复杂问题的能力。

基于这样的时代需求，我们精心编撰了这套 MBA 核心课程系列教材，旨在为广大学子搭建起一座通往成功彼岸的坚实桥梁，让他们在知识的海洋中遨游，在实践的田野上耕耘，最终成长为能够驾驭复杂商业环境、引领行业创新的杰出领导者。

本系列教材紧扣 MBA 核心课程的要求，融合了现代管理理论与实践，将商业智慧的要素逐一呈现。本系列教材共十二本，涵盖了 MBA 教育的核心领域，从基础理论到前沿实践，从微观管理到宏观战略，形成了一个系统完整、逻辑严密的知识框架。本系列教材涵盖了 MBA 教育的核心课程，包括“管理经济学”“组织行为学”“数据、模型与决策”“运营管理”“会计学”“营销管理”“公司理财”“战略管理”“创新创业管理”“管理信息系统——大数据赋能与模式创新”“国际商务管理”“人力资源管理与开发”。这些课程不仅传授基础理论，还强调理论与实践的结合，旨在培养具有国际视野和本土洞察力的商业领袖。

在教材内容设计上，我们注重知识、能力和素养的平衡，学术严谨性和实践相关性的平衡，以及中国根基和全球视野的平衡。每一本教材紧密围绕 MBA 教育的核心目标，聚焦于特定的管理学领域，深入剖析该领域的核心概念、框架和策略。同时，本系列教材既注重理论深度，又强调实践应用，每个主题不仅提供了深入浅出的理论背景，同时搭配了丰富的实例分析，让学习者能够触摸到理论的脉搏，理解其在现实商业环境中的应用。通过这种方式，我们希望学习者在解决实际问题时，能够运用书中提供的理念与工具，进行有效的思考与行动，力求让学习者在学习过程中实现知识与能力的双重提升，并通过最前沿的知识和实践案例，帮助学习者构建起一套完整的商业知识结构。

本系列教材不仅适用于 MBA 学生，也适合于 EMBA（高级管理人员工商管理硕士）、EDP（高级经理人发展课程）学员以及广大对商业管理感兴趣的专业人士。我们相信，无论是正在规划商业生涯的初学者，还是在商业领域摸爬滚打多年的资深人士，都能在这一系列教材中找到值得汲取的养分。我们建议学习者按照教材的逻辑顺序规划学习，同时结合线上资源和实际案例，不断深化理解和应用。教师在使用本套教材时，可以根据学生的具体情况和需求，灵活调整教学方法和进度。

同时，对于使用这套教材的教师和学生，我们期待你们的宝贵意见，以帮助我们不断改进，更好地服务于教育事业。我们也期待与广大师生、业界精英及社会各界人士携手合作，共同推动 MBA 教育事业的发展，为中国乃至全球的商业繁荣贡献智慧和力量。我们深知，MBA 教育是一场没有终点的旅程，它要求我们不断探索、勇于创新，以适应快速变化的商业环境。因此，本系列教材的出版只是一个新的起点，我们将持续关注商业领域的新动态、新趋势，不断更新和完善教材内容，确保学生始终站在时代的前沿。

我们相信，通过不懈努力，这套 MBA 核心课程系列教材将成为培养未来商业领袖的重要力量，助力每一位学子在商海中乘风破浪，智驭未来。

最后，衷心感谢所有参与本套教材编写、审校、出版的专家、学者和工作人员，是你们的辛勤付出和卓越贡献，让这份承载着梦想与希望的成果得以面世。愿每一位读者都能从中汲取智慧与力量，开启属于自己的辉煌篇章！

是为序。

目录 CONTENTS

第一章 绪 论

第二章　个体行为的基础

第三章 个体行为激励

第四章 群体行为管理

第五章 领　导

第六章 组织理论及组织设计

第七章　组织文化

第八章　组织变革

第一章 绪 论

组织行为学是伴随着科学管理持续实践和创新过程产生并逐步完善的一门综合性学科。技术和管理领域的不断迭代创新，极大地改变了人类社会进步的历程。在这个历史的进程中，产生了一系列原创性的管理成果和模式，大大提升了劳动生产效率，社会财富也呈指数级增长，如泰勒的科学管理、福特流水线生产模式、通用电气的事业部模型、丰田精益生产模式、摩托罗拉的六西格玛管理、ISO 9000 体系、流程管理、平台管理等，企业在竞争、发展和利润最大化的驱动下，应用这些具有原创性的管理创新的动力也非常强，但在应用落地过程中，往往不会取得像原创企业那样明显的成效，这种背景进一步推动了组织行为学的发展。本章主要介绍组织行为学的演变过程、学科特征和研究方法等内容。

第一节 组织行为学的演变过程

一、古典管理理论

亚当·斯密在其《国富论》中以制针厂为案例，形象地说明了劳动分工带来的效率变化。他注意到 10 个工人中，如果每个工人从事某项专门的工作，每天能生产 48000 根针，但是如果让每个工人独立完成制针的所有工作，这 10 个人最快也不过每天制作 200 根针。他们都得依次完成拔丝、矫直、切断、敲针头、磨针尖等动作，即使是熟练工，一个人每天完成 20 根针就算不错了。于是亚当·斯密得出结论，劳动分工之所以能提高效率，是因为它提高了每个工人的技巧和熟练程度，减少了由于变换工作所浪费的时间，并且有利于专业机械的应用。查尔斯·巴贝奇进一步在亚当·斯密劳动分工理论的基础上对专业化进行了深入研究。他在 1832 年出版的《机器与制造业经济学》一书中，对专业化分工、机器与工具的使用、时间研究、批量生产、均衡生产、成本控制等方面进行了充分论述，主张通过科学研究提高生产力、材料的利用率和工人的工作效率，采用利润分配制协调劳资矛盾，这为其后的科学管理思想和定量管理奠定了基础。19 世纪下半叶，工业出现了前所未有的变化，工厂制度日益完善，生产规模不断扩大，生产专业化程度日益提高，劳资矛盾日益突出，这种状况客观上要求有一种新的管理理论和思想来代替过去的经验管理方法。于是，在 20 世纪初产生了以泰勒为代表的科学管理理论。在管理学发展阶段中，其被称为古典管理理论阶段，该阶段主要包括四个学派：泰勒的科学管理理论、法约尔的管理过程理论、马克斯·韦伯的官僚组织理论及巴纳德的自觉协作系统。

（一）泰勒与科学管理理论

泰勒（1856—1915）的职业生涯主要是在米德瓦尔钢铁厂和伯利恒钢铁公司度过的，他对当时工人们普遍倾向于采用磨洋工方式的低效率工作感到震惊，他认为工人的生产效率只达到应有水平的 1/3。于是他开始了一系列旨在提高劳动效率的试验，在其所著的《科学管理原理》中做了详细描述，比如金属切削试验、搬运生铁块试验、铁锹尺寸改善试验等。泰勒通过这一系列试验尝到甜头后，运用类似的方法，确定每一项工作的最佳方法，然后选择合适的工人并培训他们严格按照最佳的方法开展工作。为了调动员工的积极性，泰勒主张采用刺激性的计件工资制度，从而取得了生产效率倍增的效果。泰勒的试验聚焦于动作和工时的研究，以及工具、设备、材料和工作环境的优化，并依据这些成果制定了科学的工作定额和为完成这些定额的标准化工具。泰勒以这些试验为素材，陆续出版了《计件工资制》（1895 年）、《车间管理》（1903 年）、《科学管理原理》（1911 年）等著作，总结了他几十年的研究成果，归纳了自己长期的管理实践和经验，经过系统化的整理，终于形成了科学管理理论，主要的观点如下。

（1）专业化分工进一步深化，把复杂工作拆解为一系列动作分工。

（2）研究每一个动作的最佳定额、最佳方法和实施的最佳工作环境标准。

（3）把合适的人配置到合适的岗位上。

（4）采取刺激性的计件工资制度，持续调动员工积极性。

（5）倡导劳资合作，劳资是利益的共同体，而不是对抗关系。

（6）计划职能与执行职能分离。

以上观点虽然自提出至今已有百年历史，但仍为当下企业普遍应用。科学管理理论并非由泰勒一个人独创，而是泰勒及同时代的若干人的智力成果。正如英国管理学家林德尔·厄威克指出，泰勒所做的工作并不是发明某种全新的东西，而是把整个 19

世纪在英国和美国产生并发展起来的东西加以综合而形成的一整套思想，他使一系列无条理的首创事物和实验产生了一个哲学体系，即科学管理理论。科学管理理论的其他代表人物还有吉尔布雷斯夫妇和亨利·甘特等，科学管理理论中的甘特线条图至今仍在项目管理中广泛使用，是控制计划和生产进度的主要工具，也为后来的计划评审技术（PERT）奠定了基础。

（二）法约尔与管理过程理论

与泰勒聚焦以提高劳动效率为重点进行科学管理研究不同，出生于法国的亨利·法约尔（1841—1925）更关注整个组织和管理过程。法约尔研究管理的年代基本和泰勒相同，但由于法约尔长期从事高层管理工作，对整体组织的管理具有深刻的体会。因此他和泰勒从不同角度研究管理。泰勒更关注的是车间层的管理，采用科学方法，而法约尔关注的是所有管理者的活动，并且把这些经验上升到理论。法约尔在1916年出版了代表作《工业管理及一般管理》，提出了一般组织管理理论，成为管理过程学派的奠基人。他的主要观点如下所示。

1. 企业的活动

所有企业都存在着六种基本活动，而管理活动只是其中之一，如图1-1所示。

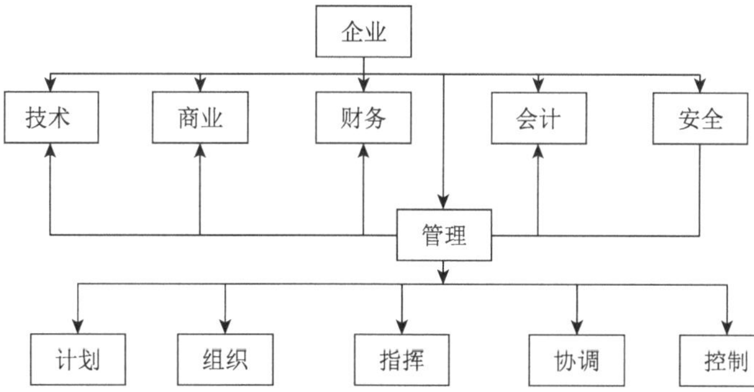

图1-1 企业的基本活动

管理活动由计划、组织、指挥、协调和控制五大管理职能活动组成。

2. 管理的十四条原则

（1）工作分工。这条原则与亚当·斯密的劳动分工一样，通过雇员专业化分工使工作更有效率，从而增加了工作成果。

（2）职权与职责。管理者必须有命令下级的权力，职权赋予管理者的就是这种权力，但是责任应当是权力的孪生物，凡行使职权的地方就应当建立责任机制。

（3）纪律。雇员必须遵守和尊重组织规则，良好的纪律是有效管理者打造的，明智地运用惩罚手段以对付各种违规行为。

（4）统一指挥。

（5）统一领导。一个组织对于目标相同的活动，只能有一个领导、一个计划。

（6）个人利益服从整体利益。任何雇员利益或局部利益不应当置于组织的整体利益之上。

（7）公平的报酬。对雇员必须付给公平的报酬。

（8）集中。集权与分权要有一个适当的程度，根据组织的情况、人员的素质来确定。

（9）等级链。从高层管理到最低层管理的直线职权代表了一个等级链。它既是执行权力的等级线，也是信息传递的渠道，但在特殊情况下，为了克服由于统一指挥而产生的信息传递延误，法约尔设计出一种“跳板”，也叫“法约尔桥”，C–H 就是一个“法约尔桥”，如图 1-2 所示。

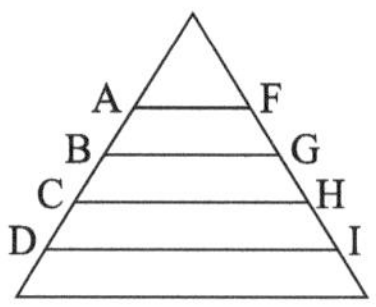

图 1-2　“法约尔桥”

（10）秩序。应该规定组织中每一个成员的岗位职责，形成“人皆有位，人称其职”的组织制度。

（11）公平。主管人员应该公平地对待下级。

（12）人员的稳定。雇员的高流动率对组织来说是不利的，管理高层应该提供有规则的人事计划，并保证任何时候都有合适的人选填补岗位的空缺。

（13）首创精神。允许雇员发起和实施他们的创新计划将会激发他们的工作热情。

（14）团结精神。鼓励团队精神将会在组织中建立起和谐的关系。

（三）马克斯·韦伯与官僚组织理论

马克斯·韦伯（1864—1920），德国著名的社会学家，德国柏林大学的教授。他反对当时盛行的靠传统的自觉（封建制）和裙带关系（世袭制）来管理的思想，认为这不仅不公正，还造成了人力资源的巨大浪费。为此，他提出了一个权力结构理论，并设计了一个他称之为“官僚”的理想组织模式。这是一种体现劳动分工原则、有明确意义的等级和详细的规则与制度，以及非个人关系的组织模式。韦伯的这一理论，对泰勒、法约尔的理论是一种补充，对后来组织理论学家有很大影响，因此他被后人称为“组织理论之父”。韦伯认为，尽管这种“理想的官僚行政组织在客观现实中是不存在的，但它代表了一种可供选择的现实世界的重构模式”。他指出，管理体制是一种严密的、合理的、形同机器那样的社会组织，具有熟练的专业劳动、明确的职权划分、严格的规章制度，以及金字塔式的等级服从关系等特征，是一种管理技术体系。

韦伯的理想官僚行政的特征如图 1-3 所示。

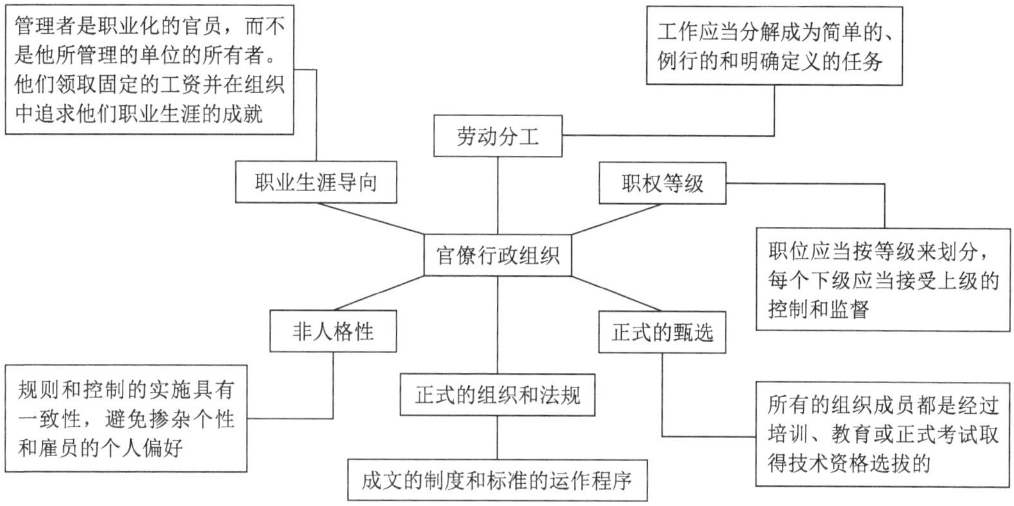

图 1-3 韦伯的理想官僚行政的特征

从以上特征可以看出，官僚制的优点体现在组织中的个人与权力相分离，通过一套连续性的规章制度网，使个人主观因素对整个组织运转的影响降到最低程度，摆脱了传统组织受到随机、主观、偏见的影响，这种组织适合于工业革命以来的大型企业组织的需要。

（四）巴纳德与自觉协作系统

切斯特·巴纳德（1886—1961），出生于美国马萨诸塞州，1906 年进入哈佛大学经济系学习，毕业后进入美国电报电话公司工作，后担任新泽西贝尔电话公司总裁。他的代表作是 1939 年出版的《经理人员的职能》。他读过韦伯的著作并深受其影响，但是与韦伯对组织的机械论和非人格性观点不同，巴纳德的主要思想体现在以下几个方面。

1. 组织是一个由人们有意识地加以协调的各种活动的系统

管理人员有三方面的基本职能：建立和维持一个信息联系系统，从组织成员那里获得必要的支持，制订组织的共同目标；领会组织的整体及其有关的整个形势，把握管理过程的艺术；这个组织系统中的关键因素是管理人员。

2. 权威来自下面而不是来自上面，没有本身就代表着权威的人

每个人的协作固然可以通过命令和指挥的形式来体现，但只有具备以下四个条件，个人才会承认这种命令的权威性，进而接受命令。

（1）个人理解这个命令。

（2）个人认为这个命令与组织的目标一致。

（3）个人认为这个命令同自己的利益一致。

（4）个人有执行这个命令的能力。

一个雇员不服从上级的命令，这种不服从是对命令权威性的一种拒绝，尽管上级也许会惩罚不执行命令的下级，但是上级的命令没有被照办这件事已经发生了。

二、行为科学理论

以“科学管理理论”和“管理过程与管理组织理论”为代表的古典管理理论的广泛应用大大提高了工作效率。但古典管理理论更多侧重于对生产过程、组织控制方面的研究，较多地强调科学性、精密性、纪律性，而对人的因素关注较少，把工人当作机器的附属品，不是人在使用机器，而是机器在使用人，这就激起了工人们强烈的不满。美国在20世纪二三十年代爆发了经济危机，失业人口达到1300多万，大批企业倒闭，罗斯福推行新政，先后颁布了《国家劳动关系条例》和《公平劳动标准条例》，工会势力上升，使资本家感到再依赖传统的管理理论和方法已不能有效地控制工人来达到提高生产率和利润的目的。一些管理学家、心理学家也意识到社会化大生产的发展迫切需要产生与之相适应的新的管理理论，于是行为科学应运而生，这是继古典管理理论之后的一个重要发展阶段，也是现代管理科学的重要组成部分，这一阶段的管理理论在管理学发展史上称为新古典管理理论。

行为科学的发展基本上可分为两大时期，前期叫作人际关系学说，它是以20世纪二三十年代美国学者梅奥（George Elton Mayo，1880—1949）领导的霍桑实验开始，后期是1949年在美国芝加哥的一次研讨会上首次提出行为科学，在1953年美国福特基金会召开的各大学科学家参加的会议上，人们把这一领域的研究成果正式改称为行为科学。

（一）梅奥及其霍桑实验研究

霍桑实验对于行为科学的产生和发展起到了重要作用。这项研究是由西部电器公

司（Western Electric）设在伊利诺伊州西塞罗的霍桑电话机工厂负责的，此项研究始于 1924 年，最后又扩大范围继续研究了几年，由此产生了人际关系学说，该实验分四个阶段。

1. 照明实验（1924—1927 年）

这一阶段的研究是西部电器公司的工业工程师们设计的，目的是检查不同的照明水平对工人生产率的影响。照明实验分为两组，一组为实验组，先后改变工场照明强度，让工人在不同照明强度下工作，另一组为对照组，则保持原有的光线不变。实验发现，当实验组的亮度增加时，两个组的产量都在增加。更令工程师惊异的是当实验组的亮度下降时，两个组的生产率仍继续提高。事实上，当光线亮度降至月光水平时，实验组的生产率才有所下降。于是工程师得出结论：照明强度与生产率没有直接关系，但他们不能解释他们目睹的工人的行为。研究者总结认为，工人由于研究者在观察他们而表现不同，这种反应称之为霍桑效应。

2. 管理政策（1927 年 8 月—1928 年 4 月）

这一阶段西部电器公司的工程师邀请了哈佛大学的梅奥教授作为顾问进厂继续实验研究，旨在检验各种条件的变动对生产率的影响，以便更有效地控制影响工作效率的因素。通过改变材料供应、工作方法、劳动条件、工资、管理作风与方式等因素对工作效率影响的实验，发现无论各个因素如何变化，实验组的产量都是增加的，其他因素对生产率也没有特别的影响，而似乎由于督导方法的改变，工人态度有所变化，产量因此增加。

3. 访谈实验（1928—1931 年）

从 1928 年起，研究小组的注意力从物质条件转移到人际关系方面，进一步开展了全公司范围内的普查与访问，共调查了两万余人次，发现所得结论与上述实验结果基本相同，即任何一位员工的工作绩效都受到其他人的影响，于是研究进入第四阶段。

4. 群体实验（1931—1932 年）

以集体计件工资制刺激工人，企图形成“快手”对“慢手”的压力来提高效率。公司管理层给他们规定的产量标准是焊合 7312 个接点，但当工人们完成 6000 ～ 6600 个接点时，他们的工作就会自动慢下来。实验发现，工人既不会为超定额而充当“快手”，也不会因完不成定额而成为“慢手”，当达到他们自己认为“过得去”的产量时，就会自动松懈下来，原因是生产小组形成无形默契的行为规范，即工作不要做得太多，否则就是“害人精”；工作不要做得太少，否则就是“懒惰鬼”；也不应当告诉监工任何损害同伴的事情，否则就是告密者；不应当企图对别人保持距离或多管闲事。经过分析，造成上述现象的主要原因有三个方面：一是怕定额标准再度提高；二是怕失业；三是保护速度慢的同伴。这一阶段的实验还发现了霍桑效应，即对新环境的好奇和兴趣足以产生较佳的成绩，至少在初始阶段如此。

通过以上四个阶段历时 8 年的霍桑实验，梅奥等人认识到员工的生产效率不仅受到生理方面、物质方面等因素的影响，更重要的是受到社会环境、社会心理等因素的影响，这对科学管理只重视物质条件，忽视社会环境、心理因素对工人的影响来说是一个重大的修正和补充。

（二）人际关系学说

根据霍桑实验的结果，梅奥于 1933 年出版了《工业文明中人的问题》一书，提出了与古典管理理论不同的观点，形成了人际关系学说，他的主要观点如下。

1. 工人是社会人，而不是单纯追求金钱收入的经济人

作为复杂的社会系统成员，金钱并非刺激工人积极性的唯一动力，他们还有社会、心理方面的需求，比如友情、安全感、归属感等方面的需要，而后一方面所形成的动力随着生产力的进步，对效率更有影响。

2. 企业中除了正式组织外，还存在着非正式组织

正式组织为非正式组织的形成创造了条件，这是因为正式组织为人们聚集在一起发生关系创造了条件。比如相同的工作场所、共同的生产经营活动、一定的组织层次和结构既为人们相互接触创造了条件，也提供了接触和交往的限度。有了正式组织，人与人之间的接触才具有持续、反复的特征，非正式组织的生长发育才有了条件。这种非正式组织是企业成员在其共同的工作过程中，由于具有相同的社会感情而形成的非正式团体，如价值观、爱好、行为观等。这种非正式组织有它特殊的感情、规范和倾向，左右着成员的行为，古典管理理论仅注重正式组织的作用，这远远不够。非正式组织不仅存在，而且同正式组织相互依存，对生产率的提高有很大影响。非正式组织对正式组织的作用在前面已做过介绍。非正式组织的特征如下。

（1）无明确结构、形态，可辨识性差。非正式组织与正式组织相比，没有明确的组织名称、结构，没有清晰的上下级关系，初步接触很难辨认出来。

（2）非正式组织本质在于人与人之间的协调。非正式组织是以个人的心理特征为基础自发形成的，个人之间的协调程度较高。

（3）非正式组织侧重于人们相互接触的心理侧面、非理性侧面。与正式组织相比，非正式组织主要通过感情逻辑来运转，而正式组织主要通过效率逻辑来运转。

3. 新型的领导在于通过提高工人的满足程度提升士气

生产率的高低主要取决于工人的士气，即工作的积极性、主动性与协作精神，而士气的高低则取决于工人的满足程度，即他的工作是否被上级、同伴和社会承认，满足程度越高，士气越高，生产效率也就越高。

（三）行为科学理论

继梅奥的人际关系学说之后，很多学者从心理学、社会学等角度致力于这方面的研究。行为科学应用在管理学上，主要是对工人在生产中的行为及这些行为产生的原因进行分析研究，包括人的本性和需要、行为的动机、人际关系等，行为科学在二次大战以后的发展主要集中在以下四个方面。

（1）关于人的需要和动机理论。如马斯洛的需要层次理论、赫茨伯格的双因素理论、麦克利兰的成就需要理论等。

（2）关于管理中的“人性”理论。如道格拉斯·麦格雷戈的关于人性的两套系统性假设——X 理论和 Y 理论。

（3）关于领导方式的理论，如美国管理学家布莱克和莫顿的管理方格图理论等。

（4）关于企业中非正式组织及人与人的关系理论。

三、管理心理学

如前所述，20 世纪初以科学管理思想和理论为代表的古典管理理论的发展及在实践中的推广，极大地提高了企业的生产效率，由此导致劳资矛盾日益尖锐。于是，一批心理学家开始研究有效地利用人的生理、心理资源来获得更高的生产效率。美国哈佛大学心理学教授闵斯特伯格 1912 年出版了《心理学与工业效率》一书，讨论用心理测验的方法选拔合格工人的问题，研究了疲劳及劳动合理化问题，提出了创造心理条件来提升效率，以及如何满足工人的需要从而实现劳资双方利益等观点。他率先把心理学应用到工业生产领域，因此被人们称为“工业心理学之父”，他对管理心理学的形成起到了推动作用。1914 年，美国心理学家莉莲·吉尔布雷斯在出版的《管理心理学》一书中，提出要把早期心理学的概念应用到科学管理实践中，但研究活动只是从个体的心理出发，而没有注意到工作的社会环境、人际关系、领导者与被领导者的相互关系，因此这本著作在当时并未引起人们足够的重视，管理心理学这一概念并未得到人们广泛的认可。直到梅奥等人基于霍桑实验提出了人际关系学说之后，才为管理心理学的形成奠定了实验的理论基础。在人际关系学说之后，对管理心理学形成影响最大的是马斯洛在 20 世纪 40 年代撰写的《人的动机理论》一书中提出的需求层次理论，从此研究如何适应和转变工人的心理、激励工人的积极性等问题在美国兴起。经过多位心理学家的长期实践和研究，一门新兴的学科——管理心理学终于脱颖而出。20 世纪 60 年代，美国斯坦福大学心理学家莱维特所著的《管理心理学》和雪恩所著的《组织心理学》的出版，标志着管理心理学的正式诞生。紧接着美国心理学会第十四分会——工业心理学分会正式改名为工业和组织心理学分会，这意味着当时的研究已从群体扩大到整个组织，研究人员也加入了社会心理学家、社会学家和人类学家行列，开始用“组织行为学”的名称开课。从管理心理学到组织心理学，再到组织行为学，反映了这一领域的发展过程。美国管理学会前主席古明斯在论述组织行为学与组织心理学的异同时，指出两个领域都集中讨论组织中人的行为，其主要的区别为组织心理学把心理学作为纲领，组织行为学则从多种学科中汲取知识。当组织心理学的范围不断扩大时，两者可能趋于一致。

第二节　组织行为学的学科特征

一、组织行为学研究领域

作为行为科学的一个分支，组织行为学是研究个体、群体及结构对组织内部行为的影响，以便应用这些知识提高组织的有效性。组织行为学关注人们在组织中做什么，这种行为如何影响组织的绩效。尤其是在当下各行业产品供过于求的环境下，竞争越发激烈，企业要生存和发展，必须不断地创新求变。众多的企业实践表明，创造性借鉴是一条投入少、见效快的创新路径。全球范围内，在各个经营领域都出现了一些创新的标杆，创新的效果也产生了足够大的示范效应和吸引力。引进、消化、吸收和改进成为国内很多企业创新的捷径，然而，将优秀的模板运用到自己的企业后，发生了大量的“水土不服”现象，没有产生预期的效果，比如丰田的精益管理模式，被众多制造业企业引进和应用推广，但没有一家企业产生像丰田那样的效果。为什么会产生“水土不服”的现象？其中，个体行为、群体行为、组织行为三个层面对卓越的绩效模式产生了哪些影响，问题的根源在哪里？如何采取有针对性的措施，使卓越的绩效模式结合本企业的实际情况落地实施，组织行为学提供的分析问题的方法，在这方面大有作为，这也是当下组织行为学的重要研究领域。

从个体层面来讲，个性、动机、态度、价值观、情感、能力、学习、知觉等前因变量如何影响个体行为，每个前因变量改善的途径、工具和方法有哪些？从群体层面来讲，群体的行为特征有哪些？这些特征在什么样的场景中产生，对群体绩效产生哪些影响？如何改变这些特征为群体绩效服务？从组织层面来讲，整体组织的行为特征有哪些规律性的东西，其生命周期中的每个阶段有哪些发展的“天花板”需要突破？卓越的组织行为模式案例有哪些关键特征，突破的路径和措施有哪些？这些都是组织行为学关注和重点研究的领域。

二、组织行为学学科特性

从前述的组织行为学发展历程来看，有以下三个学科特性。

（一）跨学科性

组织行为学在形成和发展的过程中广泛吸收了心理学、社会学、社会心理学、人类学、政治学、经济学、管理学、统计学等诸多学科的概念、理论和方法，涉及的学科众多，具有跨学科性和综合性的学科特点。

（二）多层面性

组织行为学关注个体行为、群体行为和组织行为三个层面，每个层面关注的前因变量及测量工具都有很大的差异，面对的问题领域、研究的聚焦点也不同，但三个层面又是互相影响的。

（三）场景性

没有完全相同的两个人，同样也不存在完全相同的两个企业、两个团队，组织行为学研究的对象是不断变化的个体、群体和组织，既有共性的行为特征，也有鲜明的个性化特征，而这些个性化特征构成了独特的场景。换句话说，就是不存在放之四海而皆准的模板，必须结合具体的实际情况总结解决方案。

三、组织行为学学科框架

如上所述，组织行为学是一门综合性、交叉性学科，是由多学科领域的研究成果发展而来的。组织行为学家斯蒂芬·罗宾斯提出，对组织行为学有贡献的学科主要有心理学、社会学、社会心理学、人类学、政治学等（见图 1-4），对它们的研究为组织行为学奠定了基础，并使之发展成为一门独立的学科。

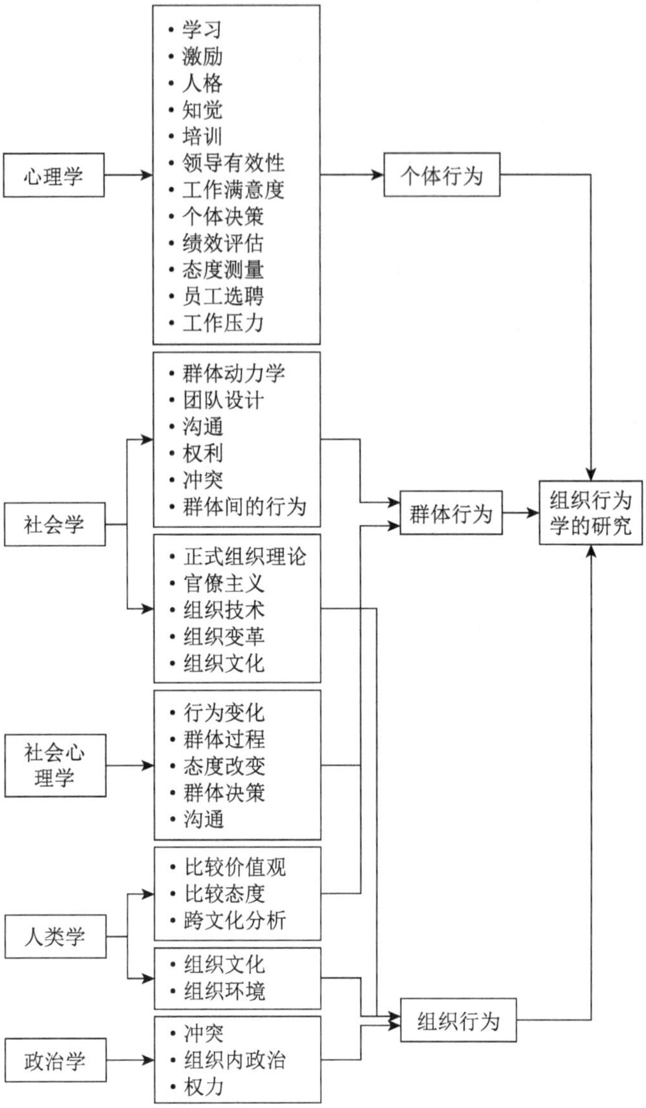

图 1-4　对组织行为学有贡献的学科

四、学习组织行为学的意义

MBA（工商管理硕士）学员通过案例分享系统学习和掌握组织行为学相关理论及分析技能，了解组织行为学的发展现状，其主要意义有以下几个方面。

（一）培养问题意识，提高发现问题、分析问题的能力

MBA 课程的培养目标之一是学员具备高级职业经理人的任职资格，问题意识是其中重要的组成部分。职业经理人之所以含金量比较高，就是因为他能为所在公司解决问题，把损失降到最低，支撑企业的持续发展。解决问题的前提是善于发现问题，

尤其是能在第一时间识别重要且紧急的问题。通过课堂案例分享及讲授，可以系统地了解企业普遍存在的关键瓶颈问题，并给出解决问题的方法。

（二）提升改善个体绩效的管理能力

系统学习个体行为的相关理论及案例分析，可以了解影响个体行为的相关前因变量，提高掌握行为可预见性的能力，从而在制度优化和设计上制定有针对性的解决方案，达到强化责任到位和激励到位的效果。

（三）提升改善团队绩效管理能力

系统学习群体行为学的相关理论及案例分析，可以了解群体冲突的原因、类型和解决对策，了解群体行为特征及对绩效带来的影响、团队沟通的常见问题及化解对策，提升带团队的综合能力。

（四）提升改善组织绩效管理能力

系统学习组织层面行为学相关理论及案例分享，了解和掌握企业发展的生命周期的特征、每个阶段关键领域特征及关键瓶颈问题，了解和掌握组织战略、商业模式、竞争战略、精细化运营平台的相互关系，区别职能管理与流程管理的异同点，了解“阿米巴”模式落地的关键特征，以及激励 3.0 能解决的问题，提升组织管理的领导力，为持续改善组织绩效提供专业基础和视野。

第三节 组织行为学的研究方法

一、案例研究

案例研究方法的创始人罗伯特·K. 殷曾指出，案例研究仅是社会科学研究的多种方法之一。其他研究方法还包括实验、调查、历史分析、档案资料分析等。每一种研究方法都有其长处和不足，采用何种研究方法要考虑三个条件：需要解决的问题类型；研究者对研究对象的控制能力；关注的中心是历史现象还是当前问题。

一般来说，案例研究适用于以下三种情境：需要回答“怎么样”“为什么”的问题时；研究者几乎无法控制研究对象时；关注的重心是当前现实生活中的实际问题时。解释性（Explanatory）案例研究可以由另外两种方法——探索性（Exploratory）案例研究与描述性（Descriptive）案例研究来补充。无论进行何种案例研究，研究者都须精心设计并认真执行研究方案，以严谨、扎实的论证来反击那些评论家对案例研究的不实指责。

一个好的案例研究具有以下特点：一是案例对象的典型性，无论是研究个体、群体还是组织，案例对象的特征要能代表同类属性的个体、群体或组织，如此，研究结论才具有一定的普适性和推广价值；二是案例描述要具体细腻，神韵在于细节，可以挖掘到对研究结论有较好支撑的论据；三是要尽可能获得一手资料。

二、实地调查研究

实地调查是采用一定的方法，对一定规模的样本对象，如个体、群体或组织，事先设计好调研问题提纲和调查问卷，对样本对象进行全面调研、收集数据和分析数据，最后得出研究结论的方法。采用这种方法时，要注意样本抽取方法的合理性和科学性。为了保证调研提纲或调查问卷的合理性和科学性，可以在预调研的基础上，对调研提纲和调查问卷进行优化，确保调研获得的数据的真实性。该方法与案例研究相比，样本数量大，得出的结论更具有代表性。

三、实验研究

该方法是研究者通过设定某种实验目的和实验环境条件，控制某些变量的变化，来观察和记录其他变量的变化，利用数据统计手段分析变量之间的相互关系的方法。实验方法根据实验的场景不同，分为实验室实验和现场实验。

实验室实验是通过建立一种完全由研究者控制的环境，通过改变自变量的变化，观察和记录因变量的变化，从中分析自变量和因变量之间的因果关系。通常分为实验组和对照组，实验组是观察自变量影响的一种场景，对照组则是没有自变量因素参与情况下的场景。这样较为客观地验证自变量对因变量的影响程度。但实验室环境是人工设计的，能体现研究者的目的，与真实的自然场景存在较大的差异，得出的研究结论可能存在一定的局限性。

现场实验是指选择一个真实的组织场景，通过人为控制自变量因素的变化，观察和记录因变量因素的变化情况，然后分析判断这两类变量之间的关系，了解自变量的有效性。在企业中这种方法通常也叫方案试点或试套，通过广泛讨论、设计制定某种方案，为了验证其有效性和可操作性，通常会选择一个真实的业务场景，试点一段时间后，再观察是否达到预期的方案效果，从而判断方案是否可以推广或者再进行优化完善。该方法的优点是实验环境和现实环境高度统一，缺点是实验场景中还掺杂了很多可能事先没有想到的变量，如果事先没有预估到自变量与这些潜在因素的影响关系，那么得出的研究结论可能存在较大偏差。

四、扎根理论研究

作为一种质化研究方法，扎根理论是通过系统化的资料收集、分析、比较、反思和转化进而挖掘、构建理论的过程，遵循“深入情境→发现问题→寻找案例→获得数据→初构理论→比较文献→构建理论”的逻辑，比较适合从实际案例企业收集到一手和二手资料归纳并提炼形成相关理论的研究目标。扎根理论的研究程序较为完善，只要在研究中严格执行程序就可以保证结论的可靠性，使用该方法可以满足研究结论在推广性、准确性、严谨性和可验证性上的要求。

编码是扎根理论方法的核心，是对收集到的定性资料进行分解、概念化，然后再以一个崭新的方式把概念重新组合的过程。程序化扎根理论研究方法，通常包括开放式编码、主轴编码和选择性编码三部分。

五、模糊集定性比较分析法

定性比较分析法兼具定性与定量方法的研究特点，它是基于案例进行因果之间关系分析的综合性研究方法。区别于传统回归分析采用原子视角，聚焦于分析单个变量的独特“净效应”，定性比较分析法以整体的视角，把案例视为前因变量的不同组合，致力于分析相互依赖、相互作用的前因变量共同对于结果的组态效应。由于变量类型的差异，QCA 包括 csQCA、mvQCA 和 fsQCA，其中，fsQCA 兼具处理程度问题、类别问题和部分隶属问题的优势，并且 fsQCA 通过将模糊集数据转换为真值表，保留了真值表分析处理定性数据、有限多样性和简化组态的优势，使 fsQCA 具有质性分析和定量分析的双重属性。因此，人们更多地采用 fsQCA 方法。

第二章　个体行为的基础

组织行为学关注的个体行为主要是指和工作相关的行为。在普遍的专业化分工情景中，形成了很多不同的专业职能部门和众多不同职责分工的岗位，每个员工在履行岗位职责时都会产生一系列工作行为，行为的持续性和强度决定了工作目标能否高效完成。因此，研究支撑这些工作行为背后的因素有哪些、如何影响行为、如何改变行为的强度、如何改变这些因素等就变得非常必要。本章主要介绍能力与学习，知觉与决策，态度、情绪与情感，个性、人格与价值观，动机与需求等影响个体行为的基础维度。

第一节　能力与学习

一、能力的定义

组织中的每个个体发起的行为都需要具备相关能力来支撑，尤其是工作中履行岗位职责的行为，更需要具备匹配的能力，才能较好地完成工作任务。因此，能力是一个综合性的概念，至少包括以下几个含义。

（1）能力是知识、技能及职业素养的整合。

（2）能力与工作绩效相关联。

（3）对能力各因素的整合引出的是可观察的和可测量的行为。

（4）能力可以通过培训等方式得以提高。

二、能力的类型

按照不同的标准，个体的总体能力通常可分为以下几种类型。

（1）心理能力和体质能力。

（2）一般能力和特殊能力。

（3）再造能力和创造能力。

（4）实际能力和潜在能力。

（5）知识技能和能力倾向。

这里主要对心理能力和体质能力做一些介绍。

心理能力是指从事心理活动需要具备的能力，又称为智力，主要包括数字计算、言语表达、言语理解、知觉速度、归纳推理、演绎推理、空间视知觉、联想记忆。这8种能力构成了我们通常所讲的心理能力，如表2-1所示。

表2-1　心理能力类型与描述

心理能力类型	描述
数字计算	快速而准确地进行运算的能力
言语表达	思想观点和言语词汇的准确表达能力
言语理解	能从言语、用词和表情准确理解对方表达的观点和思想的能力
知觉速度	迅速而准确地辨认知觉差异的能力
归纳推理	从个别事物或现象中推出该类事物或现象的一般规律的推理能力
演绎推理	从一般性的前提出发，通过推导得出具体陈述或个别结论的能力
空间视知觉	能准确感觉视觉空间的能力
联想记忆	保持和回忆过去经历的能力

在组织中，不同的业务活动需要有不同的心理能力。比如业务经理拜访客户活动，至少要具备以上8种能力才能顺畅地与客户交流，达到拜访客户的目的。美国心理学家推孟（L.M.Terman）对1528个人的样本测试结果显示，大部分人心智差不多，如表2-2所示。

表2-2　心理学家推孟所做的智商测评结果

智商	等级	占样本的比例/%
140及以上	天才	1
120～139	优异	11
110～119	中上	18
90～109	中等	46

续表

智商	等级	占样本的比例 /%
80 ～ 89	中下	15
70 ～ 79	临界	6
70 以下	不太聪明	3

在职场中工作，不仅需要心理能力，体质能力也是非常重要的。尤其是需要一定力气的工作，比如在流水线上加工组装产品的操作工、搬运工、叉车工、保洁工、维修工等，具备一定的体质能力是完成工作任务的关键。研究人员对上百种工作要求的体质能力进行了调查，归纳出以下 9 种体质能力，如表 2-3 所示。

表 2-3　体质能力类型及描述

体质能力类型	描述
动态力量	动态力量是指在一段时间内重复或持续运用肌肉力量的能力
躯干力量	躯干力量是指运用躯干部肌肉尤其是腹肌以实现肌肉强度的能力
静态力量	静态力量是指产生阻止外部物体力量的能力
爆发力	爆发力是指在一项或几项爆发活动中产生最大能量的能力
广度灵活性	广度灵活性是指尽可能远地移动躯干和背部肌肉的能力
动态灵活性	动态灵活性是指能快速、重复地进行关节活动的能力
躯干协调性	躯干协调性是指躯体不同部分同时进行活动时相互协调的能力
平衡性	平衡性是指受到外力威胁时依然保持躯体平衡的能力
耐力	耐力是指需要延长活动时间时能保持最高持续性的能力

三、能力管理工具：胜任力模型

胜任力模型是一种能系统全面地描述能力的工具。

由图 2-1 胜任力冰山模型可以看出，行为是可观测的，知识通过一些外显的资质和资格在某种程度上也可以识别，比如通过毕业证、学位证及其他证件可以较为准确地判断出来，但技能、职业素养是无形的，只能通过一定的行为展现出来后才能判断。职场中因专业化分工形成众多的部门和岗位，员工被分配到一个个不同岗位上履行职责，为了实现人尽其责、才尽其用，每个个体都必须具备符合相应岗位职责要求的能力素质，因此针对每个岗位建立胜任力模型就很有必要。胜任力模型在人力资源管理中的作用如图 2-2 所示。

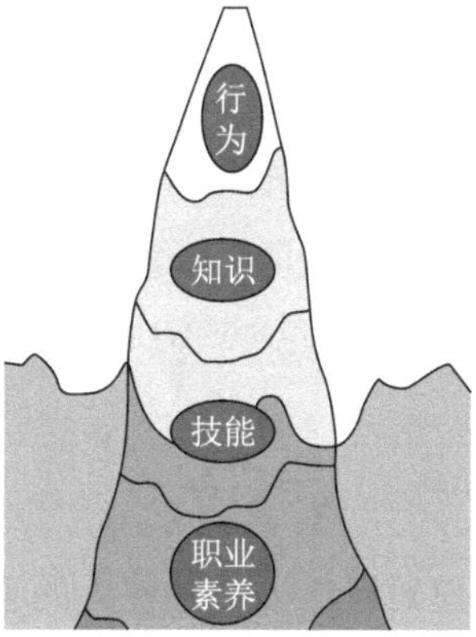

知识：员工为了顺利完成自己的工作所理解的知识，如专业知识、技术知识或商业知识等，包括员工通过学习和以往的经验所掌握的事实、信息，以及对事物的看法

技能：员工为实现工作目标而有效地利用自己掌握的技巧，可以通过重复性的培训或其他形式的体验逐步形成

职业素养：组织对员工个人素质方面的要求是可以被教授、被学习或被加强的

图 2-1　胜任力冰山模型

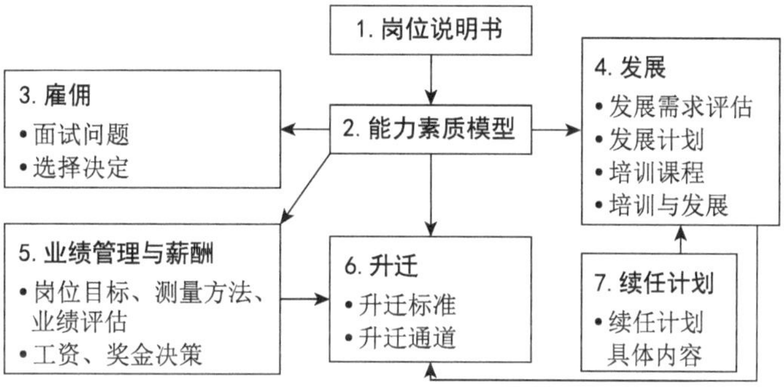

图 2-2　胜任力模型在人力资源管理中的作用

四、胜任力模型构建示例

以国内某乳业公司营销人员岗位胜任力模型构建为例，构建流程如图 2-3 所示。

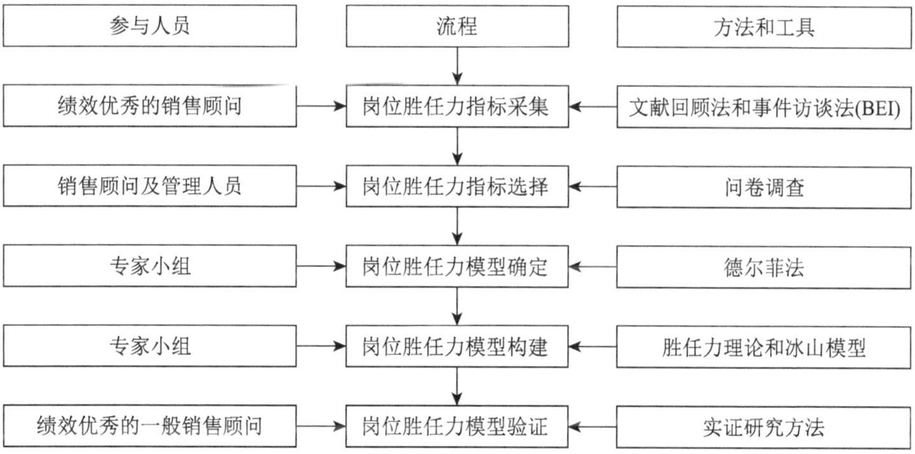

图 2-3　营销人员岗位胜任力模型构建流程

（一）胜任力指标的收集与筛选

1. 文献回顾及分析

营销人员胜任力模型的构建是选取合适的胜任力指标并建立相应的体系，因此本案例首先采用文献回顾法对营销人员胜任力指标进行收集。通过对35篇与营销岗位胜任力相关的代表性文献进行梳理，统计并整理出40项评价指标，为后期研究提供了有价值的参考。

2. 开放式问卷调查

开放式问卷调查的目的是综合营销岗位和非营销岗位对营销人员胜任力的看法，对模型的构成因素有初步的了解和认识。选取某乳品生产、销售企业发放开放式问卷，共回收问卷102份，对问卷中出现的题项进行筛选并统计，共有18项胜任力指标，每项指标出现的频率如表2-4所示。

表2-4　胜任力指标统计频次

序号	胜任力指标	频次	序号	胜任力指标	频次
1	主动负责	60	10	市场洞察力	32
2	诚实可信	56	11	沟通能力	30
3	目标导向	54	12	关系建立	28
4	分析式思维	42	13	影响力	26
5	为顾客服务的意识	40	14	随机应变	20
6	成就导向	40	15	团队合作	16
7	组织承诺	34	16	执行能力	14
8	抗压能力	34	17	计划能力	8
9	产品及专业知识	32	18	信息搜集	6

3. 行为事件访谈

（1）被试者。选取某集团T公司的营销序列人员作为研究对象，该集团对于营销序列人员有完善的考核评价体系，考核形式较为客观公正，具有参考价值。从研究对象中随机抽取15名营销人员作为访谈对象，岗位包括销售经理、大区经理、部门经理、销售总监。销售绩效考核评价标准包括定量指标（权重70%）及定性指标（权重30%）。以销售经理为例，定量指标包括销售利润完成率、应收账款回款额、新客户开发、客户培养、资金计划偏差率、销售量累计完成率、案例分享、铺市率、经销商开发及维护计划完成率、月度销售计划准确率等22项；定性指标包括学习能力、团队合作能力、责任感等。依据2019年考核结果，区分出15名营销人员中，9名属于绩效普通组，6名属于绩效优秀组。

（2）结构化访谈。在进行行为事件访谈前首先进行结构化访谈，15名被访者需要结合自己的职业和岗位，对问题进行如实回答。问题有岗位职责包括什么，如何看待当下的销售工作，从事销售工作需要具备哪些能力和特质，个人具备的哪些特点和能力对销售工作最有帮助等。

（3）行为事件访谈过程及结果。行为事件访谈法属于一种开放式事件回顾调查技术，是构建胜任力模型的核心技术之一。通过向被访谈者提出问题，记录其在典型事件中的具体行为，对所收集的信息进行对比分析，可以发现绩效优秀组与绩效普通组之间的区别。受访者需要描述他们在工作中印象深刻的关键事件，包括最成功的和最失败的案例各3件，详细描述事件发生的背景、缘由、受访者的想法、受访者采取的行动及事件的结果等。访谈全过程进行录音，并在结束后整理为文字资料。最后邀请咨询公司人力资源管理方向的专家共同对资料编码，提取有用的胜任力条目。

通过行为事件访谈法和对访谈结果的编码，可以了解销售工作过程中成功和失败的案例，掌握销售的整个工作流程。对比绩效优秀组和绩效普通组之间的差异，提炼出营销人员胜任力的关键行为和指标。通过与他们不断沟通，能够从不同角度了解受访者成功的原因，找到受访者胜任其工作的关键要素。结合行为事件访谈、问卷调查及文献回顾，选取其中出现频率较高、较为合适的胜任力指标，从而形成营销人员胜任力初始问卷。

根据访谈结果，归纳总结出20项胜任特征指标，通过对绩效优秀组和绩效普通组的胜任力出现的频率进行分析，建立营销人员胜任力模型。频率较高的胜任力包括目标导向、产品及专业知识、成就导向、主动负责、诚实可信、组织承诺、为顾客服务的意识、市场洞察力等，统计结果如表2-5所示。

表2-5　胜任力绩效优秀组与绩效普通组频次对比

序号	胜任力	绩效优秀组		绩效普通组	
		总频次	平均频次	总频次	平均频次
1	目标导向	38	8	15	4
2	产品及专业知识	38	7	17	5
3	成就导向	34	7	16	4

续表

序号	胜任力	绩效优秀组		绩效普通组	
		总频次	平均频次	总频次	平均频次
4	主动负责	28	4	12	3
5	诚实可信	27	6	12	3
6	组织承诺	25	5	10	2
7	为顾客服务的意识	23	4	8	4
8	市场洞察力	18	4	8	2
9	沟通能力	17	2	8	3
10	关系建立	15	3	8	3
11	创新改善	13	5	7	3
12	团队合作	12	4	7	2
13	信息搜集	11	3	6	3
14	执行能力	10	3	6	2
15	随机应变	10	3	5	4
16	概念思维	8	2	4	1
17	计划能力	7	2	4	2
18	分析式思维	6	3	3	2
19	影响力	4	2	2	1
20	自信心	4	1	2	1

从表 2-5 中数据可以看出，绩效优秀组和绩效普通组在总频次和平均频次上均有较大的区别，绩效优秀组胜任力出现的总频次和平均频次均高于绩效普通组，而平均频次更具有区分性，因此应通过选取平均频次来筛选胜任力。

综合访谈收集到的所有数据和信息，以及前期文献研究，结合专家的意见，删除频率较低的条目，合并含义相同或类似的条目，最终确定 18 个营销人员胜任力，包括执行能力、团队合作、沟通能力、关系建立、信息搜集、市场洞察力、概念思维、计划能力、分析式思维、为顾客服务的意识、目标导向、创新改善、产品及专业知识、成就导向、组织承诺、主动负责、随机应变、诚实可信。

（二）胜任力问卷编制与统计分析

1. 胜任力问卷的编制过程

本案例营销人员胜任力的预试问卷编制过程如下。

邀请人力资源管理专家，将 18 项胜任力各扩展为一句话的行为描述，便于理解，初步形成预试问卷。

邀请人力资源管理专家、导师和研究生对问卷的题项和描述进行讨论修正，完成对问卷的修订，确定预试问卷。

为确保被试者充分理解问卷内容，保证数据的准确性，特邀请 2 名营销人员和 1 名人力资源专业人士测试问卷，指出哪些题项存在歧义、难以理解，以及应如何修改。经过修订后，形成最终预试问卷。

2. 胜任力问卷的数据分析

（1）调查工具。胜任力指标评分预试问卷采用李克特五级量表，由“5- 非常重要”到“1- 不重要”，分别为“非常重要”“比较重要”“一般重要”“不太重要”“不重要”。

（2）探索性因子分析。为了构建胜任力模型，首先采用 SPSS20.0 进行因子分析，对 18 个项目降维。由于初试的样本量不大，适合采用主成分分析法抽取因子，以因素负荷量、项目共同度、是否存在双重负荷等为标准，不断调整结构，删除无负荷、双重负荷或有歧义的项目，直到项目稳定和结构清晰为止。

在进行探索性因子分析之前，首先进行 Bartlett 球形检验和 KMO 测度检验，检验进行探索性因子分析的可行性，KMO 和 Bartlett 检验结果如表 2-6 所示。

表 2-6　KMO 和 Bartlett 检验结果

KMO 取样适切性量数		0.947
巴特利特球形度检验	近似卡方	2994.312
	自由度	105
	显著性	0.000

Bartlett 球形检验显著且 KMO 测度为 0.947，与 1 接近，说明项目相关矩阵的显著性，适合作探索性因子分析。采用主成分分析法和正交因子旋转法对数据进行分析，结果如表 2-7、表 2-8 所示。

表 2-7　因子方差贡献情况

因子	特征值	方差解释率 /%	累计方差解释率 /%
1	4.315	59.416	59.416
2	2.188	7.897	67.313
3	1.420	7.356	74.669

表 2-8　胜任力因子负荷

项目	因子负荷		
	1	2	3
Q1	0.849	—	—
Q2	0.843	—	—
Q3	0.759	—	—
Q4	0.668	—	—
Q5	0.302	—	—
Q6	—	0.656	—
Q7	—	0.619	—
Q8	0.534	0.560	—
Q9	—	0.804	—
Q10	—	0.830	—
Q11	—	0.835	—
Q12	—	—	0.581
Q13	—	—	0.729
Q14	—	—	0.668
Q15	—	—	0.587
Q16	—	—	0.812
Q17	—	0.383	0.218
Q18	—	—	0.559

由表 2-7 和表 2-8 可以看出，18 个题项经过因子旋转后得到三个因子，累计方差解释率为 74.669%。通过探索性因子分析结果可以观察到，某些项目存在多重负荷现

象，如 Q8、Q17，某些项目因子载荷过低，如 Q5、Q17，此类题项均需要删除。产生此现象的原因可能有两个：一是特征描述不清晰，被试者在填写问卷过程中不能准确理解；二是样本容量较小，问卷发放的范围不够广泛。因此，应删除题项进行修正后再进行一次统计分析，结果如表 2-9、表 2-10 所示。

表 2-9　删除题项后 KMO 和 Bartlett 检验结果

KMO 取样适切性量数		0.957
巴特利特球形度检验	近似卡方	2430.125
	自由度	98
	显著性	0.000

表 2-10　删除题项后胜任力因子负荷

项目	因子负荷		
	1	2	3
Q1	0.835	—	—
Q2	0.840	—	—
Q3	0.759	—	—
Q4	0.668	—	—
Q6	—	0.656	—
Q7	—	0.618	—
Q9	—	0.804	—
Q10	—	0.830	—
Q11	—	0.835	—
Q12	—	—	0.512
Q13	—	—	0.729
Q14	—	—	0.670
Q15	—	—	0.587
Q16	—	—	0.825
Q18	—	—	0.559

从表 2-10 中可以看出，删除题项后因子结构清晰，15 个题项分为三个因子，且每个因子所含题项较均匀。因子 1 包含 4 个题项，因子 2 包含 5 个题项，因子 3 包含 6 个题项，初步证实营销人员胜任力的结构是多维的。

3. 胜任力问卷的确定

确定胜任力题项及维度后，邀请人力资源总监、专业咨询公司顾问等组成专家小组，依据每个维度所包含的胜任力指标的含义，对维度进行区分和定义。专家意见基本一致后，形成营销人员胜任力模型，筛选后包括 15 项胜任力。如图 2-4 所示，第一个维度定义为通用知识和技能，包括执行能力（员工能够高效地完成目标）、团队合作（员工有团队意识，重视合作）、沟通能力（员工能够与同事、客户进行有效的沟通，达成共识）、关系建立（员工能够与客户保持良好关系）、信息搜集（员工能够收集到有效的竞争对手信息、客户需求信息、产品信息、行业信息等）；第二个维度定义为专业核心能力，包括市场洞察力（员工能快速捕捉市场机会点）、为顾客服务的意识（员工能够把客户需求放在首位）、目标导向（员工能坚持不懈地完成目标）、创新改善（员工能有效优化业务标准、经营理念，工作方式与时俱进）、产品及专业知识（员工非常熟悉本领域的产品及相关知识）、成就导向（员工能在工作中实现自我价值）；第三个维度定义为职业素养，较难以运用训练加以改变，包括组织承诺（员工能够热爱自己的工作，并愿意在本公司继续工作）、主动负责（员工能够积极主动开展工作并追求完美）、随机应变（员工能做到具体问题具体分析）、诚实可信（员工能做到言而有信）。

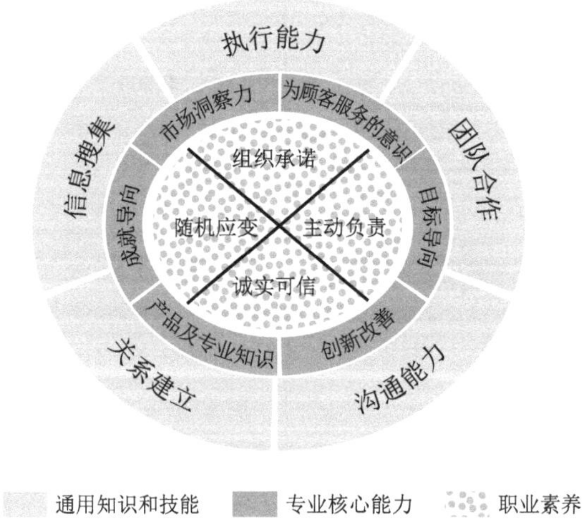

图 2-4　营销人员胜任力模型

五、能力的评价

个体能力能否持续提升，对于组织中个体成员履职行为及绩效改善至关重要，也是困扰当下组织的一个难题。尽管很多组织采取了诸如举办各种各样的课程培训、从社会上招聘有能力的员工、轮岗培训等措施，但效果不尽如人意，仍缺少有竞争力的员工。尤其是对在岗人员的能力提升方面，培训流于形式的较多，很多企业仍然没有找到有效的措施。原因之一是缺失对在岗人员能力的客观准确的评价。只有识别了在岗位人员应胜任岗位的能力差距后，才能有针对性地进行培训，能力提升的效果才能显现出来。

如上所述，通过构建岗位胜任力模型，明确了胜任岗位所需的能力清单，并制定每个能力的胜任力标准，以此来评价在岗人员的实际能力的短板，才能采取有针对性的提升措施。以下举两个案例，阐述胜任力模型在评价个体能力方面的具体应用。

（一）某烟草公司招聘总经理岗位的面试案例

该公司经营多年，已经建立了覆盖全省市场的数万个经销网点，为了进一步提升渠道价值，决定成立一个新的快消品公司，共享已有的渠道。猎头公司推荐了满足招聘条件的 40 名候选人进入面试。为此公司成立了面试小组，邀请了外部专家参加，根据岗位胜任力的要求，设计了结构化面试题，组织面试。面试问题如下。

（1）请你举一个例子，在你过去分管的领域或部门，如何推行新的方法、新的体系或扭转下属的旧观念？

（2）请你举一个具体的例子，说明你是如何设定一个目标然后实现它的。

（3）请你举一个例子，说明在完成一项重要任务时，你是怎样和他人进行有效合作的。

（4）你多年从事相关行业的市场营销运作，已具备相当多的专业知识及管理经验，请谈谈，如果你竞聘成功，在上岗后将面临的最大挑战是什么？如何加以解决？

（5）作为公司的负责人，不仅需要通过业务管理完成目标，更重要的是带出一支高素质的队伍，通过激励调动每个人的工作积极性，所以中高层管理人员首先是所分管领域的人力资源管理第一责任人。请你举一个例子，在过去承担项目或作为一个领域中的主管时，你主要通过什么手段调动下属的积极性以提升业绩？

（6）假定你就任此公司总经理，请描述公司未来 1 ～ 3 年的战略规划，未来 3 年你能实现怎样的盈利目标？你将采取什么样的有效措施？如何开展市场竞争？

分析思考

（1）结合上述总经理岗位的结构化面试题型，该岗位应具备哪些胜任力？

（2）这份结构化面试的问题设计体现了哪种方法？

（3）设计以上问题的评价量表。

（4）这种结构化面试的关键特征是什么？

（二）某工程机械公司大区经理的胜任力评价案例

该公司为了深耕市场，加快对客户需求的响应速度，在全国设立了30个销售大区，每个大区设置大区经理岗位，负责该区域的客户开发与维护、销售目标的达成。为了持续提升大区经理的胜任力，支撑业绩目标的达成，设计了以下评价方案，其主要内容如表2-11所示。

表2-11　大区经理胜任力评价方案

胜任力指标	评价周期	评价规则	评价人
计划制订能力	月	月度计划报告一次通过，加5分；退回一次，扣5分	综合部
营销策划能力	月	①按照每月本人策划推出的营销活动方案个数（公司统一推出的活动不计算在内）计分，每推出一个活动加5分，推出一个创新性活动加15分。 ②按照每次活动直接形成的销量计分，每形成一台销量加2分	综合部负责人
创新与改善能力	月	①提出一条合理化建议加5分，被采纳实施加10分；一个月没有提任何合理化建议扣5分。 ②完善或修订一个制度漏洞加10分；一个季度没有完善任何一个制度扣10分。 ③建立一个管理模式并得到推广加20～40分，由管理公司总经理决定加分额度；一年没有推广任何一个管理模式扣50分	综合部负责人
执行能力	月	由公司总经理、营销副总及各职能部门根据相应流程及指令的执行跟踪情况而定，执行结果超出期望的可以加分，加分幅度视执行难度在5～20分中选择；未执行到位的，视执行难度和执行人态度扣分，扣分幅度在5～20分，但加减分必须附案例说明	公司总经理、营销副总及各职能部门
团队协作	月	如协助其他公司或相关部门开展工作，得到其他部门的认可，可由被协助部门进行加分，加分幅度视难度、重要度和态度，可在5～20分中选择；如拒不配合与其他公司或部门合作，可由提出需求单位进行扣分，扣分幅度视态度和重要性在5～20分中选择，但加减分必须附案例说明	公司及子公司各职能部门负责人

分析思考

（1）根据该案例提供的评价方案，该方案体现的胜任力评价的关键特征有哪些？

（2）该案例与上一个面试案例的关键特征有什么区别？

（3）该方案如何实施应用？

六、学习的含义

学习伴随着每个个体的一生，从幼儿园、小学、初中、高中、大学乃至走入职场后的在职学习，占据了人生中的大量时间，是能力提升的重要途径。俗话说："活到老，学到老"。但组织行为学中的学习有着和我们平常所讲的学习不一样的含义。那么，什么是学习呢？学习是指由于个体经验而发生的相对持久的行为改变。行为的变化表明了学习的发生，学习会导致行为的改变。具体来讲，包括以下三个含义。

第一，学习包含变化。

第二，变化必须是彻底的，突然的变化可能仅仅是本能反应或者疲劳的结果，这些可能并不是学习。

第三，通过一定形式获得的经验对学习而言是必需的。

七、学习理论：操作条件反射理论与社会学习理论

代表性的学习行为理论主要是斯金纳提出的操作条件反射理论和班杜拉提出的社会学习理论。

人们学会某种行为，是为了得到他们想要的结果。对此哈佛大学心理学家斯金纳（1904—1990）认为，在个体某种行为之后提供他喜欢的结果，可以增加个体做出该行为的频率，行为是刺激的结果。班杜拉（1925—2021）指出，行为主义的刺激—反应理论无法解释人类的观察学习现象，因为刺激—反应理论不能解释为什么个体会做出新的行为，以及为什么个体在观察榜样行为后，这种已获得的行为可能在数天、数周甚至数月之后才出现等现象。所以，如果社会学习完全是建立在奖励和惩罚的基础上的话，那么大多数人都无法在社会化过程中生存下去。为了证明自己的观点，班杜拉进行了一系列实验，并在科学实验的基础上建立了社会学习理论。个体可以通过观察别人的经历和倾听他人的讲述来学习，也可以通过直接体验来学习。这种人为可以通过观察和直接体验学习的理论叫作社会学习理论。

八、学习的关键特征

社会学习理论强调榜样的作用至关重要，并指出了学习的四个阶段的关键特征。

（一）注意过程

注意过程是观察学习的起始环节，在注意过程中，示范者行动本身的特征、观察者本人的认知特征及观察者和示范者之间的关系等诸多因素影响了学习的效果。人们只有认出并关注某个榜样的关键特征，才可能向榜样学习。

（二）保持过程

在观察学习的保持阶段，示范者虽然不再出现，但他的行为仍给观察者以一定影响。一个榜样的影响程度取决于当这个榜样不再出现时，我们对他的行为还记得多少。要使示范行为在记忆中保持，需要把示范行为以符号的形式表象化。通过符号这一媒介，短暂的榜样示范能够被保持在长时记忆中。

（三）动力再现过程

当一个人观察到榜样的某种行为之后，关注必须转化为行动。这个过程说明个人可以完成榜样的行动。它是把记忆中的符号和表象转换成适当的行为，即再现以前所观察到的示范行为。这一过程涉及运动再生的认知组织和根据信息反馈对行为的调整等一系列认知和行为的操作。

（四）强化过程

能够再现示范行为之后，观察学习者（或模仿者）是否能够经常表现出示范行为要受到行为结果因素的影响。行为结果包括外部强化、自我强化和替代性强化。班杜拉把这三种强化作用看成是学习者再现示范行为的动机力量。如果提供正面的激励和回报，个体就会有动力展现榜样的行为。

华为在引进和实施以 IPD（集成产品开发）为核心的流程再造时提出“先僵化、再优化、后固化”的指导方针，也完全符合上述学习行为的关键特征。

九、学习改变行为的管理工具：塑造及应用

职场中的个体学习行为经常发生在工作前和工作中，所以管理者关心如何让员工做出最有利于组织的行为。当管理者试图设计好步骤、制度、机制和流程，通过引导他人学习重塑他们的行为时，可以称之为塑造行为。这种塑造行为经常发生在企业经营的各个领域和众多场景中。常见的塑造行为的方法主要有以下四种。

（1）正强化，是指某种行为会带来令人愉快的事情，也称为正激励。

（2）负强化，是指某种行为会去除令人不快的事情。

（3）惩罚，是指某种行为之后会带来令人不快的结果，通常称为负激励。

（4）消退，是指对某种行为强化的解除，行为得不到强化就会逐渐消退。

以上四种方法在各种组织中得到了广泛的使用，在塑造行为中起到了不可替代的作用，常见的强化类型如表 2-12 所示。

表 2-12　常见的强化类型

强化时间表	强化的本质	对行为的影响	举例
连续性强化	期望行为的每次出现都得到强化	快速学会新行为，消退速度快	赞美
固定间隔型	按照固定的时间间隔提供回报	表现平均，无规律，消退速度快	周薪
可变间隔型	按照变化的时间间隔提供回报	绩效较高、较稳定，消退速度较慢	抽查型检验
固定比例	达到一定的产出就提供回报	绩效高且稳定，消退速度慢	计件工资
可变比率	回报随个体行为的变化而变化	绩效很高，消退速度慢	被授权的销售人员

第二节　知觉与决策

一、知觉的含义与特征

知觉是客观事物直接作用于感官并在头脑中产生对某事物整体的认识，它包括以下 5 个步骤，如图 2-5 所示。

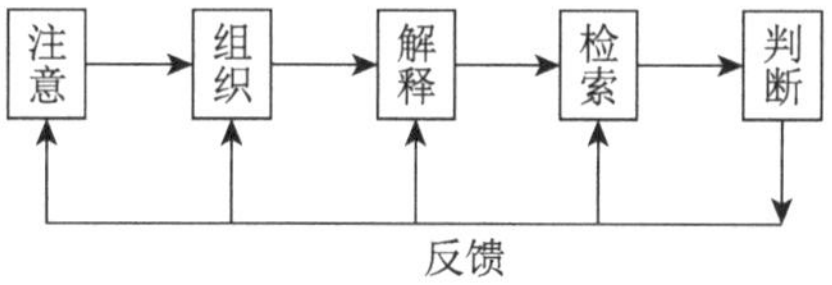

图 2-5　知觉过程

每个人绝大多数的行为反应都是在知觉之后发生的，知觉的及时性和准确性极大地影响了个体采取的行为是否适当。不同的人对同一个事物经常会得出不一样的知觉结论，这种现象在职场管理中也经常发生。比如，人们对待发生的同一个问题，经常意见不统一，也经常发生实施解决方案后，发现该问题在其后又发生了，这就是我们经常讲的老问题反复发生，说明前面对问题的本质知觉错了，才会发生未对症下药的结果。比如，当大家看到图 2-6 和图 2-7 时，会产生什么样的知觉？

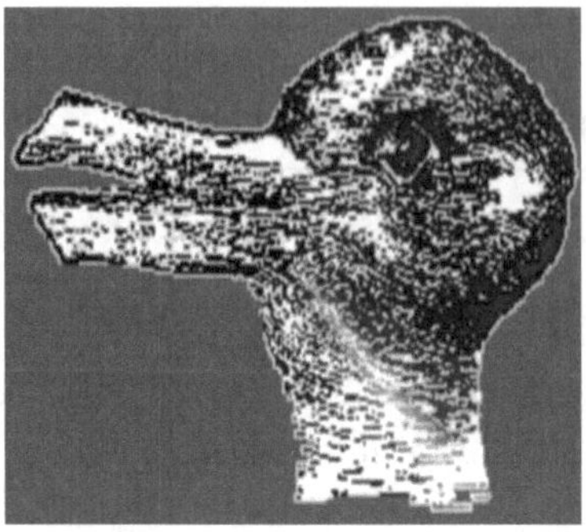

图 2-6　这是一只兔子还是一只鸭子

图 2-7　飞机是飞向观察者还是从观察者头上飞走

这两幅图片，不同的人看了会得出不同的答案，类似这样的现象在生活中、职场中比比皆是，是非常普遍的存在。因此，知觉经常呈现以下特征。

（1）一个人的知觉与客观现实可能差距很大。

（2）我们并不是看到现实，而是对自己所看到的东西做出解释并称它为现实。

（3）知觉就像美丽的外表，它取决于是否“出自情人的眼里”。

二、影响知觉的因素

面对纷繁复杂的世界，以及在职场中各种各样的问题，人们对此的知觉也因人而异。影响人们知觉的因素，归纳起来，主要有以下几点。

（一）知觉者：个人因素有态度、动机、兴趣、经验和期望

在这里描述一个知觉场景的案例：在一次会议上，某个企业的总经理让参会的各部门负责人谈一下当下公司发展面临的最重要的瓶颈问题。营销部门负责人首先说：“当下的瓶颈问题是公司对营销渠道的广告支持、售后支持不足，导致渠道的积极性不高，严重影响了产品竞争力和市场份额。”生产部门负责人接着说：“当下企业设备老化，设备效率和精度严重不足，导致现在废品率居高不下，质量成本高企，这个问题不解决，企业很难发展。”采购负责人说：“现在最要紧的是建立供应链体系，前期由于货款支付不及时，引起很多供应商不满，都不愿意给我们供货，导致我们采购物料不能及时到位，价格还高，严重影响生产效率和按时交付。”财务部门负责人说：“刚才说的这些问题还不是最紧急和重要的，现在公司现金流非常紧张，净现金流为负，如果不改善应收账款和应付账款的管理，导致资金链断裂，会马上影响到企

业的生存。”人力资源部负责人看到大家各自表达的担忧，大声说：“虽然各位谈到的问题的确影响了企业的生存和发展，但目前最紧要的是处理人的问题，所有的业务都是人来做的，业务存在的问题说到底是人的问题，目前企业普遍存在‘大锅饭’现象，员工工作没有积极性，再加上薪酬待遇低，想招的人进不来，想留住的人留不住，这才是应该先解决的瓶颈问题。”总经理听后陷入沉思。那么，究竟该公司存在的瓶颈问题是什么呢？为什么大家说的瓶颈问题有很大不同？每个部门负责人讲的问题都是基于自己分管的领域来说的，每个人在此问题上持有的动机、态度、期望和经验不同。

（二）知觉的目标物：新奇、运动、声音、大小、背景、临近及其他因素

影响准确和及时知觉的第二个因素是知觉的目标物。如果目标物很隐蔽，平时细心观察的知觉者有可能觉察到，但也存在很多在场的知觉者根本察觉不到的情况。知觉的目标物是知觉的前提。如果把目标物的形状、颜色设计得很醒目，或者让目标物由静态转变成动态，或者发出声音等，这样目标物一出现，就会被知觉到。比如有的工厂在生产设备上设置了红、黄、绿三种颜色的灯，当设备正常加工运转时，绿灯亮起；当设备出现故障时，黄灯亮起；当设备故障没有解除，设备在停机维修时，红灯亮起。工厂的管理者通过观察设备灯的颜色，就知道多少设备是正常的，有哪些设备发生故障，有哪些设备在维修中，一目了然。

（三）知觉的场景：时间、场合（工作环境和社会环境）

除了以上两个因素影响知觉外，知觉的场景也是一个重要的维度，同样的知觉对象，场景不同，知觉的结果也有很大的差异。比如出现在工厂车间的各种质量问题司空见惯，管理者通过使用各种质量管理工具进行分析、诊断、改善和纠偏，但经常存在老问题反复发生的现象。例如，海尔曾经的“砸冰箱”事件给人一种特别的场景知觉。海尔集团创立于 1984 年，当时是一个亏空的集体小厂，“砸冰箱”事件改变了这家不知名小厂的命运。

“砸冰箱”事件发生在 1985 年 12 月的一天，时任青岛海尔电冰箱总厂厂长的张瑞敏收到一封用户来信，反映工厂生产的冰箱有质量问题。张瑞敏带领管理人员检查了仓库，发现仓库的 400 多台冰箱中有 76 台不合格。张瑞敏随即召集全体员工到仓库开现场会，问大家怎么办。

当时在场的许多人提出，这些冰箱是外观划伤或一些小毛病，并不影响使用，建议作为福利便宜点儿售卖给企业职工。而张瑞敏却说：“我要是允许把这 76 台冰箱卖了，就等于允许明天再生产 760 台、7600 台这样不合格的冰箱。放行这些有缺陷的产

品，就谈不上质量意识。”于是，他决定把这些不合格的冰箱全部砸掉，谁生产的谁来砸，并抡起大锤亲手砸了第一锤。当时冰箱对老百姓来说还是奢侈品，让工人亲手砸掉自己生产的冰箱，在当时的场景下，通过砸冰箱抓质量意识的观念冲击了员工内心，砸醒了海尔人的质量意识，砸出了海尔“要么不干，要干就要争第一”的精神。如果不是这种场景，换成平时批评教育或简单的处罚措施场景，就不会让人产生如此深刻的质量意识。在1988年的全国冰箱评比中，海尔冰箱以最高分获得中国电冰箱史上的第一枚金牌。此后，这把砸毁不合格冰箱的“海尔大锤”被中国国家博物馆收藏，成为中国企业家抓质量的历史，为后来的企业、行业都树立了典范，是一个划时代的文物。

三、三维归因理论

知觉的目的之一是认知自己或他人行为的原因，通常分为内因行为和外因行为。内因行为是指那些个体认为是自己控制范围之内的行为，一般较为稳定；外因行为则是由外部原因引起的，换句话说，个体因外部情境因素而被迫行动，是一种不得已而为之的行为。通过这种原因的区分，期望对个体行为产生预见性。美国社会心理学家哈罗德·凯利（1921—2003）提出了三维归因理论，认为人们对个体的不同判断取决于人们对特定行为归因于何种意义的解释。当人们观察某一个个体行为时，总是试图判断它是由内部原因还是外部原因造成的，并取决于三个因素：区别性、一致性和连贯性。

（一）区别性

区别性是指个体在不同情境中的行为是否有区别。仅对某种情境的刺激予以反应是高区别性；对多种情境的刺激均予以反应是低区别性。一般人倾向于把高区别性的行为归于外在原因，把低区别性的行为归于内在原因。

比如某MBA学员本学期参加了五门不同的课程，期末考试结束后，假设其中的组织行为学课程考试不及格，而其他四门课程都取得优秀成绩时，这种情况就属于高区别性，分析该学员为什么组织行为学成绩不及格的原因时，很容易倾向于认为是外在原因引起的，比如授课老师的授课质量问题，或者是教材案例选择不当等原因；如果这五门课程的成绩都优秀，再分析该同学为什么门门课成绩都那么好的原因时，通常会归因于该学员平时学习认真努力，是带着问题来上课，善于思考，理论联系实际能力较强等。

（二）一致性

一致性是指其他人在该情境下是否都予以反应。大多数人对某种情境的刺激表现出同样的反应，称高一致性；只有个别人对某种情境的刺激予以反应，称低一致性。一般情况下人们倾向于将高一致性的行为归于外在原因，将低一致性的行为归于内在原因。

比如 2024 级 1 班的 MBA 同学，本学期都参加了组织行为学课程的学习，期末考试后，全班同学的成绩都在 90 分以上，都非常优秀，这种情况就属于高一致性行为。分析该班同学为什么这门课学得都非常好时，很容易归于外在原因，比如授课老师讲课生动，选择的案例分享理论联系实际，大家都有较好的收获。换一种场景，假设该班同学考试结束后，只有张同学的成绩不及格，其他同学都是优秀，这种场景就属于低一致性，如果分析张同学考试为什么不及格时，通常归于内在原因，比如张同学经常旷课，上课走神，很少参与案例分享的互动环节等。

（三）连贯性

连贯性是指某个人的行为无论何时都有相同的表现。一个人长期都有相同的行为表现，称为高连贯性；偶尔才表现的某种行为称为低连贯性。行为的连贯性越高，越倾向于内归因，相反是外归因。

同样是 MBA 学员学习和考试的场景。假设其中的张同学，从小学、中学、大学，直到现在的 MBA 课程学习，每个成长阶段所学的各门课程始终都是优秀的，此时，张同学的这种学习行为就是高连贯性。分析张同学为什么一直学习成绩优秀的原因时，肯定倾向于内在原因，就是张同学从小养成爱学习、爱思考的习惯，学习起来孜孜不倦、废寝忘食，因此成绩一贯是优秀的。此时再换一种场景，尽管张同学一直门门课成绩优秀，但本学期出现了一门课程成绩不及格。当这个情景出现时，我们称张同学这门课程的学习行为为低连贯性，分析其原因时，一般会归于外在原因，认为张同学从小学到中学，再到大学，学习成绩一直保持优秀，为什么这学期这门课程会不及格呢？肯定是授课老师讲的有问题，导致张同学没学好。

当然，三维归因理论可以用于很多场景，比如分析员工绩效好或不好的原因时，就可以应用该理论进行分析，从而制定有效的绩效改善对策。

心理学家麦克阿瑟在 1972 年做了一项著名的研究，对凯利的三维归因理论的语言性做了系统实验分析。她给被试者讲了一个假想的事件：玛丽看一个喜剧演员表演时笑得前仰后合，然后提出了高低不同程度的区别性、一致性和连贯性情况，让被试者推断玛丽大笑的原因，实验结果如表 2-13 所示。

表 2-13　玛丽为什么大笑的三维归因实验

区别性	玛丽并非对每个演员都笑（高区别性）	玛丽常常对所有的演员都笑（低区别性）	玛丽并非对每个演员都笑（高区别性）
一致性	当时在场的每个人都笑（高一致性）	当时几乎没有其他人笑（低一致性）	当时几乎没有其他人笑（低一致性）
连贯性	玛丽常常对这个演员笑（高连贯性）	玛丽常常对这个演员笑（高连贯性）	玛丽过去从未对这个演员笑过（低连贯性）
归因	61% 的被试者归因于这个演员	86% 的被试者归因于玛丽	72% 的被试者归因于当时的情境

四、快速知觉的类型

三维归因理论为知觉的准确性提供了理论工具，在真实的人际交往或职场沟通环境中，不仅需要正确知觉，很多时候也需要快速回应或决策，因此快速知觉也是非常必要的。归纳起来，通常有以下 6 个捷径。

（一）选择性知觉

世界上没有完全相同的两个人，即使是双胞胎，也会由于成长过程中形成的兴趣、动机、态度、价值观和经验不同而不同。当我们置身于某个场景中时，自然或不自然地习惯接收来自场景中和自己兴趣、态度、价值观、经验一致的信息，而对不一致的信息本能地忽略掉。因为人的处理信息能力是有限的，选择性知觉可以快速知觉他人，尽管可能因遗漏掉重要的信息而产生错误的知觉。

（二）晕轮效应

晕轮效应是指在认知一个人时，这个人的某些品质给认知者留下了深刻印象，掩盖了对这个人的其他品质的认知，可以解释为以点带面、以偏概全的效果，就像“情人眼里出西施”那样，某个人的某个品质被认知者所看重，就一好百好，否则就是一无是处。

例如热情和冷淡是一个人相当重要的特征，能够让其他人对其产生强烈的晕轮效应，因此被称为中心型特征。相貌美丑也可以产生强烈的晕轮效应。大多数人本能地认为，额头宽、眼距宽、浓眉大眼的人性格好，而额头窄、鼻子长、贼眉鼠眼的人性格不好。

（三）首因效应和近因效应

首因效应是指在认知活动中首先出现的信息会让认知者产生强烈的印象，也称为第一印象。在认知活动中，最后出现的信息对认知者造成强烈影响的称为近因效应。

在日常的工作或生活中，一般知觉陌生人时，首因效应比较明显，比如参加一次求职面试、入职一个新的工作单位、参加一个新客户的商务谈判等活动时，就应该充分注意在陌生人面前尽量保持一个最佳的形象，获得对方的信任和好感，这对于实现预定的目标非常重要。如果别人对你形成不好的第一印象，也许要花费很大力气和很长时间才能改变这种印象。

而在知觉熟悉的人表现出的意外行为时，近因效应的作用往往比较大。俗话说“时隔三日，刮目相看”，说的就是这种知觉情境。比如平时你熟悉的某个同事，一直工作积极，待人热情，但是最近意外听到他因某事被抓，这时你会马上改变对他的看法。

（四）对比效应

对比效应是指对一个人评价时往往也会对他周围的人物顺便评价，因此对这个人的评价就会受到相互比较的影响。对比效应在职场中经常被应用。比如某些企业实行的对某类岗位的一体化评价、末位淘汰等做法，就是这种对比效应在知觉中的应用。美国 GE 公司前首席执行官韦尔奇曾指出，搞好一个企业并不难，关键是给 10% 的优秀员工不断加薪，对 10% 的落后员工不断淘汰再淘汰。

（五）投射

投射是指人们倾向于参照自己去认知他人，颇似“以小人之心度君子之腹”，认为他人有着和自己相似的观点，而不是完全依据他人的实际情况进行知觉，常常表现为自以为是。比如自己喜欢从事有挑战性的工作，认为别人也会如此。如果知觉者和被知觉者属于同样类型，投射心理产生的知觉往往会比较准确，但在实际场景中这种情况较少。

（六）刻板印象

刻板印象是指以对某人所在群体的认知为基础，对其产生的一套固定的看法。这和籍贯、职业、年龄、种族等有关。刻板印象来自知觉者本能，大脑一旦接受外部某种事物的信息刺激，便设法识别和归类，然后把形成的这种认知赋予某具体事物。比如某公司同时接收了国内某 985 学校的几个毕业生，其后的一年这几个毕业生工作努力、勤奋，都产生了较好的业绩，为公司的发展做出了贡献，因此公司领导对该校产生了很好的印象，认为该校培养的学生质量高，其后要加大力度从该校引进毕业生，这就是一种刻板印象的知觉过程。

五、决策含义

知觉与决策具有密切的关系，知觉之后，往往伴随着决策行为的产生。每个人在生活和工作中经常需要做出各种决策。也就是说，在对某事物或场景知觉之后，需要在两个以上的备选方案中做出选择。高层管理者需要分析外部环境的机遇与挑战，确定公司的经营重点方向及经营目标，分析内部资源的优势和劣势，制定管理方针和管理目标；中层管理者需要围绕公司分解下来的经营目标和管理目标，分析完成具体部门目标的短板和瓶颈问题，制定具体的行动策略和措施，落实责任；基层管理者需要针对具体业务场景，分析业务推进中的障碍和瓶颈，落实行动措施，实现业务目标。从这些决策场景描述中可以看出，职场中的决策始于问题知觉，是针对经营和管理中存在的问题进行识别、分析和提出解决方案，并落地实施。

如上所述，决策的最直观的含义就是从若干个可供选择的行动方案中做出抉择，这实际给出了决策的狭义含义。广义含义还应包括做出抉择之前必须进行的一切活动。就是说，决策就是人们为了实现某个目标，在掌握充分信息和对有关情况进行深刻分析的基础上，用科学的方法拟定并评估各种方案，并从中选出合理方案的过程。因此决策是一个过程，而不是仅体现在方案的抉择上。从决策的含义可看出决策具有以下特点。

（1）决策是行动的基础。

（2）决策要有明确的目标。

（3）决策必须至少有两个行动方案。

（4）决策是一个优选的过程。

六、决策步骤

广义的决策包括以下五个步骤。

（一）找出制定决策的问题

决策行为是针对当前存在的问题，或更具体一些，存在着现实与期望状态之间的差异。比如对处于饥饿状态的人来说，饥饿是现实，而吃饱是期望，这样现实和期望存在一个差距，促使饥饿的人做出某种决策。当然，这种差距必须产生一种压力，必须超过一定的阈值，才能使人们进行决策活动。在管理中，这种压力也许来自组织生存的威胁、政策、截止期限、财务危机、上司的期望或上级的考核等。

（二）找到可能行动的方案

这一步是指要列出所有可能解决问题的方案。比如针对饥饿问题，既可以自己做饭吃，也可以去饭店吃，亦可以乞讨吃，或者通过其他手段，只要决策者可以行动即可。

（三）对诸多方案进行评估

这一步是对上述提出的各种方案进行评估，来找出自己最满意的方案。这一步涉及评价方案的价值标准，关于这一点，管理学家提出了有代表性的三种观点。

1. 最优标准观点

这种观点是科学管理的创始人泰勒首先提出的，并被运筹学家和管理科学家所推崇。他们认为，任何一项管理工作都存在一种最佳的工作方式。体现在决策上，任何一个决策问题都可以用一个规范的数学模型来表示，从而求出最优解。

2. 满意标准观点

这种观点是管理学家、诺贝尔经济学奖获得者西蒙提出的，他对运筹学家推崇的“最优”决策标准提出了尖锐的批评。他认为所谓最优解仅依靠数学模型得出来，而数学模型是在对现实决策问题高度抽象基础上形成的，极可能把实际的决策问题中的许多重要特征忽略掉，因而通过模型求出的最优解不一定就是实际问题的最优解，或者说通过模型求出的最优解在实际应用中不一定能产生最佳的效果。因此，西蒙针对最优标准存在的缺陷提出了满意标准的观点。他认为这种满意解优于单靠常识得出的最优结果，虽然从科学的角度来看，精确性不如最优解，但容易实现。西蒙提倡在决策中用满意标准代替最优标准来判断一个决策的优劣，这给人们带来一个启示：针对实际问题，当没有最优决策时，寻求满意决策不失为一种好的选择。

3. 合理性标准观点

这是美国管理学家哈罗德·孔茨提出的。孔茨的合理性标准强调决策过程各个阶段的工作质量最终决定了决策的正确性和有效性，而不仅仅在于方案选择时是采用“最优”还是“满意”的标准。这个观点是很有指导意义的。孔茨对合理性标准的解释是：首先，他们必须力图实现如无积极的行动就不能实现的某些目标；其次，他们必须对现有环境和限定条件下遵循什么方针才能实现目标十分清楚；再次，他们必须有情报资料的依据，并有能力根据所要实现的目标去分析和评价抉择方案；最后，他们必须有以最好的办法解决问题的强烈愿望，并提出能最满意地实现目标的方案。由于决策的未来环境包含许多不确定的因素，做到完全合理是很难的。因此孔茨认为，主管人员必须确定的是有一定限度的合理性，即有限合理性。

（四）选择一个方案

根据评估的结果，选择一个最优的方案。

（五）对于付诸实施的选择进行评价

就是评价决策的效果，看选中的方案经过实施后是否已解决了问题。

七、不同的假设对决策的影响

任何决策都是建立在一定的前提条件下的，首先我们研究一下不同的假设对决策的影响。

（一）完全理性假设对决策的影响

一个完全理性的决策者在决策中应是完全客观和合乎逻辑的，并在决策中一般具有以下特点。

（1）问题是清楚的。在理性决策中，问题是清楚的和无歧义的，决策者被假定为拥有与决策情景有关的完整信息。

（2）目标导向。在理性决策中，没有目标的冲突，无论决策是购买一辆新车，选择上一所大学，或是为一种新产品制定恰当的价格，还是挑选合适的应聘者以填补一个空缺的岗位，决策者都有唯一的、明确的、试图实现的目标。

（3）已知选择。理性决策假设决策者是富有创造性的，他们能够确定所有相关的标准，并能列出所有可行的方案，而且决策者还能意识到每一个方案可能产生的结果。

（4）明确的顺序。理性决策假设标准和方案能按其重要性进行排序。

（5）没有时间和成本的约束。理性决策者能获得有关标准和方案的全部信息，因为它假设是没有时间和成本限制的。

（6）最大收益。理性决策者总是选择那些能产生最大经济收益的方案。

（二）理性假设的局限性

管理学家经过对大量决策案例进行研究，发现现实中的决策并不完全符合上述情况，存在着经常改变理性假设中隐含的逻辑性、一贯性的假定，主要体现在以下几个方面。

（1）个人信息处理能力是有限的，在短时间的记忆中，大多数人仅能维持 7 条左右的信息，当决策变得复杂时，个人试图建立简单的模型，这样能使他们将问题简化到可以理解的程度。

（2）决策制定者趋向于将解决方法和问题混合在一起，确定一个问题经常伴随一个大概的、可接受的方法描述，如此便模糊了决策过程中制定方案和评价方案的客观性。

（3）感性偏见可以歪曲问题的本质，人们总是认为自己处于理性的状态，但事实上常为情感所左右。决策者的背景、在组织中的地位、利益和过去的经验，使他们的注意力集中于一定的问题而忽略其他问题。

（4）多数决策者选择信息是出于易获得性，而不是出于其高质量，因此有可能失去重要的信息。

（5）决策者倾向于过早地在决策过程中偏向于某个具体的方案，做不到客观地评价方案的优劣。

（6）从前的决策先例制约着现在的选择，决策极少是简单的、孤立的事件，实际上大多数决策是许多长期分决策的积累。

（7）组织是由不同的利益群体组成的，因此决策在很大程度上是权力和政治施加影响的结果，从各自的利益出发，而不管是否合理，因为局部最优不一定促使整体最优。

（8）组织对决策者施加时间和成本的压力。一个问题不可能长期议而不决，这样限制着一个管理者能够找到的可行方案的数量，从而人们趋向于在旧方案的附近寻找新的方案。

（9）传统思维和习惯思维制约了创新方案的提出。由于大多数决策者存在强烈的保守偏见，习惯于从过去成功的经验中寻找解决问题的方案，所以决策者要花更多的精力避免错误，而不是发展创新的设想。因此尽管可能存在潜在的不同见解，但常常得不到采纳。

（三）有限理性假设对决策的影响

鉴于完全理性假设的局限性，管理学家提出了有限理性假设，但这并不是否定完全理性的作用，而是对完全理性的一种修正，因为尽管完全理性存在一定局限性，但人们还是希望管理者遵循理性的过程，因而有限理性决策仍遵循决策的 5 个过程，只不过表现出的特点不同而已，如表 2-14 所示。

表 2-14　完全理性与有限理性假设对决策影响的比较

决策步骤	完全理性	有限理性
提出问题	确定一个重要的、相关的组织问题	确定一个反映管理者利益和背景的、可见的问题
制订方案	创造性地制订各种方案	制订一系列有限的相似方案
评价方案	依据决策标准和重要性评价所有的方案，每一个方案的结果都是已知的	从希望采用的解决方法出发，依据决策标准一次制订一个评价方案

续表

决策步骤	完全理性	有限理性
选择方案	最优决策，获得最高经济效益的决策	满意决策，寻找方案，一直到发现一个满意的解决方法为止
对实施方案进行评价	依据最初的问题，客观评价决策结果	对决策结果的评价只有消除评价者个人利益才能客观

八、决策类型

管理者在某种决策情境下所面对的问题类型，通常决定了他们如何对待决策问题。

（一）决策的问题类型

有些问题很直观，决策者的目标是明确的，问题是熟悉的，与问题相关的信息是容易确定的和完整的。例如，一位顾客想向零售店退货，大学处理一个留级的学生，一个供应商延迟一项重要的交货等，这些问题在决策中经常出现，具有直观、熟悉和容易确定等特点，它们与完全理性假设接近一致，因而在决策中我们可以把这类问题称为结构良好问题，也可称为例行问题。但管理者面临的许多问题都是结构不良问题，它们是新的或不同寻常的，有关问题的信息是含糊或不完整的。比如企业投资于一种未经证实的新产品、企业的兼并等，在决策中把这些问题称为非结构化问题，或例外问题。

（二）决策类型

根据问题的类型，可把决策分为程序化决策和非程序化决策。处理结构良好问题的最好途径是程序化决策或立场型决策；处理结构不良问题必须依靠非程序化决策，寻找独特的解决办法。西蒙认为，程序化决策是指决策可以程序化到呈现出重复和例行的状态，可以程序化到制定出一套处理这些决策的固定程序，每当这类问题出现时，不需要重复决策。因此程序化决策是相对简单的，并且在很大程度上依赖于以前的解决方法，所以决策过程中的制定方案阶段不存在或不起作用。在许多情况下，程序化决策变成了依据先例的决策。比如，在对餐厅的服务员不小心把饮料溅到了一位顾客的衣服上等这类事件的处理上，并不需要餐厅经理确定一系列可能解决的方案，经理只需要求助于一个系统化的程序、规则或政策即可，因为这种行为是经常发生的，餐厅只要制定出处理这些问题的程序、规则和政策。程序、规则、政策是程序化决策重要的外在体现。

与程序化决策相反的是非程序化决策，常常表现为对新颖的、无结构、具有不同寻常影响程度的问题决策。对这类问题没有十分有效的决策，因为它们在过去从未发生过，是一种例外的、独一无二的、不重复发生的问题。比如公司的新产品营销战略制定便是一个非程序化决策，这一战略将与以往不同，因为产品是新的，可能的竞争者是不同的。

九、决策类型与问题类型、管理层次之间的关系

结构良好问题与程序化决策相对应，非结构化问题与非程序化决策相对应。基层管理者主要处理熟悉的、重复发生的问题，因此他们主要依靠像流程、规则、政策那样的程序化决策，而越往上层的管理者，他们所面临的问题越可能是结构不良问题。决策类型与问题类型、管理层次之间的关系如图 2-8 所示。

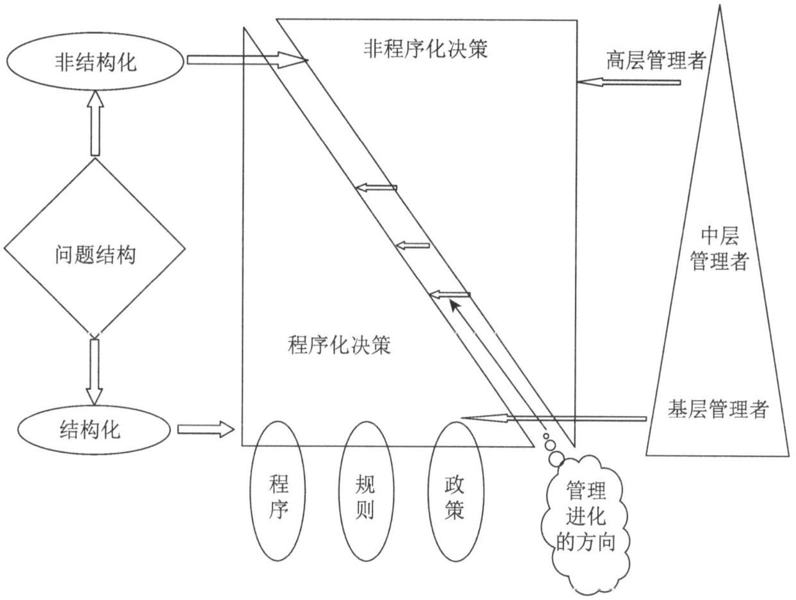

图 2-8　决策类型与问题类型、管理层次之间的关系

在现实职场环境中，极少的管理决策是完全程序化的或完全非程序化的，这是两个极端，而绝大多数决策是介于两者之间的。因为极少有程序化决策完全排除了个人判断，即带有非程序化的性质。另一方面，非程序化的决策有助于做出那些毫无先例、只有用非程序化决策方法制定的决策。因此，我们最好将决策看作是以程序化为主的或以非程序化为主的决策，而不能将这两类决策看作是非此即彼。

在实际管理中由于采用程序化决策有利于提高组织的管理效率，所以程序化决策得到广泛应用。程序化决策在企业管理中涉及的范围可以表明企业管理水平的高低，

程序化水平越高，说明企业的管理水平越高。换句话讲，企业管理已经走上了轨道。所以给管理者的一个启示是：要最大限度地把非程序化管理转变成程序化管理，这是所有管理者应该追求的，但新问题的产生是持续不断的，新问题解决了，更新的问题又产生了，所以从这个角度讲，管理创新是无止境的。

分析思考

在城市市区交通管理中，目视管理应用的主要特征有哪些方面？

第三节　态度、情绪与情感

一、态度的含义

态度是个体关于客观事物、人和事件的评价性陈述——要么喜欢，要么不喜欢。它反映了一个人对某些事物的感受。态度由三个要素构成：认知、情感和行为。这三个因素相互影响和作用，形成了对某种事物的态度。态度三要素如图 2-9 所示。

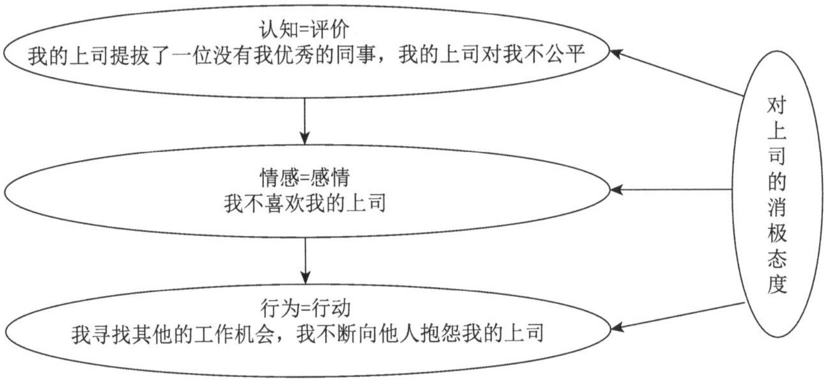

图 2-9　态度三要素

如图 2-9 所示，态度三要素有助于我们理解三个要素之间的内在联系，起始于认知，结果体现在行为上，因此，态度主要是指三要素中的情感因素。

二、态度与行为之间的关系

生活和工作在某种社会环境中的个体，对接触到的各种事物必然会产生某种态度。按照态度三要素，有认知，就会产生某种情感，然后会做出某种行为。管理者经常讲“态度决定行为”，例如一个人具有喜欢本岗位工作的态度，一定会主动积极地工作，还会产生较高的工作效率。在通常情况下，态度和行为是一致的，意味着个体试图消除态度的分歧并保持态度和行为的协调性，这种协调性是符合心理平衡状态的。换句话讲，这是一种心理健康的状态。但也经常存在不一致的情况，比如对上司形成了消极态度，在实际场景中未必产生相应的消极行为。当出现不一致时，个体会采取措施以回到态度和行为重新一致的平衡状态。要做到这一点，要么改变态度，要么改变行为，要么为这种不平衡寻找到一个合适的理由。

三、认知失调理论与态度的改变

为了揭示态度和行为之间的关系，美国社会心理学家利昂·费斯廷格（1919—1989）在 1957 年提出了认知失调理论，用来解释态度和行为之间的关系。当个体意识到两个或两个以上的态度之间，或态度与行为之间存在不一致时，认知失调就发生了，任何形式的认知失调都会令人不舒服，个体常常尝试降低失调率，从而减弱不舒服感，驱动个体试图寻找一种达到失调最小化的状态。费斯廷格进一步指出，个体为降低认知失调愿望的强烈程度取决于以下三个因素。

（1）导致失调的要素本身的重要性。如果导致失调的要素不太重要，那么矫正不平衡的压力就比较小。

（2）个体认为自己对失调要素的影响程度。如果认为这种失调是自己无力控制的，一般不会接受态度的转变。

（3）失调中可能会涉及的回报或奖赏。伴随高失调带来的高回报会降低失调带来的压力。

如上所述，认知失调理论对组织的意义在于有助于预测员工态度和行为改变的倾向性，例如，如果由于工作需要，要求员工去说或去做与他们个人态度相冲突的事情，组织通过降低失调要素的重要性或提高奖赏的额度，以便促使员工努力改变他们的态度，使他们的态度与他们的言行协调一致，降低认知失调带来的心理上的痛苦或消除焦虑状态。

四、工作满意度

工作满意度是指因对工作特征的评价而产生的对工作愉悦的感觉，是人们对自己工作的一般态度。如果人们的工作满意度高，那么他们的职业生涯会比较精彩，通常也表现为较高的工作投入度、较高的工作效率和较低的流动率。

（一）影响工作满意度的因素

根据相关的研究文献观点，可以把影响工作满意度的因素归纳为以下五个方面。

（1）具有挑战性的工作。职场中的工作有很多类型，比如简单工作，标准化重复性的工作，复杂且具有挑战性、探索性的工作等。从工作特点来看，只有具有挑战性的工作才能够无限地发挥和挖掘人的潜力，同时人们在这种工作中有相对的自由度，不像长年累月从事重复性标准动作那样会产生对工作的厌烦感，并在自己才能和潜力发挥过程中，感觉到了自己的人生价值。大多数员工在中度及以上挑战性条件下会对工作感到满意。

（2）公平的报酬。通常情况下，员工都希望企业公平地对待每个员工，尤其是在薪酬分配和职业晋升方面得到公平、公正的对待，薪酬对内具有公平性，对外还有竞争力，那么更容易使员工对工作产生满意感。反之，会产生抱怨情绪乃至离职，这种现象在企业中普遍存在。

（3）支持性的工作环境。员工对工作环境的关注既为了工作的舒适，同时也为了更好地完成工作任务。一些研究表明，员工希望工作的场所是安全的、舒适的、干净的，所用的工具、设备是现代化的，不耗费大量体力，离家比较近最好，具有这种支持性的工作环境的话，工作的满意度也会提升。

（4）融洽的同事关系。正如行为科学理论阐述的那样，现在的员工已不再是单纯的经济人，而是社会人，在工作中既要让员工产生物质报酬上的获得感，还要满足员工的社会交往的需要、尊重的需要。因此，构建融洽的同事关系、和谐的上下级关系，并为员工提供各种培训和成长机会，会促进员工的工作满意度提升。

（5）人格与工作的匹配。工作的专业化分工越来越细，形成成百上千种工种，工作属性和特点也有很大的差异，而每个个体都是具有不同气质、性格的人，人格不同，适合的工作也不同。如果在人力资源配置中，做到人格特征与工作相匹配，工作取得成绩的概率会更高，会提升员工的自信心和满意度。

（二）员工如何表达他们的不满

当职场中员工的工作满意度显著下降时，员工会明显表达出各种不满，如果这种不满情绪得不到解决任其发展的话，那么对企业的负面影响会比较大，通常表现为消极怠工、更高的缺勤率、更高的流动率、更低的生产率，情况严重时还会出现反生产的破坏行为。工作满意度下降，通常通过以下四种路径表达。

（1）退出。工作不满得不到解决，提出辞职，离开企业。

（2）建议。采取积极的态度，不断给企业管理层提出改善意见，试图改变目前的工作环境。

（3）忠诚。消极但乐观地期待企业能做出某些改变，也相信企业管理层会解决问题。

（4）忽略。消极地听任事态继续恶化，缺勤、怠工、降低努力程度成为工作的常态。

（三）工作满意度测量

工作满意度测量一般通过发放问卷调查量表的方式进行。当下一些企业定期对员工的工作满意度进行调查，从中获取员工满意度的现状和不满意项，及时在制度和流程方面做出改进，提升员工的满意度，尤其是在智能手机普及的情况下，做这种满意度调查非常方便。

工作满意度调查量表一般会针对影响工作满意度的因素设计具体问题量表，主要包括工作环境、上级主管的支持、目前的薪酬、晋升的机会、同事关系等维度。工作满意度调查问卷示例如表 2-15 所示。

表 2-15 工作满意度调查问卷示例

使用下面的评价标准回答每一个问题	
5- 非常同意 4- 比较同意 3- 一般同意 2- 不同意 1- 非常不同意	
问题描述	分数
所在公司工作环境非常舒适和安全	
所在公司的薪酬水平比其他公司有竞争力	
所在公司晋升通道设计对每个人都是公平的	
我在这家公司的工作非常有价值	
我的工作有挑战性，能发挥自己的特长	
我很信任我的直属上级	
在工作中上级经常给予我支持和帮助	
在工作中我与同事们的关系很好	

五、情绪与情感

和态度影响个体行为相似的还有情绪，情绪高涨或低落同样会影响工作行为，因此有必要对情绪及情绪管理进行研究，明确感情、情绪等的含义。

感情是一个概括性的概念，包括人们体会到的各种感觉。它包括情绪和情感。

情绪是指对某人或某事的强烈感觉，比如生气、轻视、激情、羡慕、害怕、懊恼、失望、厌恶、幸福、憎恨、希望、嫉妒、爱、骄傲、惊讶、伤心。

情感没有情绪那么强烈，通常没有具体的环境刺激。

情感和情绪既有区别，又相互影响和转换，二者之间的区别如图 2-10 所示。

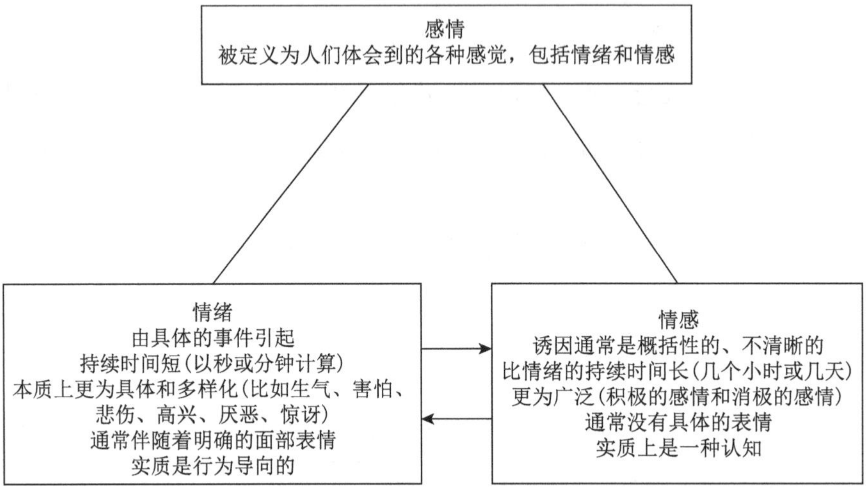

图 2-10　情感与情绪的区别

（一）情绪劳动

情绪劳动指员工在处理工作中的人际关系时，能够根据组织的期望理性地表达情绪。

情绪劳动来自对服务型工作的研究，服务型工作要求员工在工作时表现出积极的情绪。但情绪劳动几乎和所有工作都有关，一些企业倡导的快乐工作、快乐生活的理念也包含着保持积极工作情绪的要求。

真正的挑战在于当员工需要表现一种情绪时，内心深处体会的却是另外一种情绪，这种不一致就称为情绪失调，它会给员工带来很大的心理损耗。经常有员工抱怨上班真累，就是指感受到的情绪和展现的情绪经常不一致带来的心理压力。和情绪劳动相关的情绪类型主要有以下四种。

（1）感受到的情绪是指个人的真实感觉。

（2）展现的情绪是指组织要求员工展现，或者组织认为适合某工作的情绪。展现的情绪不是天生的，而是后天习得的。

（3）逢场作戏是指为了适应规则而掩盖自己的内在感情或放弃情绪表达。

（4）戏假情真是指试图根据规则调整自己内在的真实感情。

（二）情商与工作中的情绪管理

美国心理学家彼德·萨洛维在 1991 年提出了情商（Emotional Intelligence, EI）的概念，指一个人觉察并管理情绪线索和信息的能力。也就是说，情商是一种认识、了解、控制情绪的能力。但也有人质疑情商是不是一种智力能力的扩展表现。哈佛大学心理学博士丹尼尔·戈尔曼认为它至少像更传统的智商一样重要。戈尔曼指出，情商包括以下五个维度。

（1）自我认知。自我认知是情绪管理的基石，就像我们经常提到的“哲学三问”——“我是谁，从哪里来，要到哪里去”一样，了解自己非常重要。不了解自己真实的感受，会产生对自己不利或比较尴尬的情境，甚至被人误解或鄙视。

（2）自我管理。自我管理就是对自己的情绪进行控制，尤其是当灰心丧气、不安、焦虑、急躁情绪产生时，能够适时有意识地调整和化解，使自己尽快走出情绪低潮。

（3）自我激励。如上面所讲的自我管理是如何克制冲动的情绪，自我激励是在克制的基础上，能够把情绪专注于一项目标蓄积能量，就能走出情绪低潮或冲动的情境。能自我激励的人，往往工作效率比较高，也容易在事业上有所建树。

（4）认知他人情绪。这个也称之为同理心，在与他人交往或交流中，如果蔑视他人的感受或无视他人的情绪，就会产生对立或严重冲突，使人际关系恶化。在交流中经常提到的要站在对方的角度考虑问题，能够较好地缓解沟通氛围，达到沟通的目的，这里就包含了认知他人情绪。

（5）社交技能。良好的社交技能是构建和谐人际关系的重要支撑，一个人的人缘好不好、领导力、人际关系和谐程度都和社交技能有关系，社交技能通过培训可以掌握和提高，这和一个人的综合素质也有关系。

案例分析

某工程机械公司的员工心态管理

某工程机械公司是代理日本神钢品牌的挖掘机代理商，在指定的代理区域负责该品牌挖掘机的销售、客户开发与维护，以及售后服务。这些业务主要由销售部、服务部、债权部承接。销售人员、服务人员、债权人员因工作特点决定了 90% 的时间不在公司办公，而是要到客户现场、项目施工现场等地为其提供相关服务或履行岗位职责，属于常年在方圆几百千米范围内移动式工作。这部分员工约占公司员工总数量的80%。销售人员经常要跑市场，找到和拜访需要挖掘机的客户，承接对应的销售任务和客户开发目标；服务人员常年奔走在客户的项目现场，提供维修、保养、更换零部件等售后服务工作；债权人员负责3期以上应收账款的催收工作，也是常年在外催收未还按揭的客户。他们承担极具挑战性的经营指标，平时的工作压力是比较大的。为了及时了解员工平时的工作心态，并给予关怀，纾解员工的心理压力和焦虑，挖掘企业经营过程中的制度问题、流程问题等，公司决定将员工心态纳入常态化管理范围。该公司的心态管理流程如图2-11所示。

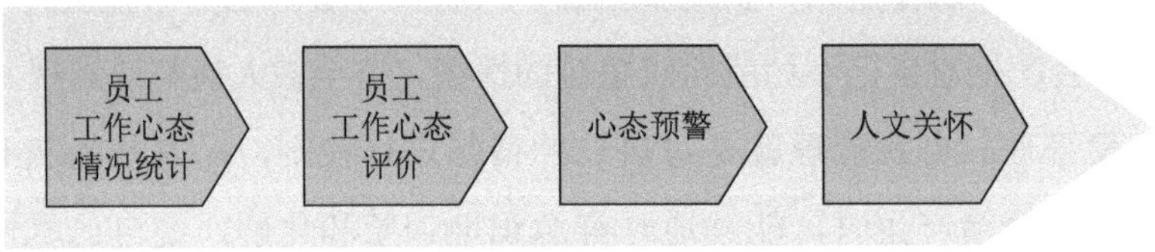

图2-11　该公司的心态管理流程

该公司把员工的心态分成四类，分别是激情、良好、抱怨、郁闷。每天工作结束时，要求员工在手机App上选择符合自己当时心态的一种类型，并在系统内提交，公司信息化的运营管理平台就采集到了相关心态数据。根据心态数据进行评价，并建立预警标准。比如将当天出现的郁闷心态作为一级预警，如果第二天仍然是郁闷，那就升级成二级预警，以此类推，不同级别的预警推送给不同级别的管理者予以解决。比如一级预警到直属上级，二级预警到部门负责人，三级预警到部门总监，四级预警到分管副总，五级预警到公司总经理，逐级关注解决。预警后，对应级别的管理者要与当事人进行沟通，了解郁闷心态产生的原因。如果是公司制度或流程问题，就会按照职责分工，抛给对应职责部门进行制度或流程优化解决；如果是能力不足，就需要人力资源部开展有针对性的培训。与此同时，公司平台部门根据员工的心态数据，自动触发公司的关怀短信。此外，公司还设置了一些来自平台的人工的关怀行为，以此激励和关心员工的心态。

分析思考

（1）该案例的心态管理的关键环节有哪几个？其操作方面有无问题？

（2）当下一些公司在组织变革中要求后勤部门服务一线，提高服务意识，本案例的做法对此有什么启示？

第四节　个性、人格与价值观

一、个性的含义

个性一词来源于拉丁文 Persona，是指古希腊戏剧演员戴的假面具，代表剧中人物的身份。组织行为学中关于个性的含义，是指人的一组相对稳定的特征，这些特征决定了特定的个人在各种不同的情况下的行为表现（即个人表现出来的本质的、经常的、稳定的心理特征，包括能力、气质、性格等）。个性具有以下特征。

（一）独特性

世界上没有完全相同的两个人，这种差异性是指个体心理特征不同导致的，由于每个人的先天遗传不同，以及后天生活环境的差异，成长过程中的教育经历、社会工作实践的不同，形成了每个人在心理活动过程和表现方式上的个别差异，以及每个人独特的心理风格。比如有的人性格外向、活泼热情，有的人则沉着冷静、少言寡语。

（二）稳定性

人们通过先天遗传和后天培养形成的独特心理特征，不仅具有明显的独特性，还具有持续一致的心理特征，一个人的个性形成后往往是比较稳定的。

（三）整体性

影响形成个性的各种要素在互相影响和作用的过程中达到一种平衡状态，这种平衡状态除了体现稳定性特征外，还具有明显的系统性和整体性特点。每个人的个性侧面只有从整体角度才能理解，它是能力、气质、性格的综合体。比如常讲的艺高人胆大，一个人具有精湛的技术能力和敢闯敢干的性格是结合在一起的。

在心理学的类型理论中，以瑞士心理学家荣格提出的内倾型和外倾型性格最为著名。1913 年，荣格在慕尼黑国际精神分析会议上提出了内倾型和外倾型的性格，并在 1921 年发表的《心理类型学》一书中充分阐明了这两种性格的特点。他在该书中论述了性格的一般态度类型和机能类型。

麦迪在荣格把性格分为内向、外向的基础上，还考虑到人们在后天成长过程中受到环境影响造成的高忧虑、低忧虑两个因素。他认为，人们为了消除环境压力，为了减轻这种压力带来的痛苦，会逐渐形成各种适应的行为方式。研究人的个性应当考虑内向、外向和高忧虑、低忧虑这四个因素，以四个因素的不同组合形成不同的个性结构。

二、气质的含义、类型及行为特征

气质是指人的性格、气度和风度，是一个人内在品质和外在表现的综合体现。人们知觉的速度、思维的灵敏度、注意力的集中时间长短等因素，使人们在日常工作和生活中形成具有不同风格特点的气质。气质也不是一成不变的，社会环境的变化、技术的进步，也会使气质发生一定的变化。

对于气质的分类，2000多年前古希腊医生希波克拉底提出了一种液体说，认为人体内有四种液体，但不同的人四种液体的比例不一样，呈现四种不同的气质类型。

（一）多血质（血液占优势）——活泼型

多血质特征：活泼好动、反应迅速、热情亲切、善于交际、能较快适应环境的变化、容易接受新事物、智慧敏捷、思维灵活、愉快豁达、情绪外露、兴奋容易转移、情感容易发生变化、急躁轻浮。

行为表现：具有这种气质的人，思维、言语、动作都有很高的灵活性，容易适应变化多端的环境。

（二）胆汁质（黄胆汁占优势）——兴奋型

胆汁质特征：精力充沛、直率坚强、办事果断、胆大勇敢、不怕困难、反应迅速、情绪强烈、脾气急躁、容易冲动、轻率鲁莽、感情用事、情绪外露、持续时间不长。

行为表现：具有这种气质的人对任何事情都感兴趣，具有很高的兴奋性，但抑制力差，行为表现不平衡，所以工作中忽冷忽热，带有明显的周期性。

（三）黏液质（黏液占优势）——安静型

黏液质特征：沉着稳重、交际适度、内刚外强、顽强坚定、情感深厚、难以变化、注意力稳定、难以转移、善于忍耐、长于克制、感情平衡而不外露、行为迟缓、沉默寡言。

行为表现：具有这种气质类型的人在日常生活中突出的表现就是安静、沉着、情绪稳定、行为比较迟缓。

（四）抑郁质（黑胆汁占优势）——抑制型

抑郁质特征：观察敏锐、感受性强、感情细腻、做事谨慎、善于觉察别人不易发现的细微事物、行为孤独、反应缓慢、严重内向、情绪体验强烈、胆小怕事、多愁善感、挫折容忍力差、常因一些小事而大动感情、行为扭捏、腼腆怯懦、言语缓慢、行动呆板。

行为表现：具有这种气质的人遇到困难时常常表现为优柔寡断和束手无策，一旦面临险境，便感到十分恐惧。

以上四种气质类型并无好坏优劣之分，因为从社会场景及历史上有成就的人物来看，这四种类型的气质都产生过所在领域的杰出人士。比如俄国四位著名的文学家分属于四种不同气质类型，普希金属于胆汁质，赫尔岑属于多血质，克雷格夫属于黏液质，果戈理属于抑郁质，他们曾经在文学领域取得巨大成就。

三、人格特质与职业匹配

对人格特质的研究主要是试图明确一些持久稳定的特点，用以描述个体行为。以下介绍几种有代表性的人格测试理论工具。

（一）雷蒙德·卡特尔的人格测试指标

美国心理学家雷蒙德·卡特尔（Raymond Bernard Cattell，1905—1998）经过多年研究提出了16种根源特质，并于1973年发表卡特尔16种人格因素测试（简称16PF）作为经典人格测试使用至今。卡特尔16种人格特质如表2-16所示。

表2-16 卡特尔16种人格特质

1. 孤独	外向	9. 信赖	怀疑
2. 迟钝	聪慧	10. 现实	幻想
3. 情绪激动	情绪稳定	11. 直率	世故
4. 顺从	支配	12. 自信	忧虑
5. 严肃	乐天	13. 保守	激进
6. 敷衍了事	谨慎负责	14. 随群	自立
7. 胆怯	冒险	15. 不拘小节	紧张困扰
8. 理智	敏感	16. 心平气和	自律严谨

（二）迈尔斯—布里格斯类型指标（MBTI）

MBTI是世界上运用广泛的人格测评工具，它包含100道人格测试题目，通过以下四类对比维度进行区分。

1. 外向型或内向型

外向型的人对他人友好、好交际、果敢；内向型的人则比较安静和害羞。

2. 实际型或直觉型

实际型的人比较务实，喜欢例行公事和次序，重视细节；直觉型的人则依赖无意识的感知，注重大局。

3. 思考型或感觉型

思考型的人运用理智和逻辑处理问题；感觉型的人则依赖个人的价值观和情感应对情境问题。

4. 判断型或感知型

判断型的人喜欢控制，并且喜欢自己的世界是有序的；感知型的人灵活、自发性强。

（三）大五人格模型

大五人格模型是目前广泛使用的人格测试工具，它包括的这五个维度是所有人格因素最基础的维度。具体五维度如下。

1. 外向性

衡量个体在人际关系中的舒适程度。外向型的人比较合群、自信、爱社交；内向型的人则比较矜持、羞怯和安静。

2. 随和性

衡量个体顺从他人的倾向。随和性高的人合作性强、热情、信任他人；随和性低的人则比较冷淡、难相处、敌对。

3. 尽责性

衡量个体的可靠程度。尽责性强的人个体责任感强、有组织、可靠、有恒心；尽责性低的人易转移注意力、紊乱、不可靠。

4. 情绪稳定性

衡量个体承受压力的程度。情绪稳定的个体比较冷静、自信、有安全感；情绪稳定性差的人则比较紧张、焦虑、沮丧、缺乏安全感。

5. 经验的开放性

衡量个体的兴趣范围和对新生事物的爱好程度。极其开放的人富有创造力、好奇、对艺术敏感；反之，则比较传统，在熟悉的环境中才能感到比较舒适。

四、人格与工作的匹配

人格决定了个体对环境独特的调节方式，结合前面的人格特质测量指标，人格特质影响了工作绩效，组织行为学关注人格特点与工作要求的匹配性。在此方面，心理学家约翰·霍兰德提出了人格—工作适应性理论。该理论认为员工对工作的满意度和流动的倾向性，取决于个体的人格特点与工作环境的匹配程度。霍兰德进一步提出了六种基本的人格类型和匹配的职业范例，如表 2-17 所示。

表 2-17　六种基本的人格类型和匹配的职业范例

人格类型	人格特质	职业范例
现实型：偏好技能、力量、协调性的体力活动	害羞、真诚、持久、稳定、顺从、实际	机械师、钻井操作工、装配线工人、农场主
研究型：偏好思考、组织和理解的活动	分析、创造、好奇、独立	生物学家、经济学家、数学家、新闻记者
社会型：偏好帮助和提高别人的活动	社会、友好、合作、理解	社会工作者、教师、议员、临床心理学家
传统型：偏好规范、有序、清楚明确的活动	顺从、高效、实际、缺乏想象力、缺乏灵活性	会计、业务经理、银行出纳员、档案管理员
企业型：偏好能够影响他人和获得权力的言语活动	自信、进取、精力充沛、盛气凌人	法官、房地产经纪人、公共关系专家、小企业主
艺术型：偏好需要创造性表达的模糊且无规则可循的活动	富于想象力、无序、杂乱、理想、情绪化、不实际	画家、音乐家、作家、室内装饰家

霍兰德开发了职业偏好量表，包括 160 个职业项目，让被测试者回答自己喜欢的职业，以这些数据分析研究为基础，提出了职业人格类型的关系模型，如图 2-12 所示。

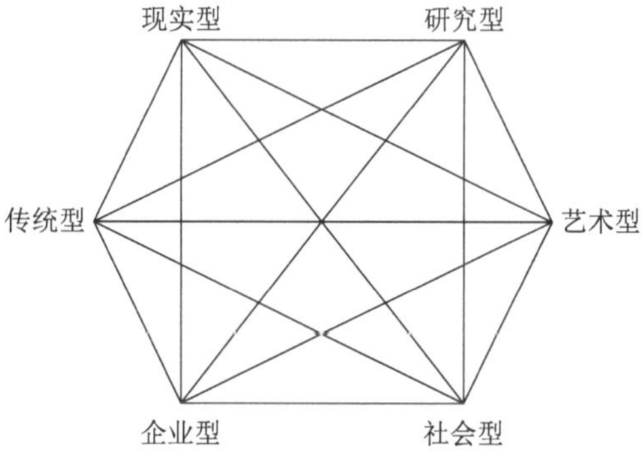

图 2-12　职业人格类型的关系模型

该模型揭示了以下三点结论。

（1）个体之间在人格特质方面存在着本质的差异。

（2）工作环境要求具有不同类型的人格特质。

（3）当工作环境与人格类型协调一致时，会产生更高的工作满意度和更低的离职率。

五、主要的人格特质对组织行为的影响

（一）马基雅维利主义

马基雅维利主义是由意大利政治家和历史学家尼可罗·马基亚维利提出的政治理论，主张为达目的可以不择手段，重视实效，相信结果能替手段辩护。这种理论后来成为权术和谋略的代名词。具有马基雅维利主义思想的人只重视实效、不受感情冲动影响。

这种人格特质的个体，心理稳定性强，临危不乱，冷静善谋，相信自己，有较高的自尊，操纵活动具有创造性，为了实现既定的目标，极能控制自己的情感，为了达到个人目的而不择手段。

（二）A 型人格和 B 型人格

如果喜欢从事高强度的竞争活动，并长期保持紧迫的工作节奏感，不断驱动自己在最短的时间内做最多的工作，这种性格称之为 A 型人格。

具备这种人格特质的个体往往运动、走路和吃饭的节奏很快；对很多活动的进展速度感到不满；总是试图同时做两件以上的事情。

与 A 型人格相对应的是 B 型人格，具备这种人格的人往往不喜欢快节奏的工作和生活。B 型人格行为特征表现为：没有时间的紧迫感；认为没有必要表现自己；没有必要追求工作业绩和成就感；随遇而安，享受娱乐和休闲；充分放松而不内疚。

职场中 A 型人格和 B 型人格哪个更容易成功呢？一些调查表明，B 型人格的人往往更容易成功，往往身居高层职位。原因在于 B 型人格倾向于追求工作质量，而 A 型人格更倾向于追求工作数量，职场中的晋升更倾向于那些睿智而非忙忙碌碌的人。人格测试量表如表 2-18 所示。

表 2-18　人格测试量表

在下面的特质中，你认为哪个数字最符合你的行为特点？									
1. 不在意约会时间	1	2	3	4	5	6	7	8	从不迟到
2. 无争强好胜心	1	2	3	4	5	6	7	8	争强好胜
3. 从不感觉仓促	1	2	3	4	5	6	7	8	总是匆匆忙忙
4. 一时只做一事	1	2	3	4	5	6	7	8	同时要做好多事
5. 做事节奏平缓	1	2	3	4	5	6	7	8	节奏极快
6. 表达情感	1	2	3	4	5	6	7	8	压抑情感
7. 有许多爱好	1	2	3	4	5	6	7	8	除工作之外没有其他爱好

续表

累加 7 个问题的得分，然后乘以 3，分数高于 120 分是极端的 A 型人格，分数低于 90 分是极端的 B 型人格。
分数：　人格类型：
120 分以上　A+
106 ～ 119 分　A
100 ～ 105 分　A–
90 ～ 99 分　B
90 分以下　B+

（三）自我监控

自我监控这种人格特质是指能够根据外部情境因素的变化及时调整自己行为的能力，具有这种特质的个体往往具有较强的自我认知、自我管理、自我激励和同理心，以及较强的人际关系处理技能。因此他们对环境十分敏感，能根据不同的场景采取不同的行为，有时可以做到逢场作戏，公开的角色和私人自我角色之间有较大的差异。高自我监控者在职场中更容易成功，尤其是在管理岗位上。自我监控人格测试量表如表 2-19 所示。

表 2-19　自我监控人格测试量表

对于下列每一个陈述，你认为哪个数字最符合你的情况？ 5= 完全符合　4= 大部分符合　3= 有一些符合，但也有例外　2= 有一些不符合，但也有例外 1= 大部分不符合　0= 完全不符合	
1. 在社交情境下，只要我觉得有必要，我有能力改变我的行为	5 4 3 2 1 0
2. 我能从对方的眼神中读到他的真情实感	5 4 3 2 1 0
3. 在人际交往中，我有能力控制交往方式，这取决于我希望给对方留下什么印象	5 4 3 2 1 0
4. 在交谈时，我对对方面部表情的极微小变化十分敏感	5 4 3 2 1 0
5. 在理解别人的情感和动机方面，我的直觉能力非常强	5 4 3 2 1 0
6. 当人们觉得一个笑话很庸俗无聊时，即使他们真的笑了，我也能辨别出来	5 4 3 2 1 0
7. 当我发觉自己所扮演的形象并不理想时，我可以立即改变和调整它	5 4 3 2 1 0
8. 我敢肯定，通过观察听众的眼神，我能知道一些不一致的东西	5 4 3 2 1 0
9. 我通过改变自己的行为以适应不同的人和环境	5 4 3 2 1 0
10. 我发现自己能够调整行为以适应任何环境的要求	5 4 3 2 1 0

续表

11. 如果有人欺骗我，我可以从他的面部表情中立刻觉察到	5 4 3 2 1 0
12. 尽管事情可能对我有利，我还是很难伪装自己	5 4 3 2 1 0
13. 只要我知道环境要求的是什么，我会很容易调整我的活动	5 4 3 2 1 0
计分键：将 9 题和 12 题反向计分，即 5 分计为 1 分，4 分计为 2 分，以此类推。然后将所有题目的分数总和起来。 如果你的分数高于 53 分，你才是一个高自我监控者	

（四）外控与内控

一些人认为自己是命运的主人，认为自己可以控制命运，这样的人被称为内控者。这些人可以承担创造性和独立性强的复杂工作。职场中具有内控型人格特质的人往往具有较强的自我效能感，抗压能力强，因此也更适合管理岗位工作和专业技术工作。

与内控型人格特质相反，另一些人认为自己是受命运控制的，认为生活中所发生的一切均源于运气和机遇，这些人被称为外控者。因此，具有外控型人格特质的人乐于遵循别人的指导，对于结构明确、规范清楚，只要严格遵从指示就会成功的工作，会做得更好。

（五）自尊

自尊心强的人，相信自己的能力和事业选择，相信经过最大限度的努力能实现预定的目标，在此过程中，一般不为别人的评价改变自己。反之，自尊心弱的人对外界更为敏感，喜欢从别人那里得到积极的评价，行为上也经常受别人的态度干扰，倾向于按照自己尊敬的人的期望做事，在职场中往往更愿意取悦别人。

六、价值观的含义

人们在成长过程中接触了各种各样的人，碰到各种各样的事情，有开心的，也有悲伤的，有经验，也有教训。那必然会对所接触到的人、事、物形成一系列是非评价和信念，哪些是自己赞成的，哪些是自己反对的，哪些是自己追求的，哪些是自己要远离的，形成一系列的基本信念，这就是价值观。

通过了解员工的价值观，可明白员工的态度和动机形成的原因。价值观也会影响个体的知觉和判断。价值观一旦形成，就会具有一定的持续性和稳定性，不会轻易改变。价值观包括内容和强度两种属性，内容属性是指某种事物是否有意义，强度属性则说明这个意义的大小。

七、工作中的价值观类型

（一）斯普兰格的价值观分类

德国教育学家和哲学家斯普兰格（E. Spranger，1882—1963）最早对价值观进行了分类，划分了六种价值观类型。

（1）理论型：强调以批判和理性的方式寻求真理。

（2）经济型：强调有效和实用。

（3）审美型：重视外表的价值。

（4）社会型：强调对人的热爱。

（5）权力型：重视拥有权力和影响力。

（6）宗教型：关心对宇宙整体的理解和体验的融合。

（二）洛克奇的价值观分类

美国社会心理学家米尔顿·洛克奇（Milton Rokeach，1918—1988）在 1973 年设计了洛克奇价值观调查问卷，他把价值观分为两类：终极价值观和工具价值观。终极价值观是指一个人通过一生的努力而实现的目标，是一种期望存在的终极状态；工具价值观是指偏爱的行为方式或实现终极价值观的手段，每类 18 种，如表 2-20 所示。

表 2-20　终极价值观与工具价值观

终极价值观	工具价值观
舒适的生活（生活富裕）	雄心勃勃（辛勤工作、奋发向上）
振奋的生活（生活态度是积极的）	心胸开阔（开放的心态）
成就感（持续地做出贡献）	能干（有能力、有效率）
和平的世界（没有冲突和战争）	欢乐（轻松愉快）
美丽的世界（具有艺术与自然的美）	清洁（卫生、整洁）
平等（兄弟情谊、机会均等）	勇敢（能够坚持自己的信仰）
家庭安全（照顾自己所爱的人）	宽容（谅解他人）
自由（能够独立自主选择）	助人为乐（为他人的福利工作）
幸福（满足需要）	正直（真挚、诚实）
内在和谐（没有内心冲突）	富于想象（大胆、有创造性）
成熟的爱（性和精神上的亲密）	独立（自力更生、自给自足）
国家的安全（免遭攻击）	智慧（有知识的、善于思考的）

续表

终极价值观	工具价值观
快乐（快乐的、闲暇的生活）	符合逻辑（理性的）
救世（救世的、永恒的生活）	博爱（温情的、温柔的）
自尊（自重）	顺从（有责任感、尊重的）
社会承认（尊重、赞赏）	礼貌（有礼的、性情好）
真挚的友谊（亲密关系）	负责（可靠的）
睿智（对生活有成熟的理解）	自我控制（自律的、约束的）

（三）格雷夫斯的价值观分类

格雷夫斯把个体的价值观分为 7 个等级，如表 2-21 所示。

表 2-21　格雷夫斯价值观等级

等级	类型	特征
一	反应型	只对自己的生理需要进行反应，不考虑与人的关系和社会因素
二	部落型	从父母或上级那里学到的价值观，愚忠、封建性、行为刻板、依赖性强、依附权势
三	自我中心型	为了达到自己的目的愿意做任何事情，富有闯劲，属于实干型，只服从极有权威的领导
四	服（顺）从型	传统的愚忠、尽职、喜欢明确任务，重视安全和公平的奖励方式
五	权术型	喜欢成就，重实利、有目标、好权术，奉承有地位的人
六	社交中心型	重视和谐，以与人交往为工作的乐趣
七	存在主义型	喜欢自由和创造，能容忍模糊不清的意见和不同的观点，敢于直言

这个等级分类发表以后，管理学家迈尔斯等人在 1974 年就美国企业的现状进行了对照研究。他们认为，一般企业人员的价值观分布于第二级和第七级之间。就管理人员来说，过去大多属于第四级和第五级，现在情况在变化，这两个等级的人逐渐被第六级、第七级的人取代。

八、工作价值观管理

职场中的工作价值观就是对职责工作的方方面面形成的一系列基本信念。一方面是员工在不同职场环境的磨炼中自我体会及领悟中逐渐形成的一些看法，另一方面和所在组织的文化建设也有关系。尤其是企业文化，往往和组织的创始人分不开。在企业文化学术领域，也不乏“企业文化就是企业家文化”的观点，比如海尔文化离不开创始人张瑞敏，华为文化离不开任正非，联想文化离不开柳传志，这样的案例有很多，一些企业创始人的经营理念在文化建设中留下了深深的烙印。

工作价值观的管理主要是通过组织文化建设，把组织的价值观变成员工共有价值观的过程。企业文化建设由里向外依次包括理念文化建设、制度文化建设和行为文化建设三个层面。

（一）理念文化建设

理念文化建设主要是通过梳理经营管理中有关市场、客户、产品、质量、供应商、经销商、员工、社区、创新、管理、责任、激励等方面支撑企业发展的最佳认知，提炼成朗朗上口的经营理念，并赋予它含义。比如某公司部分理念梳理如下。

1. 核心理念

（1）创造客户价值。

（2）注重员工成长。

（3）持续创新。

（4）追求卓越。

（5）与供应商精诚合作、共生共赢。

2. 员工责任理念

（1）对自己的责任：追求进步，永不言败。

（2）对工作的责任：不找借口，坚决执行。

（3）对团队的责任：淡化自我，乐于奉献。

（4）对同事的责任：坦诚沟通，关爱帮助。

（5）对客户的责任：诚信服务，创造价值。

（6）对企业的责任：达到目标，承担结果。

3. 企业经营理念

（1）对股东的责任：提供资产增值，实现永续经营。

（2）对员工的责任：搭建事业平台，创造美好生活。

（3）对客户的责任：销售优质产品，提供满意服务。

（4）对供方的责任：达成市场目标，共创服务品牌。

（5）对社会的责任：服务工程建设，推动经济发展。

4. 执行理念

（1）信守承诺。

（2）结果导向。

（3）永不放弃。

5. 人力资源理念

（1）有才有德，大胆起用。

（2）有才无德，限制使用。

（3）无才有德，培养使用。

（4）无才无德，坚决不用。

理念文化建设越来越受到重视，一些组织也下大力气进行梳理，并通过看板墙、文化报或杂志、员工手册等媒介展现出来。有的企业还通过定期或不定期的检查、考核来促使员工记住和背诵企业文化理念。这方面普遍存在的问题，一是很多情况下员工并不理解提炼出来的理念及赋予的含义，很难联系到自己在工作中如何体现，也自然不能转换成员工的工作价值观，甚至招致员工的内心反感；二是组织文化理念不系统、不规范，只有一些公司层面核心的理念，而没有既支撑公司理念，又靠近员工工作的稍微具体一点的理念，比如从事人力资源工作的相关理念、从事财务管理的理念、从事质量管理的理念、从事营销管理的理念等。就是说，不仅要有公司层面的理念梳理，也要对应梳理次一级的专业领域的理念，这样才会形成有层级支撑的理念系统。

（二）制度文化建设

制度文化的建设主要是建章立制，通过建立和优化一系列的企业经营管理制度，把企业的理念文化通过制度设计融合到制度和流程建设中。通过制度管人、流程管事，把理念文化通过制度执行体现出来，这也是改变员工固有价值观、建立共有价值观的主要措施，通过制度执行、流程做事，驱动员工理解组织的一系列价值观。如果在这种价值观导向下公司经营是双赢的，组织的文化理念逐步转换为员工的共享价值观，这对工作的推动是有很大意义的。如华为建立以奋斗者为中心的企业文化，也同步将其贯彻到制度建设和执行中，凝聚了广大员工的向心力，激发了员工的积极性，支撑华为快速发展。但当下很多企业在组织文化建设中存在“两张皮”的问题，即理念文化和制度文化脱节，公司提倡的理念并没有在制度设计中体现出来，理念归理念，制度归制度。这种情况下，理念就变成比较空洞的文化，仅仅成了装饰公司的门面，挂在墙上或看板上的口号，员工并不认可，各行其是，体现出来就是一盘散沙，公司没有凝聚力。

（三）行为文化建设

在企业文化结构中，行为文化处于第三层，是企业经营风格、精神面貌、人际关系的动态表现，也是企业精神、企业价值观的折射。企业行为文化包括企业集体行为、企业领导的行为、企业先进模范人物的行为、企业员工的行为等。

行为文化的建设主要通过制度执行，不断规范员工行为，尤其是企业通过正激励、负激励等制度的强化，鼓励员工持续产生组织期望的行为，杜绝或减少组织反对的行为。

在行为文化建设中，一些企业在一定程度上存在行为与制度“两张皮”、说一套做一套、言行不一的情况。这种情况的出现就是工作价值观失败或失控的表现。这需要企业文化建设从务虚向务实转化，实现面向管理、服务战略的文化管理转型。

案例分析 1

质量事件中的价值观管理

某企业是设计、生产、销售全系列规格洗衣机的公司，其售后服务人员某天收到了客户投诉电话，反馈说洗衣机洗完衣服后，在从洗衣机里取出衣服时，有时会发生挂丝现象，用户仔细检查，发现洗衣机内胆壁上的出水孔有毛刺，用手摸的话，不小心还会划手。后来经过当地售后服务人员上门检查后发现果真如此，于是这个问题被反映到了制造工厂。工厂质量部门召集相关人员进行分析，想出了一个解决问题的方案，就是在车间增加一道打磨工序，添置打磨设备，在装机前打磨一下排水孔，确保排水孔是光滑的。这个方案在公司办公会上被提了出来。该公司企业文化部门把此事专门写成案例做了报道，并评论说，之所以能提出这个方案，是因为方案提出者观念上认可毛刺的存在，因此才想出这么一个方案解决问题，但没有从根本上解决问题。试想一下，增加了一道打磨工序，要增加打磨设备和相关操作工人，要用水和用电，一年下来，企业增加多少成本？错误的价值观带来错误的方案，错误的方案给企业带来巨大的损失，由此引发广大员工讨论，在对待质量问题上，应该具备什么样的解决问题的价值观呢？

分析思考

（1）该案例的理念分析逻辑是什么？

（2）用此逻辑，能否根据该企业实际案例挖掘出好的理念？

案例分析 2

TCL 的文化变革——李东生撰文《鹰的重生》[①]

各位员工，这是我今天写的一篇文章，放在论坛里和大家分享、共勉！

这是一个关于鹰的故事。

鹰是世界上寿命最长的鸟类，它年龄可达 70 岁。要活那么长，它在 40 岁时必须做出困难却重要的决定。这时，它的喙变得又长又弯，几乎碰到胸脯；它的爪子开始老化，无法有效地捕捉猎物；它的羽毛长得又长又厚，翅膀变得十分沉重，使飞翔十分吃力。

此时的鹰只有两种选择：要么等死，要么经过一个十分痛苦的更新过程——150 天漫长的蜕变。它必须努力地飞到山顶，在悬崖上筑巢，并停留在那里，不得飞翔。

鹰首先用它的喙击打岩石，直到喙完全脱落，然后静静地等待新的喙长出来。鹰会用新长出的喙把爪子上老化的趾甲一根一根拔掉，鲜血一滴滴洒落。当新的趾甲长出来后，鹰便用新的趾甲把身上的羽毛一根一根拔掉。

5 个月以后，新的羽毛长出来了，鹰重新开始飞翔，重新再度过 30 年的岁月！

这篇有关鹰的文章让我感触颇深，由此更加深刻地体会到 TCL 此次文化变革创新的必要性和紧迫性。

经过 20 多年的发展，TCL 已经从一个小企业发展成为一个初具规模的国际化企业，但一些过往支持我们成功的因素却成为阻碍我们今天发展的绊脚石，特别是文化和管理观念如何适应企业国际化的经营成为我们最大的瓶颈。其实在 2002 年我们已经非常强烈地意识到这个问题，所以在 7 月 15 日企业文化变革创新的千人大会上我大声疾呼推进企业文化创新，并一针见血地指出了我们管理观念和文化上存在的一些不良现象，在当年的 9 月 28 日发表了《变革创新宣言书》，当时该报告在员工内部引起了强烈反响。但四年过去了，我们在企业文化变革创新、创建一个国际化企业方面并没有实现预期的目标，我认为，这也是近几年我们企业竞争力相对下降、国际化经营推进艰难的主要内部因素。

近期，我们再次推动文化创新活动，我也在深刻反思，为什么我们——以变革创新见长的 TCL——在新一轮文化创新中裹足不前？为什么我们引以为豪的企业家精神和变革的勇气在文化创新活动中没有起到应有的作用？为什么我们对很多问题其实都已意识到，却没有勇敢地面对和改变？以致今天我们集团面临很大的困境，以致我

① 本文转自 TCL 员工论坛，略有删改。

们在不得已的情况下再进行的改革给企业和员工造成的损害比当时进行改革更大？回顾这些，我深深感到我应该为此承担主要的责任。我没能在推进企业文化变革创新方面做出最正确的判断和决策；没有勇气去完全揭开内部存在的问题，特别是这些问题与创业的高管和一些关键岗位主管、小团体的利益绞在一起的时候，我没有勇气去捅破它；明知道一些管理者能力、人品或价值观不能胜任他们所承担的责任，而我没有果断进行调整。从2003年8月开始，我们的两个重大国际并购项目客观上也分散了我和核心管理团队的精力和资源。国际化并购重组的谈判、筹建过程的复杂和艰难，以及以后运作中产生的许多意想不到的问题和困难，使我们很快陷入国际化的苦战之中，无暇全力推进企业的文化变革与创新。而由于在企业管理观念、文化意识和行为习惯中长期存在的问题没能及时解决，从而使一些违反企业利益和价值观的人和事继续大行其道，令企业愿景和价值观更加混乱，许多员工的激情受到挫伤，利益受到损害，严重影响员工的信心和企业的发展，而这些问题又对企业、对国际化经营发展造成直接影响。许多员工对此有强烈的反应，但我一直没有下决心采取有效的措施及时改善这种局面。对此，我深感失职和内疚！从我自己而言，反思过往推进企业文化变革创新的管理失误，主要有以下几点。

（1）没有坚决把企业的核心价值观付诸行动，往往过多考虑企业业绩和个人能力，容忍一些和企业核心价值观不一致的言行存在，特别是对一些有较好经营业绩的企业主管。

（2）没有坚决制止一些主管在一个小团体里面形成和推行与集团愿景、价值观不一致的自己的价值观和行为标准，形成许多盘根错节的小山头和利益小团体，严重影响了企业的组织氛围，使一些正直而有才能的员工失去在企业的生存环境，许多没有参与这种小团体和活动的员工受到伤害或失去发展机会。

（3）对一些没有能力承担责任的管理干部过分碍于情面，继续让他们身居高位。其实这种情况不但阻碍了企业的发展，影响公司经营，也影响了一大批有能力的新人的成长。

久而久之，使公司内部风气变坏，员工激情减退、信心丧失，一些满怀激情的员工报效无门，离开了我们的企业。回想这些，我感到无比痛心和自责。在2005年年底，我已经痛下决心通过重新推进企业文化变革创新来真正改变内部一切阻碍企业发展的行为和现象。

过往几个月，集团的管理组织正在发生改变，我们决定通过推动新一轮的变革创新而使企业浴火重生。经过集团几次战略务虚会的讨论，我们重新拟定了企业的愿景、使命和核心价值观。

TCL 愿景：成为受人尊敬和最具创新能力的全球领先企业。

TCL 使命：为顾客创造价值，为员工创造机会，为股东创造效益，为社会承担责任。

TCL 核心价值观：诚信尽责、公平公正、知行合一、整体至上。

我们正在讨论确定这些愿景、使命和核心价值观的内涵，以及怎样将这些愿景和价值观融入我们日常工作的途径和方法；我们要开展一轮彻底的、触及灵魂的文化变革创新活动，这是决定我们企业兴衰的头等大事，我们决心要把这项活动扎实地推进下去！我在此呼吁：各级管理干部和全体员工要积极参与，大家充分沟通讨论，就我们的愿景、使命、价值观达成共识，并落实到我们的工作当中。要通过这次活动凝聚人气、唤起激情、树立信心，建立共同的价值观念和行为准则。

鹰的故事告诉我们：在企业的生命周期中，有时候我们必须做出艰难的决定，开始一个更新的过程。我们必须把旧的、不良的习惯和传统彻底抛弃，可能要放弃一些过往支持我们成功而今天已成为阻碍我们前进的东西，使我们可以重新飞翔。这次蜕变是痛苦的，对企业、对全体员工、对我本人都一样。但为了企业的生存，为了实现我们的发展目标，我们必须经历这场历练！像鹰的蜕变一样，开启我们企业新的生命周期，在实现我们的愿景——“成为受人尊敬和最具创新能力的全球领先企业”的过程中，找回我们的信心、尊严和荣誉！

分析思考

（1）案例中 TCL 文化变革中遇到的价值观问题是否有典型性？

（2）案例中的 TCL 文化变革中，理念文化、制度文化、行为文化的特征有哪些？

第五节　动机与需求

一、动机与需求的含义

动机是指引发个体行为，维持这一行为，并引导这一行为朝着某一目标进行的直接的内在力量。人们经常在侦探小说或电影中看到，办案人员要分析嫌疑人的犯罪动机，进而识别案情的发生逻辑。当一个人饥肠辘辘时，饥饿感会通过神经系统触发胰岛素分泌，加快胃肠蠕动，加重饥饿的难受感，这种难受感会驱使这个人马上产生求食的行为，比如赶紧做饭，或者找个饭店去吃饭等行为。动机产生的过程如图 2-13 所示。

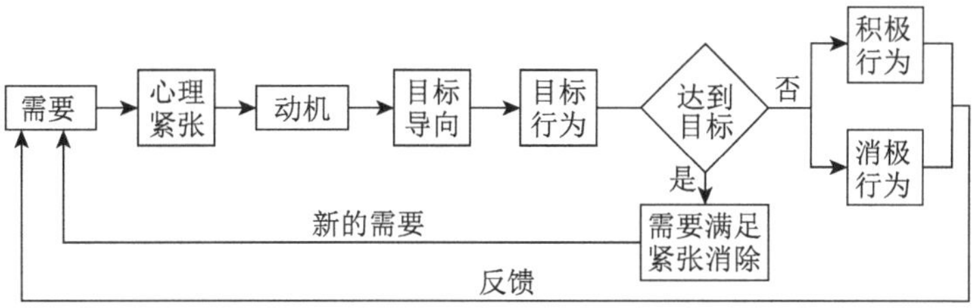

图 2-13　动机产生的过程

如图 2-13 描述的那样，每个人的需求是产生动机的原始动力。所谓需求是指个体缺乏某种东西时的一种主观状态（体验），是客观需求的反应。从本质上讲它是一种非平衡状态。比如饥饿是由于血液中的葡萄糖成分降低，胰岛素分泌增加，失去平衡，反映到中枢神经，进而产生饥饿感。心理世界也同样如此，比如缺乏归属感、爱情、尊重等引起的心理不平衡。

二、动机与行为之间的关系

那么，是不是动机和行为一一对应呢？有什么动机必然会有对应行为吗？或者说是不是通过某种行为，就可以很容易地了解其背后的动机呢？实际上动机和行为之间不是一一对应的关系。一种动机可以引发不同行为，一种行为也可以由不同动机引起。动机与行为之间的关系如图 2-14 所示。

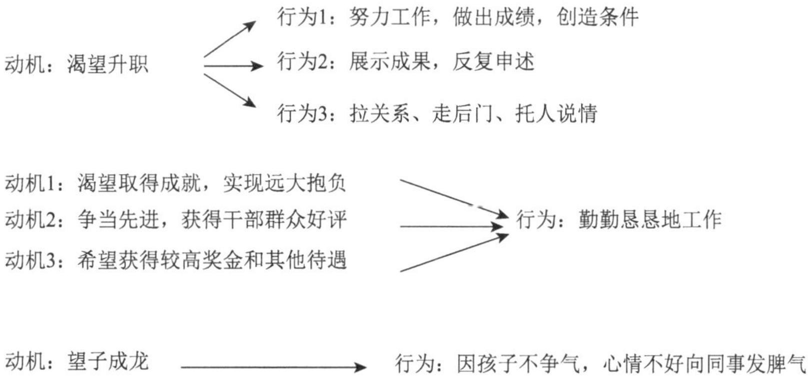

图 2-14　动机与行为之间的关系

图 2-14 反映了动机和行为之间的复杂关系，这就为通过观察行为识别动机或通过动机去预测行为增加了难度，但并不是做不到预测或识别动机。在实际场景中，一个人可能同时存在几种互相矛盾的动机，而不同的动机会引发不同的行为，但实际上一个人在某一时刻只能产生一种行为，因此这里就产生了优势动机和潜在动机。

所谓优势动机，是指一个人在某一时刻只能有一种行为，决定这一行为的是许多动机中最强烈的一个，这个动机称为优势动机或有效动机，其他动机称为非优势动机或潜在动机。优势动机的确立，有时很容易让人脱颖而出，有时会让人经历痛苦的纠结和权衡。德裔美国社会心理学家库尔特·勒温（Kurt Lewin，1890—1947）在20世纪30年代提出了以下三种动机冲突类型。

双趋冲突：双趋冲突是指两种对个体都有积极意义，然而不能兼得的目标引起个体思想情感的冲突。孟子所讲的“鱼，我所欲也，熊掌亦我所欲也，二者不可得兼”就是比较典型的双趋冲突。又如在职场中经常抱怨由于多个目标背道而驰，难以同时达到，从而引起内心冲突。比如目标激励制度失灵的场景，期望“又想马儿跑，又想马儿不吃草”，说的也是这种类型。

双避冲突：双避冲突是指两种对个体都有消极意义，然而不能同时回避的目标引起个体思想感情的冲突。通常针对这种情况，采用两害相权取其轻的策略应对。

趋避冲突：趋避冲突是指个体既想接近一个有积极意义的目标，又想回避一个有消极意义的目标，由于难以同时达到而引起的思想感情的冲突。

三、需求、动机的特征及功能

需求具有四个特性：先天性、相关性、重复性、竞争性（优势动机），并直接反映在动机上，需要引发动机。

动机具有三个要素：欲望、诱因（目标）、动因（需求），它们是动机转化为行动的先决条件，如图2-15所示。

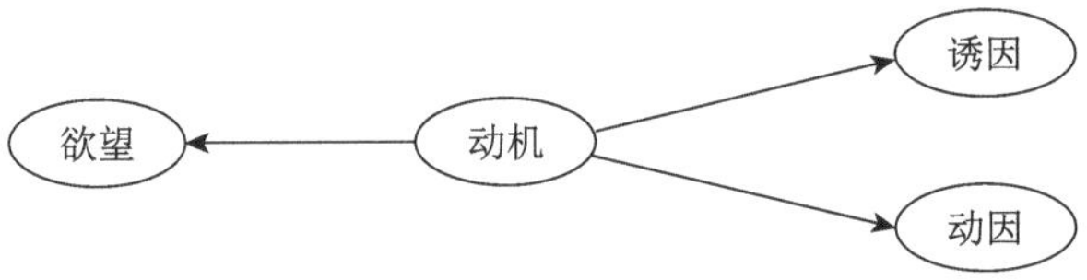

图2-15　动机三要素

动机对行为发生及持续性具有以下五个功能。

（1）唤起行为的始发功能。

（2）行为指向的选择功能。

（3）维持行为的持续功能。

（4）强化行为的强度功能。

（5）行为的调整功能。

第三章　个体行为激励

激励是个体与环境作用的结果。当员工缺乏激励时，懒惰特征就会表现出来，有激励的个体行为和无激励的个体行为，在生活和工作中的区别是很明显的。组织期望个体能表现出有激励的个体行为，从而更有效地实现期望的目标。美国心理学家约翰·阿特金森（John William Atkinson，1923—2003）认为激励对行动的方向、强度与持续性有直接影响。组织行为学中把激励定义为个体通过高水平的努力实现组织目标的意愿，而这种努力以满足个体的某些需要为前提。这两个定义体现出以下含义。

（1）个体的行为是由什么激发并赋予活力的？

（2）是什么因素把个体已被激活的行动引导到某个方向去的？

（3）这些行为如何保持与持续？

（4）努力程度取决于行为方向、强度与持续性。

当下影响企业组织绩效的一个重要的方向就是如何最大限度地调动员工的积极性，员工的工作行为由“让你干”变成“我要干”，因此本章主要从内容型、过程型、调整型、综合型等几个激励路径维度介绍相关激励理论与实践，描述每个维度如何激励员工的个体行为。

第一节　内容型激励理论

满足需要是个体激励的原动力，内容型激励维度主要是发掘个体究竟有哪些需要，这些需要之间是什么关系，挖掘出个体真正的需要后，通过满足个体的这些需要调动员工的积极性，相关的主要理论有马斯洛的需求层次理论、奥尔德弗的ERG理论、麦克利兰的成就需要理论、赫茨伯格的双因素理论。

一、马斯洛的需求层次理论

美国著名社会心理学家亚伯拉罕·马斯洛（Abraham H. Maslow，1908—1970）提出了需求层次理论，如图 3-1 所示。主要观点如下。

（1）每个人都有五种需要，包括生理需要、安全需要、归属需要、尊重需要和自我价值实现需要。

（2）这五种需要是分层次的，依次是生理需要、安全需要、归属需要、尊重需要和自我价值实现需要；只有低层次需要得到满足之后，较高层次的需要才能成为主导需要。

（3）这五种需要从满足路径可分为两种类型，从外向内获得满足的称为低级需要。反之是高级需要。生理需要和安全需要归类为低级需要，后三种需要归类为高级需要。

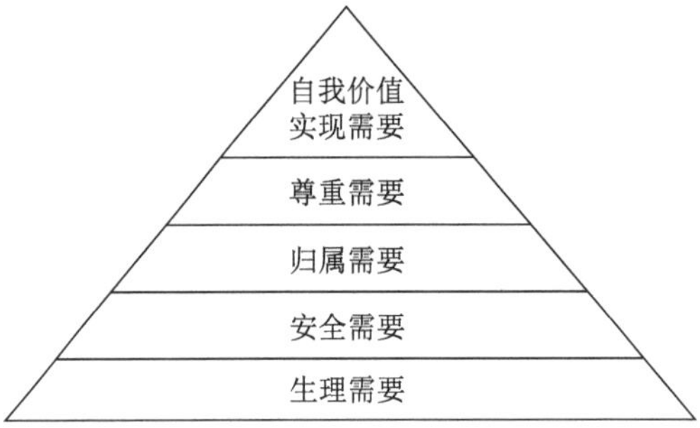

图 3-1　需求层次理论模型

马斯洛的需求层次理论提出后得到广泛的认可和应用，这归功于该理论易于理解的逻辑。马斯洛的需求层次理论为企业制定激励制度提供了方向和理论依据，因此被企业在激励设计时广泛应用。该理论告诉组织，在设计激励制度时，要识别员工的不同需求，针对这些需求设计对应的管理措施，以满足不同员工当下未满足的需求，从而调动员工积极性。马斯洛需求层次理论的应用如表 3-1 所示。

表 3-1　马斯洛需求层次理论的应用

需求层次	激励因素	组织管理措施
自我价值实现需要	成就 成长 理想	有创造性的工作 有挑战性的工作 工作中的成就感 才能的充分发挥 理想的实现

续表

需求层次	激励因素	组织管理措施
尊重需要	影响力 认可 地位 自尊	享有一定的声望 职位的提升 人事考核 奖励、表彰 领导和同事的认可
归属需要	友谊 爱 社交	和谐的工作团队 同事的友爱 管理者的关心与支持 爱情和家庭
安全需要	安全 稳定 保障	安全的工作条件 稳定的收入、医疗保险 失业保险、退休福利
生理需要	衣食住行	工资 住房 交通

二、奥尔德弗的 ERG 理论

如上所述，马斯洛的理论得到了普遍的认可，特别是实践中的管理者。这主要归功于该理论简单明了、易于理解，具有内在的逻辑性，然而众多的研究并未对他的理论提供验证性的支持。耶鲁大学的克雷顿·奥尔德弗（Clayton Alderfer）1969 年在《人类需求新理论的经验测试》一文中修正了马斯洛的观点，将需求层次进行重组后，提出了 ERG 理论，即生存需求（Existence Needs）、关系需求（Relatedness Needs）及成长需求（Growth Needs）。该理论的主要观点如下。

（一）人们的需求可分为：生存需求、关系需求、成长需求

（1）生存需求与人们基本的物质生存需要有关，它包括马斯洛提出的生理需要和安全需要。

（2）关系需求是相互关系的需求，指人们对于保持重要的人际关系的需求。这种社会和地位的需求的满足是在与其他需求相互作用中实现的，它们与马斯洛的归属需要和尊重需要分类中的外在部分是相对应的。

（3）奥尔德弗把成长需求独立出来，它表示个人谋求发展的内在愿望，包括马斯洛的尊重需要分类中的内在部分和自我价值实现需要中所包含的特征。

（二）人的需要存在差异

需要不完全是与生俱来的，有的需要是后天学习得来的。这个和马斯洛的观点具有很大的不同。马斯洛的需求层次理论认为人的需要是生来就有的，是内在的。

（三）人的需要层次可以逾越

人的需求不一定严格按照层次由低级向高级逐级发展，可以逾越；人的需要既可以由低向高发展，也存在受到挫折而折向较低需求回归。这个和马斯洛需求层次理论中提出的严格的阶梯式序列不同。马斯洛认为人的需要按照严格的层次，由低级向高级发展；人的需要只存在由低向高的上升情况，不存在由高级需要向低级需要倒退的情况。

三、麦克利兰的成就需要理论

美国哈佛大学教授麦克利兰和其学生在20世纪50年代创立了需要激励理论，该理论认为在人的生理需要基本得到满足的前提下，还有三种基本的激励需要：成就需要、权力需要、归属需要。

（1）成就需要。成就需要是指达到标准、追求卓越、争取成功的需要。极需成就的人，对成功有一种强烈的需求，他们愿意接受挑战，一般喜欢表现自己。

（2）权力需要。权力需要是指影响或控制他人且不受他人控制的欲望。具有较高权力欲的人，对向他人施加影响或控制表现出极大的关心，这样的人一般会努力获得领导者的地位。

（3）归属需要。归属需要是指建立友好亲密的人际关系的愿望。极需归属的人通常从友爱中得到欢乐，并设法避免因被某个群体拒之于门外而产生的痛苦，渴望友谊，喜欢合作而不是竞争的环境，希望彼此之间有沟通与理解。

麦克利兰强调需要因个体的个性而产生，因个性不同而不同，三种需要无严格的顺序。在大量研究的基础上，麦克利兰对成就需要和工作绩效的关系进行了十分有说服力的推断。首先，高成就需要者喜欢独立负责，可以获得信息和中度冒险的环境，在这种环境下，高成就需要者可以被高度激励。其次，高成就需要者并不一定是一个优秀的管理者，尤其是对规模较大的组织而言，比如西尔斯公司中的优秀管理者未必都是高成就需要者。最后，员工可以通过训练激发他们的成就需要，如果某项工作要求高成就需要者，那么管理者可以通过直接选拔的方式找到一名高成就需要者，或者通过培训方式培养自己原有的下属，使其变成高成就需要者。

四、赫茨伯格的双因素理论

双因素理论也称为激励—保健理论，是美国心理学家弗雷德里克·赫茨伯格提出的。他认为个人与工作的关系是一个最基本的方面，而个人对工作的态度在很大程度上决定着任务的成败。为此他访问了美国匹兹堡地区的11个工商事业机构的200多位工程师和会计人员，调查了这样一个问题：人们希望从工作中得到什么？他要求人们在具体情境下详细描述他们认为工作中特别好或特别差的方面。赫茨伯格对调查结果进行了分类归纳。在分析调查结果时，赫茨伯格发现，对工作感到满意的员工和对工作感到不满意的员工工作十分不同。如图3-2所示，左侧列出的因素是与工作满意有关的特点，右侧列出的因素是与工作不满意有关的特点。一些内在因素如成就、承认、责任、晋升、成长与工作满意相关，当对工作感到满意时，员工倾向于将这些特点归因于他们本身，而当他们感到不满意时，则常常抱怨外部因素，如公司政策、人际关系、工作条件等。

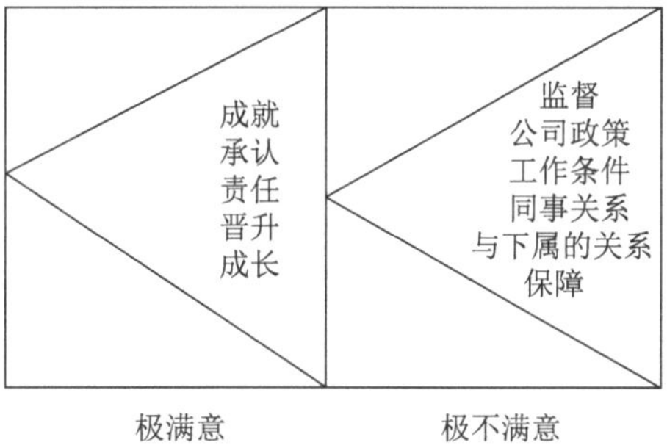

图3-2 满意与不满意因素

基于调查结果，赫茨伯格进一步指出满意的对立面并不是不满意，消除了工作中的不满意因素并不一定能使工作结果令人满意，即满意的对立面是没有满意，而不是不满意；同样，不满意的对立面是没有不满意，而不是满意，如图3-3所示。

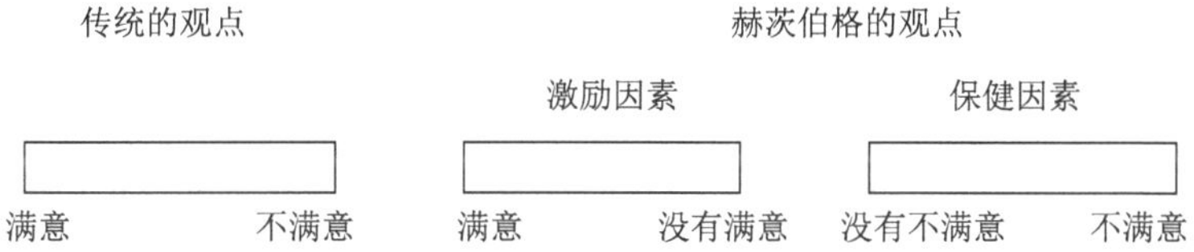

图3-3 传统观点与赫茨伯格观点

按照赫茨伯格的观点，导致工作满意的因素与导致工作不满意的因素是有区别的，因此，管理者消除了工作中的不满意因素只能带来平和，而不一定对员工有激励作用，因为这些因素只能安抚员工，而不能激励员工。

赫茨伯格双因素理论的主要观点如下。

（1）个体激励分为两类因素，即保健因素和激励因素。

保健因素是指造成员工不满的因素。保健因素不能得到满足，则易使员工产生不满情绪、消极怠工，甚至引起罢工等对抗行为；但在保健因素得到一定改善以后，也很难使员工感到满意，因此难以再由此激发员工的工作积极性，所以就保健因素来说，“不满意”的对立面应该是“没有不满意”。

激励因素是指能使员工感到满意的因素。员工感到满意，能够极大地激发员工的工作热情，提高劳动生产效率；即使管理层不给予足够多的激励因素，也不会使员工感到不满意，所以就激励因素来说，“满意”的对立面应该是“没有满意”。

（2）不是所有的需要得到满足就能调动人们的积极性，只有那些被称为激励因素的需要得到满足才能调动人们的积极性。

（3）不具备保健因素时将引起人的强烈不满，但具备时并不一定会调动人的强烈的积极性。

（4）激励因素是以工作为核心的，主要是在员工进行工作时发生的。

较之前述的需求层次理论、ERG 理论、成就需要理论，赫茨伯格的双因素理论的操作性进一步增强。需求层次理论、ERG 理论、成就需要理论等站在不同的研究出发点提出了不同类型的个体需要，在激励制度设计上满足这些未满足的需要，就可以调动个体的积极性。而双因素理论通过调查研究发现并不总是这样，该理论发现了产生激励作用的激励因素和不产生激励作用的保健因素，保健因素的改善只能消除不满，并不能产生激励作用，这为企业激励制度的设计进一步指明了方向，针对性更强。

练习思考

1. 薪酬结构的作用

以下是某企业设计的薪酬结构，包括基本工资、浮动工资（含奖金）、员工福利、长期激励（股权、期权），如表 3-2 所示。

表 3-2　某公司薪酬结构

	招聘	激励	挽留
基本工资			
浮动工资（含奖金）			
员工福利			
长期激励（股权、期权）			

问题：请你应用双因素理论，认为这四种薪酬对招聘、激励、挽留有作用的，请在对应的空格打√，并指出哪几个因素是保健因素，哪几个因素是激励因素？

2. 薪酬结构设计需考虑企业所处的发展阶段

企业不同发展阶段的薪酬结构如图 3-4 所示。

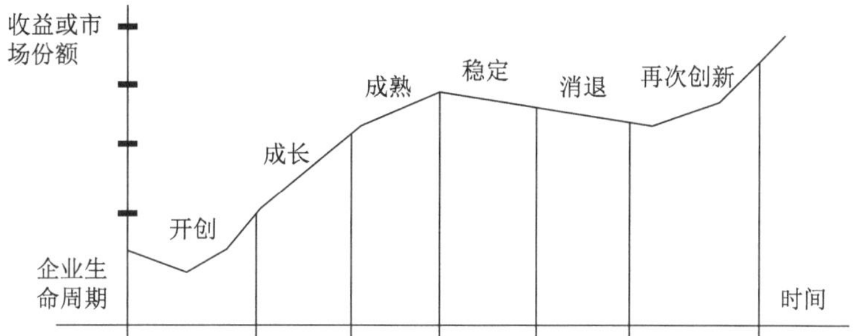

报酬组合	开创	成长	成熟	稳定	消退	再次创新
基本工资	低	有竞争力	有竞争力	高	高	有竞争力
浮动工资	高	高	有竞争力	低	无	高
福利	低	低	有竞争力	高	高	低

图 3-4　企业不同发展阶段的薪酬结构

分析思考

（1）请你参考图 3-4 显示的企业生命周期与对应的薪酬结构设计特点，应用双因素理论，解释一下为什么是图 3-4 所示的薪酬结构设计？

（2）还有更好的薪酬结构设计吗？

第二节　过程型激励理论

上一节是从个体系统需求的内容角度阐述了激励要满足哪些需要、这些不同需要的满足发挥什么样的激励效果。本节是从激励效果究竟在哪些关键过程或环节中产生，以及要具备什么样的过程特征才能发挥激励作用的角度，介绍现在广泛应用的理论，主要包括期望理论、公平理论、目标设置理论。

一、弗鲁姆的期望理论

在现实的组织激励制度设计中，有许多员工认为这是老板在给员工“画饼充饥”，因而失去激励作用，这主要是激励过程的关键环节不被员工信任，导致员工放弃努力所致。对激励问题的最全面的解释应是弗鲁姆的期望理论，虽然它也受到了一些批评，但有大量的研究支持了这一理论。期望理论认为，当人们预期到某一行为能给个人带来既定的结果，且这种结果对个体具有吸引力时，个人才会采取这一特定的行为。它包括以下三种关系。

（1）努力与绩效的关系：个体感受到通过一定程度的努力而达到工作绩效目标的可能性。

（2）绩效与奖赏的联系：个体对于达到一定工作绩效目标后即可获得奖赏结果的信任程度。

（3）奖赏与个体目标需求的关系：如果工作目标完成，个体所获得的潜在结果或奖赏对个体的重要性程度，与个人的目标和需要有关。

以上实际上可归结为以下几个问题：

我必须付出多大努力以达到某一工作绩效水平？我真的能达到这一绩效水平吗？当我达到这一绩效水平会得到什么奖赏？这种奖赏对我有多大吸引力？它是否有助于我实现目标？

图 3-5 是期望理论的一个简化模式，表明了该理论的主要内容。

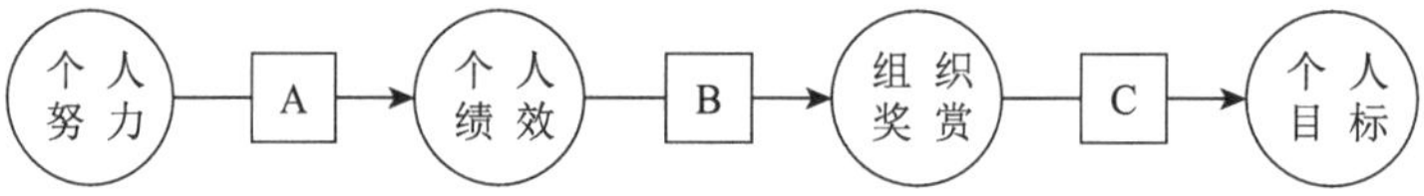

图 3-5 期望理论模型

其中，A 表示努力—绩效的相关性；B 表示绩效—奖赏的相关性；C 表示奖赏—个人目标的相关性。比如，当你考完试后，你觉得虽然自己做了充分准备，但还是不可能通过这次考试，你的学习积极性就可能降低。这或许是教师在出考题时认为，你在这一课程方面具有丰富的知识背景，也可能学习这门课程必须具备一定的知识基础，而你不具备，总之结果是一致的，你不再认为通过努力可以获得优异的成绩，你的动机水平降低了，你的努力程度也降低了。有一个心理实验证明这样一个事实：当实现完全没有可能性时，就会导致欲望的丧失。这个实验情境是：在一个水缸里放进梭鱼和小鱼，贪婪的梭鱼养成了吞食小鱼的习惯。过一段时间后，在水缸中间插一块玻璃，把梭鱼和小鱼隔开，梭鱼肚子一饿就想吃小鱼，可是每次进攻都在事先设置好的玻璃板面前碰了壁。让梭鱼在这种近乎“画饼充饥”的环境下生活了一段时间后，突然有一天玻璃板被拿走了，按理说梭鱼一定会扑上去饱餐一顿，可事实恰恰相反，梭鱼居然面对小鱼提不起食欲，就这样日渐消瘦，以至于力衰而死。从这个实验可以看出，欲望不足的状态持续一段时间后，就会使欲望衰退。因此作为领导，设计和出台一项激励制度，必须让员工个体在这三个环节中感觉是高度正相关并被信任的，才能达到预期的激励效果，实现双赢的结果。

因此期望理论的关键在于：弄清个人目标及三种关系，即努力与绩效的关系、绩效与奖赏的关系、奖赏与个人目标的关系。作为一种权变模式，期望理论认为没有一种普遍适用的原理能解释员工的激励问题。

二、亚当斯的公平理论

组织中的每一位员工都不是在真空环境中工作的，他们总是在进行比较。如果你大学刚毕业就有企业为你提供一份月薪 10000 元的工作，你可能会乐意接受，并且努力工作，你对自己的收入也十分满意。但是，假如你工作了一两个月后，发现另一位与你同时期毕业的、学历相当的同事月薪在 15000 元时，你有何反应？你可能会很失望，虽然对于一个刚毕业的大学生来说，10000 元的月薪收入已经很可观了，但这并不是问题所在，问题的关键在于相对的收入和你本人的公平观念。大量的事实证明，员工经常将自己的付出与所得和他人进行比较，而由此产生的不公平感将影响员工以后付出的努力。

根据工作中的这种现象，美国心理学家斯达西·亚当斯于 1976 年提出了公平理论。这一理论认为员工首先思考自己收入与付出的比率，然后将自己的收入与付出比率与相关他人的收入付出比率进行比较，如果员工感到自己的比率与他人相同，则认为是公平状态；如果感到二者的比率不同，则会产生不公平感。也就是说，他们会认为自己的收入过低或过高，上述比较如表 3-3 所示。

表 3-3　员工的评价

$\frac{\text{所得A}}{\text{付出A}} < \frac{\text{所得B}}{\text{付出B}}$	不公平（报酬过低）
$\frac{\text{所得A}}{\text{付出A}} = \frac{\text{所得B}}{\text{付出B}}$	公平
$\frac{\text{所得A}}{\text{付出A}} > \frac{\text{所得B}}{\text{付出B}}$	不公平（报酬过高）

公平理论认为每个人不仅关心由于自己的工作努力所得到的绝对报酬，而且关心自己的报酬与他人报酬之间的关系，他们对自己的付出与所得和他人的付出与所得

之间的关系做出判断，如果发现自己付出与所得比率和其他人相比不平衡，就会产生紧张感，这种紧张感会成为追求公平和平等的动机基础。他们会采取行动改善这种境况，其结果可能会降低或提高他们的工作绩效，改善或降低产出质量，会导致缺勤率或自动离职率提高或降低。

但是，在管理实践中管理者发现公平理论也存在一定的问题，该理论在一些关键问题上并不十分明确。例如，员工如何界定付出与所得？他们对二者又是怎样衡量的？尽管存在诸多问题，公平理论仍不失为一个颇具影响力的理论，它有助于我们进一步深入研究员工的激励问题。

分析思考

当下一些企业在薪酬管理方面实行密薪制度，薪酬制度规定不允许员工之间互相打听个人薪酬收入，一旦被公司发现某人打听别人的薪酬水平，会被处罚甚至辞退。你认为这种密薪制度能让员工感到公平吗？

三、目标设置理论

美国马里兰大学管理学兼心理学教授洛克（E.A.Locke）在研究中发现，外来的刺激（如奖励、工作反馈、监督的压力）都是通过目标来影响动机的。目标能引导活动指向与目标有关的行为，使人们根据难度的大小调整努力的程度，并影响行为的持久性。于是，在一系列科学研究的基础上，他于 1967 年最先提出目标设置理论（Goal Setting Theory），认为目标本身就具有激励作用，目标能把人的需要转变为动机，并将自己的行为结果与既定的目标对照，及时调整和修正，从而实现目标。该理论主要用于解释个体在工作情境中的动机行为和绩效。该理论的前提假设是：人类的活动是有目的的，它受有意识的目标的引导。个体的工作表现之所以不同，就是因为他们为自己设置了不同的绩效目标。这种使需要转换为动机，再由动机转换为行为并调节行为实现目标的过程，就是目标激励。其效果受目标本身的设置及环境的影响，如图 3-6 所示。

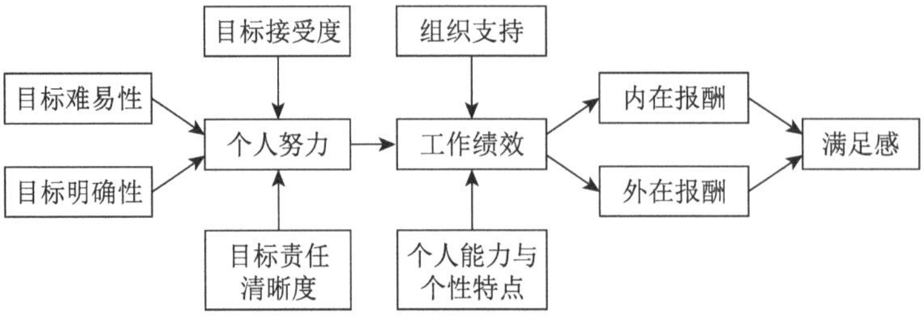

图 3-6　目标设置理论示意图

目标设置主要体现在以下四个方面。

（1）目标的挑战性。目标的挑战性是指实现目标的难度及努力的程度。这种挑战性因人而异，取决于个体能力差异及个性，同样的目标，对有的人来说相对容易，而对另外一些人来说，实现难度很大。但如果在实现目标的情况下，越有挑战性，其激励的效果越好。

（2）目标的明确性。要使个体努力程度最大化，必须使制定的目标是具体、明确、清晰的，最好是能量化的，这样个体就知道需要努力到什么程度，比如在什么时间范围内采取什么措施，达到什么样的效果。在现实中，很多目标是模糊的，就是没达到目标的明确性，这会使目标激励效果大打折扣甚至消失。

（3）自我效能感。自我效能感是指个体实现目标的自我认知，体现实现这样目标的价值、自己的能力、过去的经验、实现目标的资源匹配性。自我效能感高的个体往往对目标实现的承诺感强，反之则弱。

（4）调节变量的影响。调节变量主要有个体能力、目标承诺。个体的能力高低制约着个体对目标挑战性的反应能力，个体能力越强，目标激励效果越好，实现目标的概率就越高。目标承诺是指个体实现目标的决心程度，是个体认可目标的重要性，被目标激励，持之以恒地实现目标的努力程度。

目标设置也是平衡企业股东与经理人利益最具操作性的工具，在现代企业经营中委托代理关系普遍存在的情况下，目标设置理论为股东利益和职业经理人利益有效融合及实现双赢提供了有效的工具和路径。通过设置并完成目标，一方面，实现股东的利益，另一方面，通过评估目标的完成度，兑现经理人的目标年薪，是双方最易接受的一种路径，目前为绝大多数企业组织所采纳和应用。

第三节 调整型激励理论

内容型激励理论和过程型激励理论聚焦如何激发个体的动机，进而转化为行动实现目标，调整型激励理论则阐述和指导人们如何纠正或避免错的行为，提高组织期望行为的发生概率。

一、强化理论

强化理论已在本书中介绍过，组织期望的个体行为需要持续性和保持一定的强度，因此提出了行为塑造的四种路径，分别是正强化、负强化、惩罚和消退。

通过这四种强化路径，可以归纳出一个动机强化模型，如图 3-7 所示。

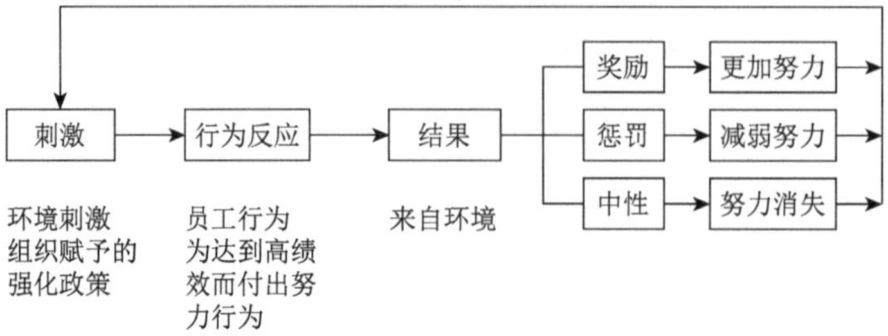

图 3-7　动机强化模型

动机强化模型体现了以下三个特征。

（1）个体行为结果得到奖励后，会继续保持和强化这种工作行为，会使这种行为重复发生。比如设备改造提高了效率，企业根据提高的效率给予参与设备改造的员工一定比例的提成，此后会增加这种设备改造行为发生的频率。

（2）个体行为结果受到惩罚后，会减少或停止这种行为发生的频率。比如上班迟到被扣 100 元工资后，会使员工降低迟到次数或努力做到尽量不迟到。

（3）个体行为结果既无奖励也无惩罚后，会停止这种行为，也就是得到中性结果的行为最终会消失。比如加班后既无加班费，也无因效率低导致加班带来的批评，那这种加班行为会很快消失。

该理论在应用中要注意及时性、适配性，奖罚结合，以正强化为主。

一是及时性。及时性强调强化兑现的及时程度，比如迟到要负激励扣款，但这个扣款如果在一年之后兑现，那这种惩罚作用大大降低，达不到负激励的效果。同样的道理，一个员工做了好事，奖励如果也在很久之后兑现，可能带来的是抱怨而不是激励效果。

二是适配性。适配性是指强化措施的力度，力度太大或太小都不是适宜的。就是正负激励的力度要让个体心里感觉到在乎为宜。比如正负激励的金额标准是多少等，起不到什么作用，反而会产生负面的影响。

三是奖罚结合，以正强化为主。当下企业在应用行为强化手段时存在着一边倒现象，比如全是负激励，几乎没有正激励，这会增加个体的抵触心理，对企业鼓励的行为要给予正激励，这应该是行为塑造的主要领域，对杜绝或不期望的行为实施负激励，这也是必要的。

二、挫折理论

常言道，人生不如意事十之八九。不同的人，遇到挫折后的行为有很大不同，有的人面向挫折不断总结教训，才智大增，有的人遇到挫折后情绪低落、痛苦不堪，甚至发生抵制、报复、攻击等不良行为。在现实生活中，不但个体动机及其动机结构复杂，而且影响动机行为满足的因素也极其复杂，因此，挫折的产生是不以人的主观意志为转移的。

挫折理论是由美国的亚当斯提出的，挫折是指人类个体在从事有目的的活动过程中，指向目标的行为受到阻碍或干扰，致使其目标不能实现、需要无法满足时所产生的情绪状态。挫折理论主要揭示人的动机行为受阻而未能满足需要时的心理状态，并由此而导致的行为表现，力求采取措施将消极性行为转化为建设性行为。人的动机导向目标时，受到阻碍或干扰可能有四种情况。

（1）个体虽然受到一定的挫折和干扰，但仍然以积极的心态应对，不放弃原有目标，愈战愈勇，加倍努力，整合资源，创造条件，最终实现目标。

（2）个体受到挫折干扰后，重新制定目标，比如延长完成期限、修订或调整目标。

（3）个体受到挫折后，对内心多个并存的不同动机重新排序，优势动机发生改变，放弃原来的优势动机，修正原来的目标。

（4）个体受到重大挫折后，心态变得消极，推诿、逃避、忧虑甚至攻击阻碍目标实现的人和事，主观因素和客观条件变得不支撑目标实现，动机完全受阻，个体无法实现目标。这种情况下人的挫折感最大，第二种和第三种情况次之。

在企业安全生产活动中，员工受到挫折后所产生的不良情绪状态及相伴随的消极行为，不仅对员工的身心健康不利，也会影响企业的安全生产，甚至会导致事故的发生。因此，应该重视管理中员工的挫折问题，采取措施防止挫折心理给本人和企业安全生产带来的不利影响。对此，可以采取的措施如下。

一是采取宽容的态度帮助员工战胜挫折，给予理解，鼓励员工用积极的行为应对挫折。

二是耐心疏导，改变受挫折员工对挫折情境的认知，或营造心理发泄的环境，让受挫员工尽情表达受挫情感，发泄心中的怨气，以减轻挫折感。

三是通过培训提高职工工作能力和技术水平，增加个人目标实现的可能性，减少挫折的主观因素。

四是改变或消除易于引起员工挫折的工作环境，如改进工作中的人际关系、实行民主管理、合理安排工作和岗位、改善劳动条件等，以减少挫折发生的客观因素。

五是开展心理保健和咨询，消除或减弱挫折心理压力。

第四节　综合型激励理论

从内容型、过程型到调整型激励理论，都是侧重某一个侧面描述产生激励效果的逻辑，本节的综合型激励理论就是把前文的理论有效整合，让发生激励作用的关键变量建立联系，更系统地描述激励作用的机理。

一、波特尔—劳勒的综合激励模型

美国学者波特尔（L.W.Porter）和劳勒（E.E.Lawer）在 1968 年提出了综合激励理论，如图 3-8 所示。

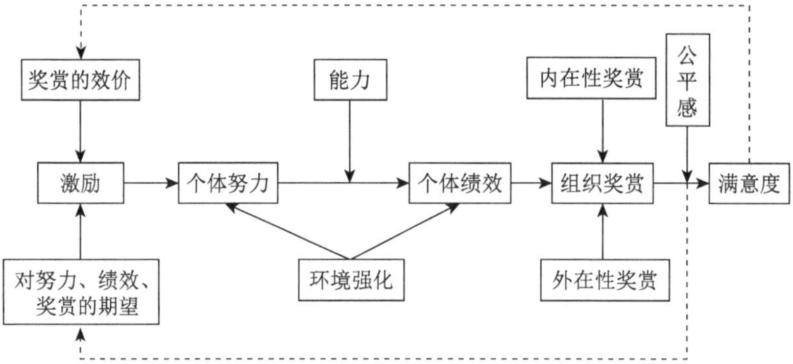

图 3-8　波特尔—劳勒的综合激励模型

综合激励模型以期望理论为基础，体现了先有激励，激励导致努力程度提高，努力程度影响绩效，绩效影响奖赏，奖赏影响员工满意度。此外，该模型还融合了强化理论、目标设置理论、公平理论、成就需要理论等。

二、迪尔的综合激励模型

美国学者迪尔在 1981 年提出了用数学公式表述的综合激励模型：

$$M=M_{内}+M_{外}=(M_{活}+M_{成})+M_{外}=(V_{活}+E_1V_{成})+E_1\sum_{i=0}^{n}E_{2i}V_i=V_{活}+E_1(V_{成}+\sum_{i=0}^{n}E_{2i}V_i)$$

其中，整体激励水平（M）等于内在性激励（$M_{内}$）和外在性激励（$M_{外}$）之和；内在性激励等于活动过程导向的激励（$M_{活}$）和成果导向的激励（$M_{成}$）；活动过程导向的激励（$M_{活}$）包括期望与效价的成分，这种激励与外在激励无关，不含有代表绩效导致外在薪酬可能性估计的二阶结果期望值 E_{2i}，同时也不涉及活动完成与否，因此也不含有代表努力导致绩效的可能性估计的一阶结果期望值 E_1，只含有单一的代表任务活动本身的吸引力与价值的效价变量 $V_{活}$；成果导向的激励（$M_{成}$）含有任务完成时所取得的成果吸引力与价值的效价变量 $V_{成}$，同时它涉及活动的完成，因此也含有一阶结果期望值 E_1；外在性激励（$M_{外}$）包括一阶结果期望值 E_1、二阶结果期望值 E_2 和奖酬效价 V_i。

由上述公式得出，整体激励水平（M）包括三类效价变量 $V_{活}$、$V_{成}$与 V_i，以及两类期望变量 E_1 和 E_{2i}，它们之间的关系不是相加就是相乘，因此整体激励水平（M）是这五种变量的增函数，提升每个变量的值，意味着整体激励水平的提升。

（1）$V_{活}$的提升。其指的是提升任务活动本身的吸引力，如设计具有挑战性的工作、工作轮岗、工作多样化、增加工作自主权等都能提高工作本身的吸引力，同时把大量单调、重复性的工作尽量交给机械设备、自动化系统完成。

（2）$V_{成}$的提升。其指的是完成任务活动所能产生的业绩或成果具有很强的吸引力，被激励对象高度关注。这就要求工作设计要有完整性，一项工作完成以后能产生有价值的结果，如客户份额的增加、生产效率的提升、利润的增加、比较有显示度的科研成果等。

（3）V_i 的提升。其是指各种外在性奖励的吸引力，要聚焦外在奖酬适配激励对象的迫切需要。在职场中工作的人，由于成长环境、经济条件、价值观等存在较大的差异，对某个个体有吸引力的奖酬不一定对另外的个体也有吸引力。

（4）E_1 的提升。其指的是增加员工对自己努力工作后获得的预期绩效的概率。如果员工相信经过自己的不懈努力能达成预期的目标，那么员工的努力程度会提高，同时也需要组织提供必要的资源、信息、机会、支持等。

（5）E_{2i} 的提升。其指的是实现预期业绩目标后，能否拿到组织承诺的报酬。这需要组织营造诚信的氛围，杜绝“画饼式”激励，建立公开、公平、公正的制度、机制，提升员工对 E_{2i} 可获得的信任度。

第五节　当今企业激励实践趋势

现代公司制度的关系架构和运转规范是基于雇佣关系而成立的。与此同时，数字时代促进人类思想的变革，与纵向的岗位层级和横向的报酬激励相比，员工更渴望通过工作来获得做事的意义、个人进步和成就感。在知识经济背景下，企业间的竞争逐渐转向人力资本的价值层面。如何满足员工更高层次的需要以最大限度地发挥员工的价值成为传统授权型企业管理者在经营过程中较为关注的问题。

自 1977 年 Kanter 提出要在企业中进行授权赋能使员工更好地参与管理以来，授权赋能一直是学术界研究的热点并形成了丰硕的理论成果。基于员工和组织两种视角，授权赋能的研究形成了结构授权赋能和心理授权赋能两种代表性的观点。管理实践表明，授权赋能的思想越来越被企业管理者认可并实践，其中最普遍的是以管理模式变革实现组织的赋能转型，如“阿米巴”模式、OKR（目标与关键成果）管理模式等。

丹尼尔·平克是全球 50 位最具影响力的商业思想家之一，他基于近 50 年来企业有关积极性的社会科学研究成果，在其《驱动力》一书中提出了激励 1.0、激励 2.0、激励 3.0 的递进路径，并指出激励 3.0 是在奖励与惩罚全然失效的知识经济背景下如何与焕发人的热情具有适配性，激励 3.0 必需的核心不是“胡萝卜加大棒”，而是自主、专精和目的。

丹尼尔·平克进一步指出，自主表现在人们需要做什么、什么时候做、和谁做及如何做，具体包括工作内容自主、工作时间自主、工作方法自主、工作团队自主。专精就是把想做的事情做得越来越好。专精是一种心理定向，专精是一种“痛苦”，专精是一条渐近线。目的是指超越自我的渴望，在驱动力 3.0 系统中，目的最大化与利润最大化相结合成为人们的远大志向和行动指南。

第六节　如何做好激励管理

一、激励员工的原则

前文我们介绍了当今一些主要的激励理论，那么这些理论如何在实践中应用？如果你作为一名管理者想要激励你的员工，那么你能不能从上述理论中得到一些启示？在这方面没有一个简单的、放之四海而皆准的行为指南，但是以下介绍的原则会对管理者如何激励员工有实质性的帮助。

（一）认清个体差异原则

几乎所有的激励理论都认为每个员工都是一个独特的不同于他人的个体，他们的需要、态度、个性及其他重要的个体变量各不相同，比如，期望理论对内控型人比对外控型人预测更准确，因为前者认为自己的生活在很大程度上由自己掌握，这与期望理论中的自我利益假设是一致的。

（二）使人与职务相匹配原则

大量研究证明，将个体与职务进行合理匹配能够起到激励员工的作用，比如高成就需要者应该从事小企业的独立经营工作，或在规模较大的组织中从事相对独立的工作。需要注意的是，不是每一个员工都会因工作的自主性、变化性和责任感而受到激励，这类工作只对高成就需要者具有很强的吸引力和激励作用。

（三）确保个体认为目标是可达到原则

无论目标是否可以真正实现，若员工认为目标无法实现，则他的努力程度就会降低，因此管理者必须保证员工充满信心，让他们感到只要更加努力，就可以达到既定目标。对管理者而言，这意味着员工必须能胜任他们的工作，而且他们感到目标评估系统是可靠而有效的。例如，松下幸之助在这方面就做得很出色。1937 年，松下幸之助在松下电器成立一周年纪念日上向全体员工宣布：松下电器要在未来生产大量物美价廉的生活用品，其多其快犹如源源不断的自来水，价格便宜得几乎免费。他所编制的美梦通常会被人嗤之以鼻，但是松下幸之助却有办法让员工相信这个灿烂的前景。他把这个远期规划分为 10 个阶段，每个阶段 25 年，又把每个阶段的 25 年分为三期：第一期（10 年）是建设期，第二期（10 年）是活动期，第三期（5 年）是为社会服务期。他的第一阶段第一期的计划十分详细、明确，令人信服，越往后计划越大纲化。第一个十年最关键，为了使员工共同追求这个目标，他踏实、认真地迈出了第一步，随着计划步步落实，员工的信念也渐渐增强，极大地调动了员工的积极性，松下电器最终成为今天的国际型大公司。

（四）差异化奖励原则

由于每位员工的需要不同，因此对某些人有效的强化措施可能并不适合其他人。管理者应当根据员工的差异为他们设置个性化奖励，如加薪、晋升、授权、参与目标设定和决策的机会。

（五）奖励与绩效挂钩原则

管理者必须使奖励与绩效挂钩，使奖励因素对影响绩效的因素起强化作用。主要的奖励因素包括加薪、晋升等，管理者应当想办法增加奖励机制的透明度，如消除发薪的保密性，代之以公开员工的工资、奖金及加薪数额，以激励员工。

（六）公平原则

要让员工感觉到自己的付出与所得是对等的。具体而言，员工的经验、能力、努力程度等应当使员工在收入、岗位和其他所得方面与其他人有所不同。但是在公平性问题上，存在着众多的付出与所得的问题，而且员工对其重要性的认识也存在差异，因而这一问题十分复杂。

比如一项对白领、蓝领员工的研究确定了将近 20 项付出与所得问题。研究发现，白领员工将工作质量、工作知识列在付出内容的首位，而蓝领员工却将这些因素列在付出内容的末位，他们认为最重要的付出内容是智力和个人对完成任务的投入，这两个内容对白领员工的重要程度却很低。在所得内容方面也同样存在差异，如蓝领员工将晋升放在第一的位置，但白领员工却将它放在第三位。这些差别意味着一项奖励让某人感觉到公平，但不一定让其他人也感觉到公平，所以理想的奖励机制应当能够分别评估每一项工作绩效，并给予合适的奖励。

（七）经济刺激原则

不要忘记获取金钱是大多数人从事工作的主要原因，因此以绩效为基础的加薪、奖励及其他物质刺激在激励员工积极性上起着重要的作用。有一篇综述报告研究了 800 项激励方式对员工生产率的影响，其结论证实了这一观点：当仅仅根据生产情况来设定目标时，生产率平均提高 16%；重新设计激励机制以使工作更为丰富化，生产率提高 8% ～ 16%；让员工参与决策的做法，使生产率提高不到 1%；然而，以金钱作为刺激手段却使生产率提高了 30%。在这里，并不是要管理者仅仅注重金钱因素，只是提供客观的证据，如果金钱作为一种刺激手段被取消，那么人们就不会在工作中付出更多的努力，但是取消目标、丰富化的工作或参与决策等却不会出现这种情况。

二、如何调动下属的积极性

除了在激励管理中灵活掌握上述激励原则外，在具体的管理工作中还要把握激励技巧和时机，适时、适当地调动下属的工作积极性。具体表现在以下几个方面。

（一）表现好的时候要加以称赞

（1）当下属在工作中体现出他的工作价值时，应当予以表扬和奖励。

（2）当下属的工作行为有明显改善的时候，即使是细小的环节，也应及时予以鼓励。

（3）对默默无闻、踏踏实实埋头苦干的下属也应适时加以称赞。

（二）避免过度的监督

当下属有相当高的技术能力和管理能力，完全能胜任和完成上级所分派的工作任务时，上级管理者在赋予下属责任和权限后，不要做过度的干预或施加给下属过多的任务结构，尽可能地以商量或期望的方式要求下属工作，这时下属会表现出非常高的积极性。

（三）要尊重下属的意见

很多时候，下属所要求的民主并不是希望让自己说了算，而是期望上级管理者能倾听和考虑他的意见。因此，上级管理者应创造机会让下属提出意见并真心地听取意见。这种情况下，下属也能获得很大的满足感。

（四）管理者要以身作则

如果管理者能做到以身作则和言传身教，就会得到下属的钦佩和尊重，下属在工作中就会以管理者为榜样。“榜样的力量”是无穷的。因此，管理者要善于树立榜样和典型，这也是一种有效的激励手段。

（五）让下属勇于挑战

在目标设置理论或目标管理中，通过让下属参与目标的设定，引导下属提出更有挑战性的目标，激发下属的潜力来实现自己提出的目标，使下属感到工作有成就感，培养下属对工作的热情，进而实现下属的自身价值。通过导入目标管理技巧来最大限度地提高激励效果。

（六）建立工作感情

管理者除了通过组织的正式沟通途径接近下属外，还应建立与下属的感情渠道，如关心下属的生活，帮助下属解决生活中的问题。一方面能培养下属对上级管理者的信任；另一方面能满足下属对和谐人际关系的需要，也是调动下属工作积极性的有效方式。

（七）增加下属工作内容的丰富化程度

随着劳动分工的专业化和精细化程度的提高，许多员工长期从事单一简单的工作，久而久之，产生了对工作的厌倦和疲劳感，降低了工作的积极性。如果管理者能适时地通过岗位轮换、技能培训或职务晋升等手段提高下属工作内容的丰富化程度，一方面会使员工体会到工作的关联度，另一方面能提升下属的工作能力和完善看问题的角度。这样就能有效避免由于工作单调性带来的积极性下降，使下属感到工作充实并充满信心。

三、如何正确地批评下属

上文谈到的都是正激励，目的是调动下属的工作积极性。那么，如果下属在工作中有过失行为或犯了严重错误，这时正激励就不是一种有效的激励手段，因为管理者总不能表扬下属的过错吧？那么在这种情况下就要采用负激励手段。但负激励手段并不一定都能达到好的效果，这里存在一些方式、方法和技巧，如果应用得当就会达到由负激励转为正激励的效果。在批评下属时，主要注意以下事项。

（一）要在冷静的时候批评下属

因为很多人在极度气愤或极度兴奋状态中不能理性地思考问题，所以当下属有过失行为时，管理者最好先了解自己是否已失去理智，如果因为下属的过失而非常生气，最好搁置一段时间，但不要搁置太长时间，待冷静下来后做出合理的斥责。

（二）批评要适可而止

一是要基于下属的过失事实，不要把与此过失无关的其他问题拉进来，以免引起下属的过激行为；二是要考虑批评是否为最好的方法。

（三）批评时要有率直的态度

一是在批评下属时不要拐弯抹角，要明确提出问题的重点；二是不要用语言讽刺下属，让下属心服口服地接受批评，不产生怨气，促使下属增强改正工作过失的决心。

（四）批评中带激励

一方面批评下属的过失，另一方面站在对方的立场为其着想，应带有激励与期望，不要让下属失去工作下去的信心。

案例分析

L 管理公司过程管理中的行为激励

厂家在销售挖掘机产品时一般采取代理销售模式。代理商的主要业务是产品销售、服务维修和债权回收。购买挖掘机的客户 90% 都是分散在全国各地的规模较小的工程公司，产品一般是通过按揭或分期付款方式实现销售，货款回收周期平均为 2～3 年。代理商的销售人员、服务人员、债权人员 90% 的工作地点和时间都在野外。这种业务特点对已经拥有 2000 多名员工、覆盖中国 9 个省（自治区）的 L 管理公司而言，那些成百上千天天在外面跑业务的销售人员、债权人员、服务人员究竟每天都在做些什么、是否按照公司的工作标准进行工作，敬业态度如何，公司支付的差旅费、车船费、招待费是否都用在了完成工作目标上，员工是否切实履行了工作职责。L 管理公司总经理孙先生心里没底，每月的结果总是要等到财务数据出来后才能知道，而那个时候好坏都已成定局。那么，有没有一种有效的过程管控机制，能适应工程机械行业的特点，这个迫切的问题已经摆在了孙总的面前。

一、企业发展现状

L 管理公司是一家专门为工程机械行业销售代理商提供管理服务的公司。到目前为止，L 管理公司管理的工程机械销售代理商共计 10 家，代理了日本神钢挖掘机、韩国斗山挖掘机两大品牌，其托管的代理商分布在湖北省、河北省、山西省、河南省、江苏省、吉林省、安徽省、广西壮族自治区、贵州省等 9 个省（自治区），员工 2000 余人，2009 年销售 3000 余台产品，销售额达 23 亿元。在全国近 600 家挖掘机代理商中，其销售规模成为行业第一。L 管理公司正迅速发展成为集团化、专业化代理商集团管理公司。

L 管理公司和其托管公司（即代理商）之间没有股权关系，其收益来源于所托管公司的效益提成。企业的发展壮大既给了管理者欣喜，也带来了惆怅，孙总心里明白，近 3 年在行业中取得较好的业绩既是凭借公司的应急处理能力和执行力，更是借助中国经济快速发展的大环境。过去的 3 年中，他们年年摸索着制定年度目标和预算。为了完成目标，L 管理公司的人员就像救火队员一样。有了这样一批强有力的执行者，公司的业绩每年都还不错。年底的时候 L 管理公司和各托管公司人员都可以拿到一笔可观的年底奖金，但员工的满意度并没有因此而增加。孙总心里清楚，公司会继续发展壮大，再也不能用这样粗放式的只关注结果的管理模式去管理各个托管公司了，业务范围的不断扩大已经让 L 管理公司有些力不从心了，如何才能使公司每年的战略目标顺利完成，出现问题时可以提前预警，通过不断地改善和创新让管理者对最终的结果胸有成竹呢？图 3-9 为 L 管理公司的治理结构。

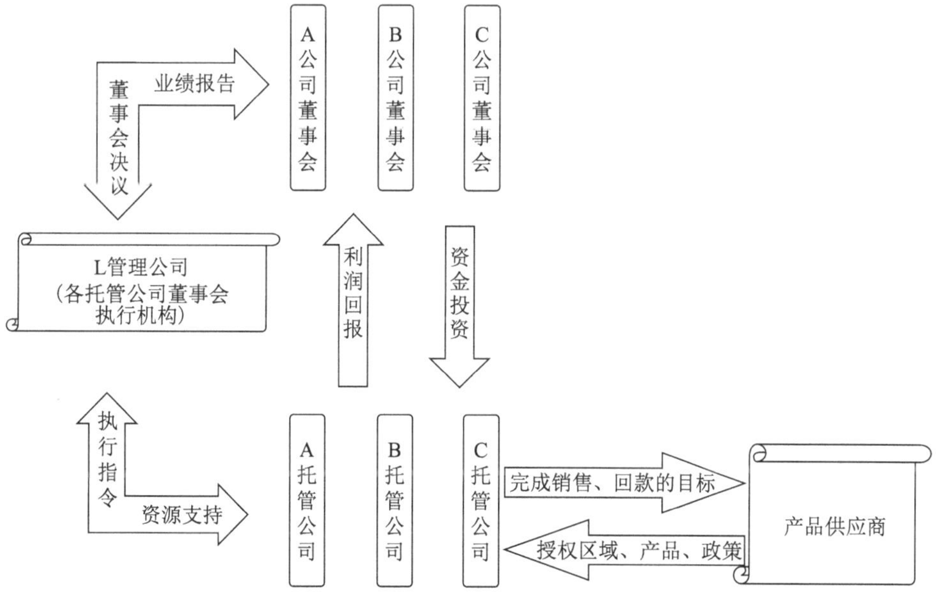

图 3-9　L 管理公司的治理结构

2009 年 9 月，面对公司在过程管控中存在的关键问题，通过认真分析和论证，L 管理公司决定成立呼叫中心，把托管公司的销售、服务、债权业务流程通过呼叫中心平台进行整合，实现扁平化的流程管控，以满足客户需求和第一竞争力为目标，倒推流程、组织设计，从根本上避免过程管控中的盲点。

二、行业背景

挖掘机行业在中国工程机械行业中独具特点。随着改革开放的深入，发达国家的跨国企业纷纷控股或参股了国内的主要工程机械公司，卡特比勒、小松、日立、神钢、斗山、现代、沃尔沃、利勃海尔等外资品牌的挖掘机产品占据了中国市场 60% ～ 70% 的份额，每个品牌在每个地区设 1 ～ 2 家代理商。近几年挖掘机行业每年按照 30% ～ 40% 的速度快速增长，成为工程机械行业的热点。在这个行业的产业链上，厂家处在绝对的"老大"地位上。他们下达任务指标，定期对代理商进行考核。

代理商获利一是通过产品销售获得价差，二是厂家根据代理商的经营业绩给予的返利。绝大多数用户是通过贷款购买挖掘机，依靠工程款收入还款，流动性极强。代理商处在中间位置，要在厂家严格的政策管理下为终端客户提供一揽子服务，承担着较大的风险。而工程机械行业受国家宏观政策影响比较大，影响其行业景气度的因素有很多，每个代理商都在想方设法保全自己的代理权，不断探索其盈利能力和盈利模式。同样的政策环境和经营环境下不同的营运能力将会带来天壤之别的结果。

三、呼叫中心对代理商业务系统的过程管控模式设计与运营

（一）过程管控模式的导入

2009 年 10 月，经过一个月的筹备，L 管理公司的呼叫中心开始试运营。每天客户助理在 8:30 前收到每个销售人员按照手机 App 固定格式提交的日计划，客户助理对计划进行审核，如果有系统预警提示需要拜访的客户未被销售人员列入当天的计划，客户助理就会对计划提出纠偏要求，最终确定当天计划。销售人员按照审核确认的计划开始一天的工作，每到达一个客户处就将客户信息及到达时间等内容通过 App 功能提交到呼叫数据平台，离开后也以同样的方式将工作进展情况反馈给客户助理，直到当天的计划完成，客户助理对信息的真实性进行核对，其核对方式是打电话给销售人员拜访的客户进行回访。同时通过 GPS 定位，可以知道每个销售人员所在的具

体位置和逗留的时间长短。每天下班时，客户助理会根据当天工作任务是否全部完成及核实的情况对销售人员一天的工作给出一个评价，每个客户助理借助呼叫数据平台管控25个销售人员，每个销售人员每天的标准面访量为5个客户。

呼叫中心的出现对代理商一线业务的管理是一次不小的变革。销售人员每天的工作情况第一次如此快速、系统地反馈到各代理商处。创新的过程也是一个摸索的过程。代理商负责人的手机每天响个不停，不管是在开会，还是在处理重要文件，客户助理不把要说的话讲完是绝对不会挂机的，代理商负责人对此怨声载道。有了呼叫中心的过程管控，销售人员的直属上级突然间找不到自己的职责了，他们想当然地认为呼叫中心代替了他们的职责，于是在平日的周例会、半月会、月度质询会等会议上不见了踪影。呼叫中心运行了一段时间后发现，一线业务人员的日计划完成情况非常好，可公司想要的结果还是没有出现。

（二）明确呼叫中心的定位

孙总和L管理公司的人员认同呼叫中心存在的价值，呼叫中心像一个转播马拉松长跑赛的大屏幕，使那些日常工作轨迹跑出管理者视野范围的一线销售人员的过程节点信息再次回到了管理者的视线范围内。这对保障目标结果的完成无疑是相当重要的，可为什么较高的过程指标完成率未能带来期望的结果呢？

L管理公司开始思考这个问题，运用梳理流程的方法将业务流程的关键节点一一列出，排查可能出现问题的环节。通过梳理发现计划输入的合理性决定了过程管控的效果。在过程管控的审核环节，呼叫中心可以通过规范工作标准更好地提供审核服务；在信息反馈环节，呼叫中心可以通过聆听代理商负责人的意见规范输出的信息，将有用的信息提供给不同层级的管理者，而不是把所有信息都发给代理商负责人；公司各级管理者可以充分利用呼叫中心的反馈信息指导下一步的销售工作，把呼叫中心的各级预警信息作为制订周计划、月计划的决策依据，针对关键问题和需要改善的问题制定相应的行动措施，使代理商各级管理者的作用得到发挥，改变以前把管理职责丢给呼叫中心的客户助理去完成的做法。

通过对呼叫中心过程管控流程的梳理，借助管理咨询公司的顾问力量，L管理公司最终对呼叫中心的角色进行了重新定位：呼叫中心是业务流程关键节点的信息提取平台，是代理商及销售人员的直属上级（大区经理）的秘书，为公司提供预警服务。这样一来，呼叫中心、代理商各级管理者都找到了自己的位置，业务系统的管理再次进入了闭环状态。

实际上，L管理公司和代理商之间本来就是一种市场关系，L管理公司向代理商输出管理服务，根据挖掘机销售的业绩获得利润。呼叫中心的出现增加了L管理公司的服务项目——“第三方过程管控外包”。呼叫中心努力完善呼叫数据平台，使这个信息平台作为支持L管理公司和各代理商工作的数据库。

（三）过程管控流程设计

目前，呼叫中心承担各代理商在25个大区针对业务一线（销售、服务、债权）的过程跟踪、节点信息的提取、整理和日评价、问题预警的工作，并对不同的业务建立了不同的管理流程和预警机制。

1. 销售业务的过程管控流程设计

如图3-10所示，销售过程的跟踪和管控流程主要包括如下几个步骤。

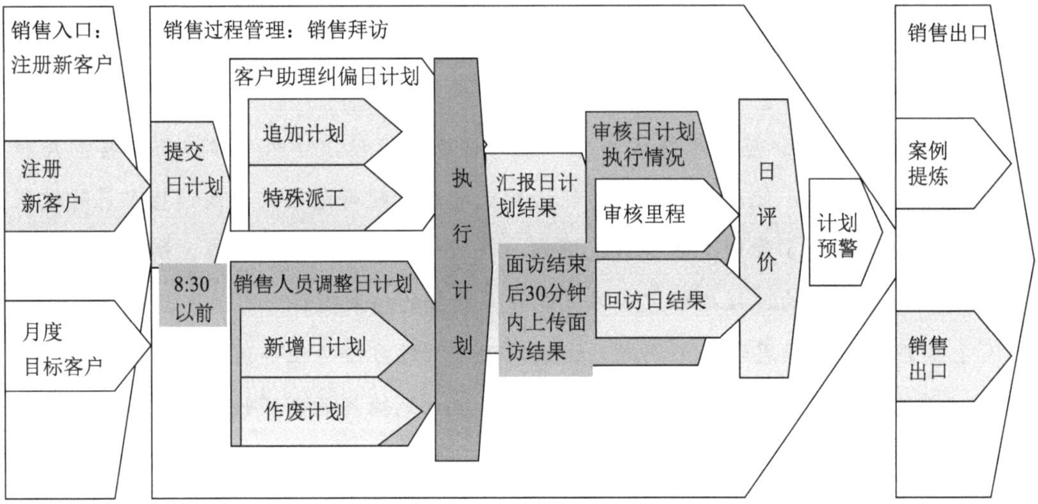

图3-10　销售过程的跟踪和管控流程

（1）提交日计划。L管理公司对客户进行分类，销售人员对不同类型客户的拜访周期有严格的要求。根据这样的要求，销售人员每天早上8:30以前通过App提交当日的客户拜访计划给客户助理，客户助理会对日计划进行审核和纠偏，将超出规定拜访周期而未进行拜访的客户追加进日计划，同时根据上级指令进行特殊派工。客户助理将审核后的日计划反馈给销售人员，销售人员根据实际情况对日计划进行再调整，但最终须以得到客户助理的认可为准。

（2）执行计划。销售人员根据实际工作的轻重缓急安排当天的拜访计划，并在到达客户所在位置前在App中提交客户信息、拜访内容等给呼叫中心，拜访结束后30分钟内将面访结果上传App反馈给客户助理。

（3）审核日计划执行情况。客户助理通过GPS定位系统审核销售人员的拜访时间和拜访地点是否真实，是否与计划相符，通过电话回访客户的方式对拜访的内容进行验证，并收集客户的需求信息。

（4）日评价。呼叫中心根据日计划评价管理机制对销售人员日计划的完成情况给出定量的评价。评价分为A、B、C、D四级。客户助理将每日评价结果如实反馈给销售人员，同时按照预警管理机制要求，启动相应级别的预警提示给各级管理者。

（5）日考核激励兑现。根据日评价结果，L管理公司制订不同的薪酬激励系数。L管理公司把月薪分解成日薪，实得日工资每日核算，月度统一发放，如表3-4所示。

表3-4 日评价激励标准

日工资实得 = 日考核工资基数 × 日考核等级对应系数	
日工资基数：根据岗位不同而不同	
每日评价等级	对应系数
A	1
B	0.8
C	0.6
D	0

根据销售系统中岗位的不同，日考核的项目不同，每个项目的占比也不同，比如大区经理的日考核项目为日拜访客户两个，案例分享一篇。此部分考核对应日薪中的岗位工资部分。大区经理过程指标每日评价标准如表3-5所示。

表3-5 大区经理过程指标每日评价标准

考核项目	达标数量	每日评价标准			
		A	B	C	D
面访量	2个	2	1	0	0
案例分享	1篇	1	1	1	0

2. 服务维修的过程管控流程设计

服务系统的过程管控流程如图3-11所示。

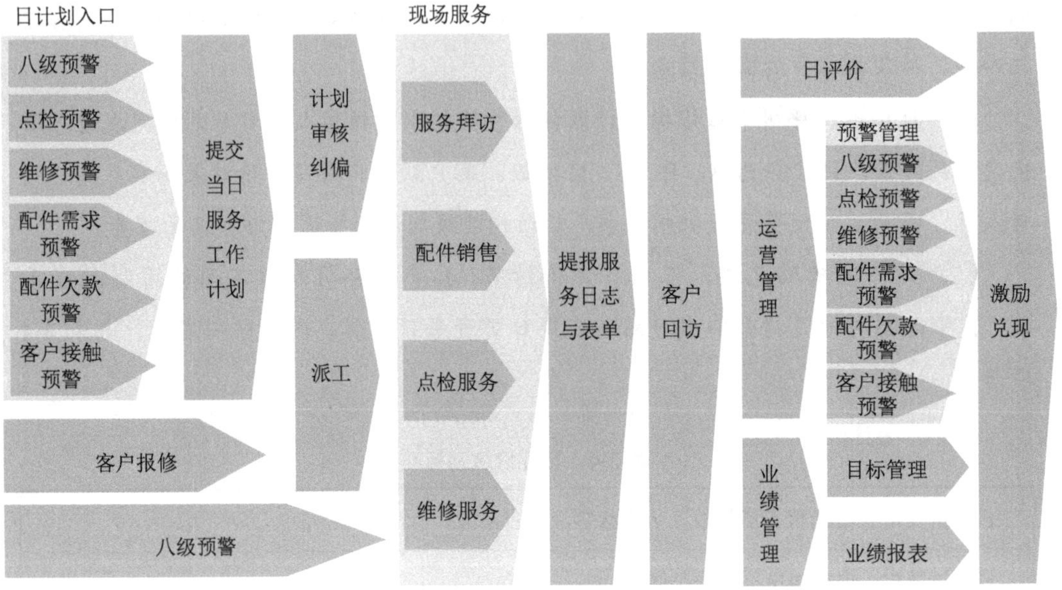

图 3-11　服务系统的过程管控流程

（1）生成日计划。服务技师依据前一天呼叫中心输出的八级预警信息、点检预警信息、维修预警信息、配件需求预警信息、配件欠款预警信息、客户接触预警信息制订每日计划。在呼叫中心规定的时间内由本人通过 App 将日计划提交服务客户助理。服务客户助理接收到服务技师的日计划后进行审核纠偏，将呼叫中心得到的客户维修服务需求进行派工，同时将服务技师遗漏的八级预警信息补充进当日计划中，通过与服务技师本人及直属上级确认形成当天的日计划。

（2）现场服务。服务技师根据当日计划结合工作的轻重缓急自行安排现场服务的顺序，把当日的各项现场服务工作信息，如开始时间、客户信息、服务内容、服务情况、结束时间等在 App 中按照流程规定的时间标准及时发给服务客户助理，将客户确认的服务表单提交相应管理人员。

（3）客户回访。服务客户助理根据服务技师提交的现场服务情况，对信息内容的真实性进行核实——对客户进行电话回访，询问服务技师的服务内容、服务质量、服务完成情况及客户满意度等问题，并通过 GPS 定位系统确认服务技师服务地点和行驶里程数的有效性。

（4）日评价。呼叫中心根据公司制定的每日评价管理标准，对服务技师当天的工作给出日评价，评价分为 A、B、C、D 四级。服务客户助理将当日评价结果如实反馈给服务技师，同时按照预警管理机制要求，启动相应级别的预警。例如，服务技师日考核连续得到 3 个 B 将会预警到直属上级处，由直属上级协助进行问题的排查，找出改进措施进行过程改善；出现 4 个 B 将会预警到代理商负责人处，代理商负责人要过问此事，对该问题引起足够的重视，敦促过程的改进。

（5）日考核激励兑现。根据日评价结果等级不同对应不同的日考核激励系数，获得不同的日薪。服务技师可以通过日考核激励系数计算出当日的工资实得。日工资每日核算，月度统一发放。

（四）呼叫中心过程管控带来的变化

通过 3 个月的对一线销售人员、服务人员的业务过程跟踪与管控，呼叫中心积累了经验，明确了自己的职责范围。现在呼叫中心正在进行各部门的调研，使呼叫数据平台的信息可以满足各代理商的日常业务需要，同时正在筹建针对不同领域的管理专家座席，通过对数据的统计、分析和比对，挖掘数据背后反映出的运营管理问题，提供定制的解决方案。

1. 呼叫中心的建立改变了 L 管理公司运营管理模式

呼叫中心的建立改变了 L 管理公司运营管理模式，从结果管控变为过程管控和结果管控相结合。L 管理公司和代理商的各个岗位职责都因呼叫中心的出现发生了不同程度的变化，很多流程需要重新修订以适应这种新的运营管理模式。L 管理公司的薪酬发放方式也随之发生了重大改变，例如，过程管控的考核对应着一定比例的绩效工资和全部的岗位工资，使绩效管理更加合理。

2. 呼叫中心建立的八级预警机制使一线业务日计划的制订更加合理

在周例会上，代理商的大区经理根据呼叫中心反馈的预警信息制订下周的工作计划，根据预警级别对不同的区域制定更加有针对性的行动措施。当日计划输入呼叫中心的计划管控系统时，系统会自动提出已经预警而未被列入当日计划的工作，客户助理会对当天的计划进行审核，对业务人员可能遗漏的预警信息进行提示，保证了日计划的合理性和有效性，使工作的过程和工作结果之间建立必然的联系。

3. 呼叫中心的建立使即时提取过程节点数据、缩短问题纠偏时间成为可能

呼叫中心每天对当日计划执行情况进行评价，按照预警机制的要求向业务人员或其直属上级反馈评价结果，重要的节点信息可以即时读取，大大缩短了问题纠偏的周期。主要的预警信息可以及时体现在次日的日计划中。纠偏措施因为有了重要节点数据的支撑针对性更强了。

（五）呼叫中心过程管控模式的探讨

一直以来，企业都在孜孜不倦地探索各种过程管控模式，对生产型企业过程管控模式的探讨有很多成功的案例，而工程机械行业的代理商，其特点是一切业务都是围

绕营销展开的，区域分散，所有一线业务人员（销售人员、服务人员、债权人员）的工作都是在管理者视线范围外进行的，加之销售淡季和旺季明显，黄金销售月份如果管控不力，整年的业绩将无法保证，因此对过程的管控尤为重要。一旦过程管控模式搭建完成，将会使工程的机械行业企业更具竞争优势，企业的业绩将会大幅提升，同时也为拓展托管代理商、扩大市场区域奠定扎实的基础。

这种过程管控模式看似简单，但整个系统的搭建和运营是相当复杂和有技术含量的。将这种日常业务过程跟踪与管控业务外包给专业的管理公司，既简化了代理商的运营管理流程，又节约了运营成本。

L 管理公司呼叫中心过程管控模式的探索使 L 管理公司和代理商对一线业务的管控实现了扁平化，使各级管理人员的决策更加贴近市场，信息的及时性、准确性大幅度提高。一方面，这种模式带来的对人的精细化管理堵住了很多费用漏洞，加大了业务人员及管理者的工作负荷，使所有人员受到每个工作节点的跟踪管控；另一方面，必须有基于员工成长和淘汰的配套机制，过程管控模式才能持续发挥作用。

分析思考

（1）该案例的管理模式解决了 L 管理公司运营管理中的哪些问题？

（2）该案例的管理模式在解决这些关键问题时，其关键特征是什么？

（3）该案例中的行为激励体现了哪些激励理论的应用？

第四章　群体行为管理

第一节　群体的含义与分类

一、群体的定义

群体是指因特定目标而组合到一起并形成互动和相互依赖关系的两个或更多个体。任何群体都有共同的目标，通常来说，群体目标是任何个体都无法单独实现的。群体可以满足个体的实现目标需求、安全需求、地位需求、被尊重需求、情感需求和权力需求。

埃德加·沙因认为群体有三个基本特点。一是群体成员间有直接的交互和互动，成员之间彼此有密切的协作和配合。二是群体成员从心理上意识到彼此的存在，意识到自己是群体中的一员。三是群体成员认为自己是一个群体，对群体有一个整体的认知。按照沙因的定义，一个课程小组、一个班级、一个足球队就是一个群体的典型代表。但共同看一部电影的人们就不是一个群体，虽然他们在一起看同一部电影，有着共同的目标，但是他们彼此间没有直接交互，因此不是群体。

有的研究者认为，群体成员间的彼此互动并不是群体的必要特征。英国心理学家特纳等认为，群体的心理基础是认同，即使群体成员间没有直接的彼此交互，只要人们从心理上把自己划分到某个特定群体中，认同这个群体的某种或某些共同属性和规范，那就是某一群体的一员。例如，在不同的软件企业担任编程工作的人，如果他们认同自己的程序员身份，把自己划入这个群体中，即使他们没有直接的交互，按照社会群体类别的观点，这些人已经组成了程序员群体。

二、群体的分类

群体有不同的分类方式，最常见的一种是正式群体和非正式群体。正式群体和非正式群体构成的基础不同，正式群体的构成基础是组织因素，而非正式群体的构成因素是心理因素。

正式群体是由组织结构确定的、职务分配明确的群体组成的。这类群体分工明确，并受到法律保护。正式群体又分为命令型群体和任务型群体。命令型群体按组织结构规定，由直接向某位领导汇报工作的下属组成。任务型群体是由为完成一项工作任务而在一起工作的人所组成的群体。正式群体中的核心概念是权力与责任。

非正式群体是没有正式结构，也不是由组织确定，以个人之间的好感、喜好或共同兴趣为基础而构成的群体。非正式群体有利益型群体和友谊型群体之分。利益型群体是为了实现一个共同关心的目标而组成的群体。友谊型群体是基于成员的共同特点而形成的群体。非正式群体中的核心概念是感情，一般是自发形成的，稳定性差，心理认同感、归属感和凝聚力强，信息沟通速度快。非正式群体一般有中心人物，中心人物的影响力大。非正式群体中的成员可能同时属于多个非正式群体。

组织中每一个专业化分工形成的部门都是一个正式群体。组织中一般也存在多个非正式群体。非正式群体的有效管理原则有：寻求非正式群体与正式群体目标的一致性，利用非正式群体信息沟通快的特点助力信息传播和管理决策，通过非正式群体的中心人物来管理非正式群体，采取恰当的方式疏导弥漫在非正式群体中的不良舆论，借助非正式群体的凝聚力提高组织认同感。

三、群体与团队的区别

团队是指能够通过成员的共同努力而产生积极的协同作用的群体。从组织行为学的视角看，团队是一种特殊的群体。团队拥有群体的基本特征，并且一般为人数不多的群体。

可以从目标、责任、协同和技能四个方面对团队和群体进行区别认识。

（1）目标。个体目标的总和是群体的目标。团队成员所追求的是团队共同目标。团队成员对共同目标的认同度越高，团队内的信任关系越牢固。团队的共同目标就是团队绩效，团队共同目标大于个人目标的总和。

（2）责任。责任在群体中是个体取向的，在团队中是集体取向的。团队成员在追求共同目标时，要协同合作、共担责任，不能“各家自扫门前雪”。

（3）协同。团队成员只有相互配合、积极协作，才能达成远大于个体绩效总和的团队绩效，而群体中缺少成员间的协同。

（4）技能。为了协同配合，团队成员的技能是互补的，团队成员各有专长，彼此担任不同的团队角色，在团队中凭借自己的技术专长融入协同合作，取得高团队绩效。群体中的个体技能是随机组合的。

第二节　群体结构

我们从群体角色、群体规范、群体地位、群体规模和群体构成五个方面描述群体的结构。

一、群体角色

正如莎士比亚所言，世界是一个大舞台，我们都是舞台上的演员。群体成员都是“演员”。这里的角色是指人们对在某个社会单元中占据特定位置的个体所期望的一套行为模式。

如果每个群体成员只扮演一种角色，并且一直稳定地扮演这种角色，那么可以简单地预判群体中的成员行为。但实际情况是，每个人在不同的群体中扮演着不同的角色，在同一个群体中可能扮演多种角色。当人们处在职业生涯的中期时，要同时扮演公民、工作者、家长、学习者、休闲者等角色。人们在一个群体中可能扮演建议者、信息加工者、总结者、评价者等任务角色，也可能扮演鼓励者、协调者、折中者、监督者等维护角色。在群体中扮演的角色影响着成员的行为，甚至价值观。理解群体角色，需要掌握以下关键概念。

（1）角色知觉。角色知觉（Role Perception）是个体对自己在特定环境中应该如何表现的认识和了解。基于对某个角色的认知，在与环境、社会、组织、他人等进行互动的过程中产生角色认同（Role Identity）。为了帮助成员产生恰当的角色认同，很多组织会有相应的制度安排。例如，大一新生要接受新生入学导航教育；企业设立“管理培训生”，让培训生通过适应角色逐步成长为一名合格的管理者。

（2）角色期望。角色期望（Role Expectation）是别人认为你在一个特定的情境中应该如何行事。当个体面临多种角色期待，而这些角色期待又相互矛盾时，就产生了角色冲突（Role Conflict）。例如，女性员工需要面对职场角色和妈妈角色之间的角色冲突。面对角色冲突时，不同的人有不同的行为反应，比如在某一角色上采取退却、拖延、谈判的策略，或重新定义自己的身份，厘清各种角色期待。所有人都会经历各种各样的角色冲突。从组织的角度看，要关注组织内部不同的角色期待带来的角色冲突对组织行为的影响。

（3）心理契约。心理契约（Psychological Contract）指的是在雇主与雇员之间存在的一种不成文的约定。这种心理契约规定了双方的角色期待，也就是雇主对雇员，以及雇员对雇主的期待。在工作场合，心理契约可以帮助我们更好地理解角色期待。心理契约包括两个层面的内容：一是员工个人目标与组织目标之间的契合关系；二是员工经过一系列的投入—回报循环后，与组织产生的情感上的契合关系。如果一家企业与员工建立了良好的心理契约关系，那么企业清楚地知道员工的角色期待，并尽量创造条件满足这种期待，同时员工也相信企业能满足他们的期待，并为企业的发展做出自己的贡献。

即使我们最初不认同某种角色知觉和角色期望，但我们遵守角色知觉和角色期望的程度会让我们惊讶。斯坦福大学的津巴多教授在地下室建立了一个模拟的监狱，花钱雇用了 24 名学生，一些人扮演看守，一些人扮演罪犯。这些学生都是经过严格挑选的，心智正常、情绪稳定的人。实验原计划模拟两周，但参加试验的学生们很快就进入了角色。“罪犯”认同了“看守”的权威性，“看守”也认同了自己角色的权威性。特别是在实验的第二天，“看守”粉碎了“罪犯”的反抗企图后，“罪犯”们完全听命于“看守”了。由于参加实验的学生在实验中表现出病态反应，实验不得不在开始 6 天后宣布终止。所以说，个体学习一种新角色是非常迅速的，进入组织的人会迅速表现出他扮演的角色应出现的行为。

二、群体规范

任何群体都有规范。群体规范是群体成员共同接受或遵守的行为标准、准则，它告诉群体成员应该做什么、不应该做什么，意味着在某种情境下群体对一个人行为方式的期望和潜在约束。一旦群体规范被成员认同，就会对成员行为产生影响，这只需要最低限度的外部控制。群体规范分为绩效规范、形象规范和社交规范三类。绩效规范与群体绩效方面的活动有关。形象规范涉及群体成员的形象、外显性工作行为等。社交规范是潜在的社交约定，如座位如何安排、发言顺序等。

工作场所的规范会影响员工行为。这里的规范不仅包括正式规范，也包括非正式规范。霍桑实验发现，员工不会仅仅为了获得更高的回报就追求个人产出最大化，而是会在群体规范的约束下调整产出。在霍桑实验的接线观察室中，实验群体形成了许多有关“不要”的规范：不要争先进，以免完成太多的工作；不要磨洋工，以免工作做得太少；不要告发自己的同伴等。多项研究表明，群体成员因希望自己被群体接受，往往会按照该群体的规范行事。

规范焦点理论认为，影响人们行为的并非态度和动机，而是群体规范。这一理论将规范分为指令性规范和描述性规范。指令性规范指的是明确规定在某一具体场景下应该做什么、不应该做什么的行为准则。例如，“禁止践踏草坪”“请将垃圾分类投放”等。描述性规范指的是人们认识到在某一具体场景中其他人普遍遵循的行为准则。描述性规范是人们通过在具体场景下的学习发现的行为准则，是习得性规范。例如，某小区的业主发现，虽然小区已摆放了收集不同种类垃圾的垃圾桶，但其他人并没有分类投放，于是人们感觉随意投放垃圾是一种普遍行为，这里的行为规范是允许大家随意投放垃圾。当指令性规范与描述性规范产生冲突时，描述性规范的影响要大于指令性规范。

另外，规范会影响情绪体验。规范影响着群体和群体成员的情绪体验，也就是说，在一个群体中的人们会越来越倾向于以同一种方式解释他们共同的情绪。那么，群体规范将通过对情绪和心境的影响来影响群体的态度和结果。

三、群体地位

群体地位指的是他人对于群体或群体成员的位置或层次进行的一种社会界定，强调个体在他人眼中受尊重、受钦佩和有威望的程度。无论是大群体还是小群体，都会产生群体地位。群体地位有正式地位和非正式地位。正式地位是通过正式的方式授予群体成员的。例如，组织指定团队的领导成员，并赋予其相应的权力。非正式地位的获得是基于群体成员的年龄、受教育程度、经验、能力、个人魅力等方面的优势。

在群体中，地位高的人可能因此获得更高的经济利益和更多的尊重等，因此群体地位对成员有潜在的激励作用。群体地位会对成员行为产生影响。在群体中，地位低的成员参与集体讨论的积极性较低。当一个人想要在群体中获得更高的地位时，会经常发言，行事也往往会变得更加果断。有学者研究了地位与群体规范认同的关系，认为当地位较高的群体成员对群体规范认同程度较低时，他们更可能偏离群体规范，而较少地受到来自其他群体低级别成员的压力。一般来说，地位高的成员被引入群体可能会提高群体绩效，但作用有限，因为他们会带来一些新的规范影响群体绩效。

四、群体规模

群体规模是指群体人数的多少。群体规模会影响整个群体的行为，对群体绩效有重要影响。“众人拾柴火焰高”，但是人多就一定力量大吗？答案是不一定。一般来说，7 人左右的较小群体可以高效地完成某些事情。就完成任务而言，小群体要比大群体速度更快。就解决复杂和困难的任务而言，大群体（超过 12 人）总是比小群体做得更好。在成员参与决策的群体中，成员为奇数的群体比偶数群体更有利于决策方案的评选。

群体规模大，会产生积极影响的原因是：群体规模增大后，不论是物质资源，还是信息资源、社会资源都会增长，使群体有资源完成个体无法完成的任务。但随着群体规模的持续增大，会产生协调问题和社会惰化问题，从而影响群体绩效。群体规模增大，虽然资源增加了，但这些资源不一定有用，同时成员增加后需要协调管理各具特色的成员。如果不能取长补短，难以达到“1+1>2”的效果。这是团队管理中非常重要的管理议题。关于社会惰化问题，我们将在下一节详细阐述。

五、群体构成

群体构成指的是群体成员在年龄、能力、知识、性格等方面的构成比例。群体构成对群体行为和群体绩效有重要的影响。群体成员搭配得当，可以提高协调效率，降低协调成本。

研究表明，多元文化的群体与同源文化的群体相比，多元文化群体中的成员满意度较低，凝聚力也较低，会发生更多的冲突。有一项以工程研发团队为研究对象的调查表明，团队成员的资历差不多时，团队绩效更高；如果组织中已形成以团队为导向的文化，那么较高的资历多样性与较低的绩效没有关系。还有一项研究表明，团队成员在价值观上的差异会带来更多的冲突；但如果团队领导能够使团队成员关注任务，并鼓励团队学习，则能够减少此类冲突。总之，复杂多样的团队构成可能带来冲突，从而降低团队绩效。

随着时间的推移，处在差异化程度高的群体中的成员如果能够不断调整适应差异，那么将使团队更加开放和更有创造力。但不得不警惕的是断裂带的出现，即构成群体的不同类型成员组成了小群体，从而使群体分裂为两个或两个以上的小群体。这种分裂会给群体绩效带来不利影响，因为小群体间会竞争资源，产生内耗。

高效的团队一般需要三类不同技能的成员：具有技术专长的成员；具有解决问题和制定决策技能，以及能够发现问题并权衡解决问题的建议的成员；善于倾听、提供反馈、解决冲突和拥有其他人际关系技能的成员。

第三节 群体行为特征

一、社会促进

社会促进指的是个体与他人在一起或者有他人在场时会产生行动效率提高的现象。在霍桑实验的照明实验环节，研究者发现无论亮度调整到什么程度，参加实验的工人的劳动生产率都提高了。这就是社会促进的一个典型例证。

早在 1897 年，心理学家 Triplett 通过实验研究发现，个人独自骑自行车的速度是 38 千米 / 小时，有人跑步陪伴时的速度是 49 千米 / 小时，而在与他人一起骑行比赛时的速度是 52 千米 / 小时。Triplett 将这一结果解释为动力发生理论，在场的其他人唤醒了该骑手的竞争本能，释放出其他方式无法激活的神经能。

Guerin（1993）综述了该理论，总结出社会促进的两类解释：一类是个体层面的解释，即内驱力；另一类是社会层面的解释，即社会比较。社会心理学家 Zajonc（1965）通过现场实验对社会促进行为做出了解释：他人在场时，可以提高个体的内驱力。内驱力的提高，促使人们更好地发挥优势。内驱力是否能真的提高绩效，跟个体对任务的领悟能力和熟练度有关。社会比较产生的“评价焦虑”会调整人们的绩效水平。由于人们期望获得积极评价或担心被消极评价，因此会更加努力地工作以取得被认可的绩效。当人们期待被评价时，就会出现为获得评价的“纯粹努力”效应。

社会心理学家 Zajonc（1965）的研究同时证明，当任务复杂且参与者操作生疏时，内驱力的提高反而会降低效率。这是与社会促进相反的社会抑制行为。为了进一步解释社会抑制，利用“分心—冲突模型”进行研究，发现他人在场引起了个体两种基本倾向之间的冲突，即引起注意环境中的观众与注意自己不熟悉的任务之间的冲突，从而导致了效率降低。因此，当人们面对一项任务并且熟悉的成分占优势时，会发生社会促进行为，反之会发生社会抑制行为。

二、社会惰化

社会惰化是指个体在群体中工作不如一个人工作时更努力的倾向，出现“三个和尚没水喝”的结果。社会惰化在个体层面的表现是：减少个人努力，降低工作效率，降低工作质量，减少对任务的承诺和责任感等。之所以会产生社会惰化，主要有以下几点原因。

（一）责任分散

在群体工作状态下，结果的达成不能具体归因为某一个体的功劳。个体投入与群体绩效之间的关系越模糊，个体越是感觉不到应该为群体绩效承担的个体责任，弱化了努力达成群体绩效的心理动机。

（二）基于公平理论的比较

群体中的成员经常比较自己和其他群体成员的投入与回报。当发现同事不努力时，人们可能会降低自己的努力水平。在经历了几轮投入与回报循环后，如果发现存在不公平现象，个体会降低自己的努力水平。当担心被别人“搭便车”时，会进一步降低努力程度。这样的比较会影响群体中的信任氛围，从而进一步影响群体成员的集体努力程度。

（三）“搭便车”行为

当群体成员感觉到他们的努力对整体的群体绩效影响不大或者根本无足轻重时，容易触发个体的“搭便车”行为——个体降低自己的努力程度，期待从群体其他成员的努力中获益。当群体绩效与个体贡献间的对应关系无法建立时，会进一步加大成员“搭便车”的机会主义倾向。此时，个体的绩效不可辨认，个体被评价的可能性非常低，那么个体将产生“迷失在群体中”的感觉。

我们可以通过以下方式来尽可能地降低在较大规模群体中的社会惰化：设立群体目标，使群体具有为之努力的共同目标；加大群体间的竞争，使各群体更关注自己的绩效；开展同事评估，让每个人对其他成员的贡献进行评价；挑选愿意在群体中工作、拥有较高积极性的成员；如果可以的话，使群体奖励在一定程度上取决于每个成员的独特贡献。

三、从众行为

当人们希望被群体接受时，群体规范会对人们的行为产生影响。人们会倾向于按照群体规范规定的来做。即使人们不认同群体规范，但感受到规范的压力，也会改变自己的行为以迎合群体标准，甚至会发生态度的改变。

从众是指个体在群体的压力下改变个人意见从而与大多数人取得一致认识的行为倾向。从众并非盲从，从众者不一定认为别人的意见是正确的，不一定认可别人的行为。即使是非从众者，也会感受到较强的群体规范压力。Myers（1993）认为，同一种从众行为从心理上可以分为简单服从和内心接受两种。简单服从指的是个体仅改变公开的行为，保留自己的独立观点。而内心接受指的是无论是公开行为还是内心观点都服从群体，与群体保持一致。按照这一观点，当群体规范压力减弱或消失时，简单服从者将与群体持有不同的观点，那么将无法预测此类个体的后续行为。但 Kelman（1958）认为，如果个体产生了群体认同，只要他认为继续待在群体中对他来说非常重要，从众行为会一直发生。

研究从众行为的著名实验是阿希实验，也称三垂线实验。阿希实验以大学生为被试者，每组 7 人，坐成一排，其中 6 人为事先安排好的实验合作者，只有一人为真被试者。实验合作者每次向大家出示两张卡片，其中一张画有标准线 X，另一张画有三条直线 A、B、C。X 的长度明显与 A、B、C 三条直线中的一条等长。实验合作者要求被试者判断 X 线与 A、B、C 三条线中哪一条线等长。实验合作者指明的顺序总是把真实被试者安排在最后。前两次测试大家没有区别，第三次至第十二次前 6 名实验合作者按事先要求故意说错，借此观察被试者是否发生从众行为。实验发现：一是大约 1/4 或 1/3 的被试者保持了独立性，没有发生过从众行为；二是所有被试者的平均从众行为为 35%；三是大约有 15% 的被试者，其从众行为的次数占实验判断次数的 75%。研究者讨论了产生从众行为的原因，具体如下。

（一）行为参照

在许多情境中，人们缺乏充分的信息来判断什么是正确的反应，什么是合适的行为。根据社会比较理论，当情境不确定时，其他人的行为有非常强的参照价值。情境越是不确定，人们越是会信任大多数人的行为。人们很自然地假定，既然大多数人都这么做，自然有他们这么做的理由。在不知道怎么做合适的情况下，从众是明智的选择。各种的“托”就是利用了人们的这种心理。

（二）对偏离的恐惧

对偏离的恐惧是指个体出于避免被社会排斥、被认为是异类或不合群而遵循群体行为的倾向。在这种情况下，个体可能会调整自己的行为，以符合社会或群体的期望，避免与他人产生冲突或受到排斥。在团队或群体中，个体可能会因为担心与主流观点不一致而选择遵循群体的行为规范，即使他们个人的观点可能与之相悖。

（三）群体凝聚力

群体凝聚力使成员产生强情感联系和归属感，从而促使个体在群体中采取与群体一致的行为。当个体与群体成员之间有紧密的联系或相互依赖时，会更倾向于与群体保持一致，以维护群体的和谐和凝聚力。

这些原因通常是相互交织的，个体的从众行为往往是多种因素的综合结果。通过理解这些原因，我们可以更好地理解人们为什么会产生从众行为，并在必要时采取措施来引导和管理群体行为。

第四节 群体沟通管理

一、群体沟通的含义

群体沟通是指在群体内部成员之间进行的信息交流和意见表达的过程。在组织中沟通有五种主要功能：控制、反馈、情绪表达、说服和信息交换。

沟通可以让员工遵守组织的规范和正式指导原则，通过正式沟通能够起到控制的作用，非正式沟通的控制作用也必须引起注意。比如，当工作群体中某位成员工作十分努力（使其他成员相形见绌）时，其他成员对其冷嘲热讽，这种非正式沟通会影响努力员工的后期行为。

沟通可以提供反馈，能明确地告诉员工必须做什么、表现如何、没有达到目标时应如何调整工作等。

群体内的沟通是员工表达自己的失落感和满意感的一种重要机制。沟通提供了一种释放情感的情绪表达机制，可以满足员工的社会需求。需要注意的是，说服既可以使组织受益，也可能使组织受损。

沟通的最后一种功能是通过信息交换为决策提供帮助。它通过传递信息来形成对决策目的的共识，帮助形成和评估备选方案。

二、群体沟通模型

沟通的过程可以用群体沟通模型来描绘。这个模型包括八个关键部分：发送者（信源）、信息、编码、渠道（信道）、噪声（干扰）、解码、接收者（信宿）和反馈，如图 4-1 所示。

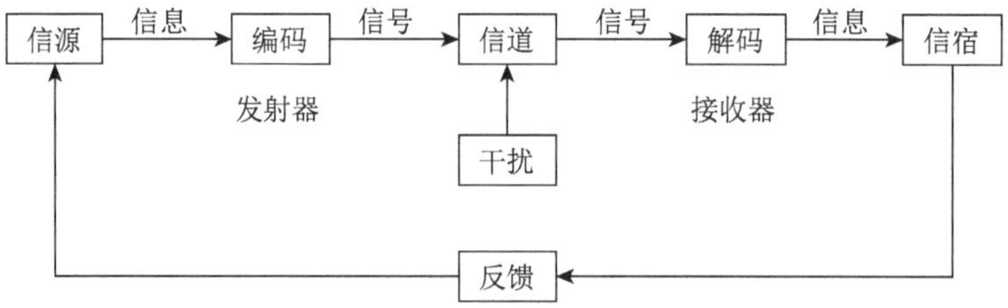

图 4-1 群体沟通模型

发送者将头脑中的想法经过编码生成可以发送的信息，接收者接收传递过来的信息。在沟通中，信息可以是说出的话、写下的文字及各种表情和肢体动作。编码过程是产生适合沟通或适合接收者接收信息的过程。渠道是传递信息的媒介，由发送者确定使用正式渠道还是非正式渠道。正式渠道是由组织建立起来的，传递与员工工作活动有关的信息。非正式渠道一般是自发形成的，是员工个体选择和集体构建的。解码是接收者将接收到的信息进行解析和重构，这一过程受到接收者认知结构、情绪状态等因素的影响。噪声是指在沟通过程中引入的干扰、失真或随机扰动，噪声可能来自渠道，也可能因为知觉问题、信息超载、语义问题或文化差异等形成。沟通的最后一环是反馈，其对信息传递是否成功及传递的信息是否符合原本意图进行核实，用来确定信息是否被正确理解。

三、群体沟通中的常见障碍

有效沟通是指信息在发送者和接收者之间传递并理解的过程。然而，沟通过程中存在的许多障碍可能影响沟通的有效性。以下是一些常见的沟通障碍。

（1）过滤。过滤指的是发送者在传递信息时有意或无意地选择性地排除某些内容。这可能是发送者希望控制信息的呈现方式，或者是因为他们认为某些信息不重要或不相关。过滤会导致接收者未能获得完整的信息，从而降低沟通的有效性。

（2）选择性知觉。选择性知觉是指接收者在接收信息时有意或无意地选择性地注意或忽略某些内容。这可能是因为接收者对某些信息更感兴趣，或者因为他们的个人偏好、偏见或先前的经验影响了他们对信息的感知。选择性知觉可能导致对信息的误解或片面理解。

（3）信息超载。信息超载是指接收者在面对大量信息时无法有效地处理和理解全部内容的情况。当接收者被过多的信息淹没时，他们可能会感到困惑、焦虑或有压力，从而导致对信息的忽略或误解。

（4）情绪。情绪是影响沟通的重要因素之一。当发送者或接收者处于情绪激动或不稳定的状态时，他们可能会出现情绪化的言语、情绪化的反应或情绪化的偏见，从而干扰有效沟通的进行。

（5）语言。语言差异、术语的不清晰或不准确使用都可能成为沟通的障碍。当发送者和接收者使用不同的语言或术语时，可能会导致误解或不准确的理解。此外，语言的含混不清、模棱两可或歧义也可能造成沟通困难。

（6）沉默。沉默是指在沟通过程中缺乏或减少言语和交流的现象。沉默可能源于个人内心的压抑、自我保护、不安或不信任感。当参与者选择保持沉默时，会导致信息不流畅、误解和沟通中断。

（7）沟通恐惧。沟通恐惧是指对沟通过程中可能出现的负面反应或评价感到焦虑和恐惧。这可能源于个人的自我怀疑、社交焦虑、自尊心过高或对于失败的恐惧。沟通恐惧会使个人避免参与沟通或选择保持沉默，从而影响到有效沟通的发生。

（8）撒谎。撒谎是指在沟通过程中故意提供虚假信息或隐瞒真相的行为。撒谎可能是为了保护自己、掩饰错误、获得利益或避免责任。当参与者之间存在撒谎行为时，会导致信息的不准确和信任的破坏，从而阻碍有效沟通的实现。

（9）文化障碍。文化障碍是指由于文化差异而导致的沟通障碍，包括语言、价值观、信仰、习俗、礼仪等方面的差异。文化障碍可能导致误解、偏见、歧视或冲突的产生，从而阻碍跨文化沟通的有效性。

四、相互作用分析理论在群体有效沟通中的应用

相互作用分析理论是社会学和心理学领域中的一个理论框架，用于解释人际关系和社会互动的过程。在沟通领域，相互作用分析理论可以帮助理解人们在交流中的行为、动机和互动模式。

通过分析交流参与者之间的互动过程，可以了解他们如何理解、回应对方的行为和调整自己的行为，并根据这些互动模式来解释沟通的效果和结果。通过分析交流参与者之间的互动模式和反应，可以推断他们的需求、期望和目标，从而更好地理解他们的行为和沟通策略。通过观察和分析交流参与者之间的互动过程，可以识别出他们之间的合作、竞争、支持或冲突等不同类型的互动模式。通过分析交流参与者之间的互动过程和反应，可以评估不同互动模式对信息传递、理解、满意度和关系建立等方面的影响。通过了解不同互动模式和沟通策略的效果，可以指导人们选择适当的沟通技巧和策略，从而更有效地实现沟通的目标。

总的来说，相互作用分析理论为理解和分析沟通过程提供了一个有益的框架，可以帮助识别和理解人们在交流中的行为、动机和互动模式，从而提高沟通的效果和质量。

五、群体有效沟通应注意的方面

群体有效沟通是确保团队或组织内部合作顺畅的重要因素。以下是群体有效沟通应注意的方面。

（1）明确共享目标和愿景。群体成员应该清楚了解团队或组织的共同目标和愿景。明确的共同目标和愿景有助于增强团队凝聚力，激发成员的积极性，并使他们更有动力地参与沟通和合作。

（2）建立良好的沟通氛围。创建一种开放、包容和尊重的沟通氛围非常重要。群体成员可以自由表达观点、提出问题和分享想法，而不必担心被批评或受到歧视。

（3）明确角色和责任。在群体中，每个成员的角色和责任应该明确清晰。这样可以避免混乱和冲突，并确保每个人都知道自己在团队中的定位和任务。

（4）有效的沟通渠道和工具。群体应该建立有效的沟通渠道和工具，以便成员之间能够及时、有效地交流信息，包括面对面会议、电子邮件、团队协作平台等。

（5）倾听和理解。成员之间应该彼此倾听和理解对方。这意味着成员不仅要表达自己的观点和想法，还要认真倾听他人的意见和反馈，并尊重他们的观点。

（6）积极的反馈和奖励机制。群体应该建立积极的反馈和奖励机制，以鼓励成员的积极参与和贡献，如口头或书面的表扬、奖励计划、晋升机会等。

（7）处理冲突和问题。当出现冲突或问题时，群体应该及时有效地处理（如开放的讨论、调解或制定决策等），以防止其进一步恶化从而影响团队的效率和凝聚力。

（8）定期评估和改进。群体应该定期评估沟通效果和团队绩效，并根据评估结果进行改进和调整。这有助于发现问题、迎接挑战，并持续提高群体的沟通和协作水平。

通过关注以上方面，群体可以建立和维护一个有效的沟通环境，促进团队成员之间的合作及共同实现目标。

第五节　群体冲突管理

一、冲突的含义

我们将冲突定义为，当一方感觉对方对自己关心的事情已经产生或将要产生不利影响的一个过程，它描述了正在进行的活动从互动变成不一致时的转折点。人们在群体中会遇到各种冲突，如因目标不一致产生冲突，对某个事实的解读存在分歧，对行为预期的不一致产生矛盾等。

二、冲突的类型

群体冲突通常可以分为三种类型：任务冲突、关系冲突和程序冲突。

（一）任务冲突

任务冲突指的是团队成员在工作任务、目标或方法上存在的分歧或不一致，通常涉及工作内容、资源分配、优先级等方面。任务冲突通常是由于对工作要求和目标的不同理解或对工作方法的不同看法而产生的，它可能与团队成员对任务的期望、技能水平、责任分配等有关。适度的任务冲突能促进团队的创新和改进，但过度的任务冲突会导致团队目标的混乱和工作效率的降低。解决任务冲突的策略包括建立清晰的工作目标和责任分配、促进有效的沟通和协作、通过协商和妥协达成共识等。

（二）关系冲突

关系冲突是指团队成员之间因为个人观点、态度或情感上的不一致而产生的冲突，通常涉及彼此的价值观、个性特点、相互认知等方面，由互动不畅、信任缺乏、态度不和谐等原因引起的，会对团队的凝聚力和合作性产生负面影响。例如，导致团队成员之间的矛盾和敌意加深，影响团队的合作和工作氛围。解决关系冲突的策略包括建立良好的团队氛围和信任关系，加强团队成员之间的沟通和理解，通过积极的反馈和支持来改善关系等。

（三）程序冲突

程序冲突是指团队成员之间因为对工作流程、决策程序或权力结构的不一致而产生的冲突，通常涉及组织内部的规章制度、权力分配、决策程序等方面，由组织内部的制度不健全、决策不透明或权力分配不公等问题引起的，会影响团队的决策效率和执行力，导致团队内部的混乱，影响团队的协调和执行力。解决程序冲突的策略包括建立透明、公平和有效的组织程序和决策机制，加强对规章制度的沟通和培训，通过协商和妥协达成制度改革的共识等。

不同类型的冲突对群体产生的影响不同，管理者可根据不同的类型选择合适的应对冲突的方案。

三、冲突的特征

冲突具有客观性、主观直觉性、双重性和程度性等特征，理解和认识这些特征有助于有效地处理和解决团队内部的冲突，促进团队的和谐发展和高效运作。

（一）客观性

冲突是客观存在的，通常涉及实际的问题、利益或价值观的分歧。这种客观性意味着冲突不仅是主观感受或想法的产物，而且是基于客观事实或现实情况的存在。

（二）主观直觉性

尽管冲突具有客观性，但它也受到个体主观感受和认知的影响。每个人对冲突的看法和感受可能不同，这与他们的经验、价值观和情感状态等因素有关。因此，冲突往往也具有主观直觉性，即不同个体对同一冲突可能有不同的理解和感受。

（三）双重性

冲突往往具有双重性，既包含竞争性因素，又包含合作性因素。在竞争性方面，冲突可能涉及资源的争夺、权力的斗争等；而在合作性方面，冲突也可能促使团队成员共同寻找解决问题的方式，达成共识和协作。

（四）程度性

冲突的程度可以有所不同，从轻微的分歧和摩擦到严重的对立和矛盾。冲突的程度取决于冲突双方的态度、冲突的主题、解决问题的意愿等因素。一些冲突可能会很快解决，而另一些冲突可能会持续较长时间并对团队产生严重的影响。

四、冲突的管理策略

冲突是不可避免的，对冲突进行有效管理非常重要。冲突的管理策略有以下五种：强制、回避、迁就、妥协、合作，如图 4-2 所示。

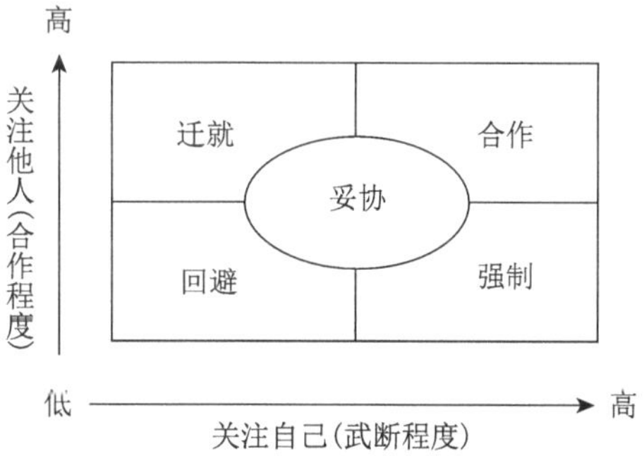

图 4-2　冲突的管理策略

（一）强制

通过使用权力或强制的方式解决冲突，强迫对方接受自己的意见或方案。在紧急情况或需要快速决策时，又或当问题对一方具有重大利益而需要尽快解决时，强制策略是必要的。强制策略可以迅速解决冲突，但可能影响冲突双方的关系，降低团队的士气和合作性。

（二）回避

采取回避策略的个体或团队不直接面对或解决冲突，而是选择避开冲突，不采取任何行动。当冲突的问题是次要的、解决成本高于收益并需要时间来冷静考虑更好的解决方案时，回避策略可能是合适的选择。回避可以避免立即发生的冲突和不必要的争执，给了冲突双方整理思路和冷静的机会，让人能够搜集更多的信息以反思决策，但长期回避可能导致问题累积，使未来冲突升级。

（三）迁就

迁就的特点是一方愿意放弃自己的需求或需求的一部分，以满足对方的需求或解决冲突。当维护和谐关系更重要时，或一方认为对方的立场更合理、更重要时，会采用迁就策略。迁就有助于维护良好的人际关系，但可能导致个人或团队的需求和利益受损。

（四）妥协

妥协是指各方为解决冲突而做出让步，达成双方都可以接受的结果的过程。妥协的关键在于双方都需要做出一定的妥协，放弃一部分自己的诉求以换取对方的妥协。当双方的利益都相对重要，又无法完全满足时，或需要快速解决冲突但无法使用其他策略时，妥协策略是合理的选择。妥协能够平衡各方的利益，避免一方完全占据主导地位而忽视其他方的需求。相比其他冲突解决方法，妥协通常能够较快达成共识，减少冲突的持续时间和消耗。通过妥协，各方能够保持相对和谐的关系，避免冲突对关系造成长期损害。

（五）合作

合作是指各方共同努力，通过协作和协商达成解决冲突的目的，追求共同利益和维护长期关系的过程。合作强调的是共同工作、共同承担责任和共同分享成果。合作能够激发创造力，帮助各方共同寻找创新的解决方案。通过合作，团队成员之间的信任和合作关系得以增强，有利于未来的合作和沟通。合作不仅能够解决当前的冲突，还有助于建立长期稳定的合作关系，共同追求更大的目标。涉及多方利益和复杂关系的问题通常需要合作来找到综合性解决方案。对长期合作的项目，合作是维护合作关系、共同成长的关键。

第六节　团队管理

一、团队类型及发展阶段

组织中有四类常见的团队类型：功能型团队、自我管理型团队、跨职能团队和虚拟团队。功能型团队是根据特定功能或特定任务而形成的团队，通常由具有相似技能和专业知识的人员构成，如销售团队、研发团队等。自我管理型团队具有较高的自主权和决策权，团队成员通常对自己的工作和目标负有较大的责任，这种团队一般能够快速适应环境变化，有利于创新。跨职能团队是由不同职能部门或领域的成员组成，以共同解决复杂问题或实现综合目标，这种团队能够提供多元化的视角和跨领域的知识，有助于综合性解决方案的产生。虚拟团队由地理上分布在不同区域的成员组成，通过远程通信和协作工具进行合作，该类团队具有灵活性和全球化优势，但容易产生沟通交流障碍。

无论是哪种类型的团队，其发展都有阶段性。在不同阶段，团队表现出不同的特征。Tuckman（1965）的团队发展五阶段模型和 Gersick（1988）的间断平衡模型是被关注最多的团队发展阶段模型。

根据 Tuckman 的团队发展五阶段模型，团队的发展经历了以下五个阶段。

（1）形成阶段。团队成员相互介绍并开始了解彼此。此时，团队成员需要适应新的环境和角色，领导者通常扮演指导者的角色，引导团队了解目标和期望。

（2）矛盾阶段。在此阶段，团队成员可能表现出不同的意见、观点和工作风格，从而容易引发冲突和导致关系紧张。领导者需要促进沟通和解决冲突，以帮助团队克服这些挑战。

（3）规范阶段。在这个阶段，团队成员开始建立共同的价值观和工作方式，并形成团队规范或行为准则。此时，团队冲突减少，团队成员之间的信任和尊重逐渐增强，可以更好地协作。

（4）执行阶段。该阶段的团队已经解决了大部分内部问题，并且能够高效地合作以实现共同的目标。团队成员之间的关系更加成熟和稳定。团队能够产生高质量的工作成果，并且能够适应变化和挑战。

（5）解散阶段。此阶段团队任务完成或项目结束。团队成员开始准备分开并寻找新的机会，领导者可以帮助团队成员总结经验教训，并对团队的表现进行评估和反思。

以上五个阶段并不一定是线性的，团队可能在不同阶段之间往返移动，并且每个团队的情况都可能有所不同。然而，了解这些阶段可以帮助领导者更好地理解团队发展的动态，并采取相应的措施来支持团队的发展。

Gersick 的间断平衡模型描述了团队在完成任务时经历的阶段性变化，如图 4-3 所示。该模型强调了在团队发展过程中的两个阶段：一个是团队的初期阶段，另一个是任务完成前的阶段，这两个关键点之间存在一种“间断”的平衡。具体来说，该模型包括以下几个阶段。

（1）第一阶段（阶段一）：在团队形成的早期阶段，团队成员会花费时间来了解任务和彼此。在这个阶段，通常会出现较少的进展和生产力，团队成员之间的关系也刚刚建立。

（2）早期关键节点（转折点）：在这个转折点上，团队成员意识到他们需要更加积极地工作来完成任务。这个转折点可能是由于时间的压力、任务要求的增加或团队成员之间的沟通引起的。

（3）第二阶段（阶段二）：在转折点后，团队进入了一个更加紧张和高效的阶段。团队成员更加专注于任务，并且工作效率提高。在这个阶段，通常会看到更多的进展和成果。

（4）任务完成：团队进入任务完成阶段。在这个阶段，团队会对任务的完成感到满意，并对自己的工作成果感到自豪。

该模型强调了团队在任务过程中经历的不同阶段，以及在这些阶段之间的“间断”的平衡。团队领导者可以通过了解和应用这个模型来管理团队，并在任务过程中取得更好的成果。

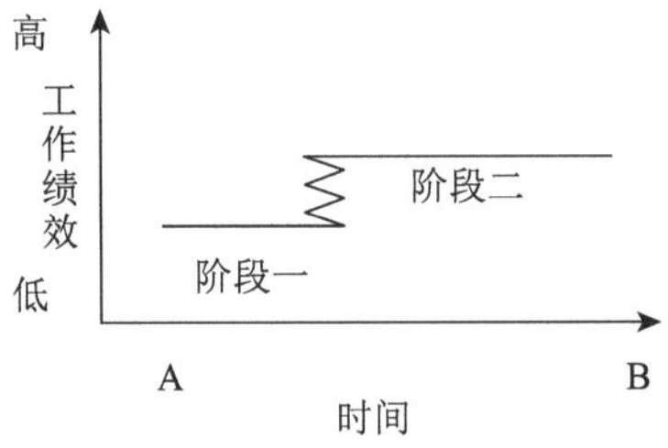

图 4-3　间断平衡模型

二、高效团队的特征

高效团队通常具有以下特征。

（1）明确的目标和愿景。团队成员清楚地了解团队的目标和愿景，并且对其工作的意义和目的有清晰的认识。这有助于团队成员对目标保持聚焦并朝着共同的目标努力。

（2）相互信任和尊重。团队成员之间建立了相互信任和尊重的关系，他们相信彼此的能力，并且能够在遇到困难时支持和帮助彼此。

（3）有效的沟通。团队成员之间通过开放、及时、清晰的沟通，能够有效地分享信息、想法和反馈。良好的沟通有助于避免误解和冲突，并促进团队的协作和协调。

（4）明确的角色和责任。团队成员清楚自己的角色和责任，并且在团队中承担起相应的职责。这有助于避免任务重叠和责任模糊，并提高工作效率。

（5）灵活性和适应能力。高效团队能够灵活应对变化和挑战，迅速调整策略和计划，并且能够适应新的情况和环境。

（6）有效的问题解决能力。团队成员具有良好的问题解决能力和决策能力，能够迅速识别和解决问题，并且能够做出明智的决策以推动团队向前发展。

（7）持续的学习和改进。高效团队积极追求持续学习和改进，不断提升自己的能力和表现。他们乐于接受反馈，并将其用于改进工作和提升团队绩效。

（8）共享的价值观和文化。团队成员分享相似的价值观和文化，有共同的理念和信念。这有助于增强团队的凝聚力和协作性。

通过培养和强化这些特征，团队可以提高工作效率、创造力和绩效，从而更好地实现共同的目标和愿景。

三、团队管理面临的挑战

团队管理面临着多种挑战，其中一些主要挑战如下所示。

（1）沟通问题。沟通不畅是团队管理中常见的挑战之一。这可能包括信息传递不清晰、信息不对称、语言障碍及文化差异等。缺乏有效的沟通可能导致误解、冲突和工作不协调。

（2）目标和期望管理难题。团队协作重要的是管理好目标和期望。团队成员对目标和期望的理解存在偏差，会导致工作方向不一致或者与期望不符。管理团队的目标和期望需要领导者清晰地传达目标和期望，并与团队成员进行有效沟通和协商。

（3）团队冲突。团队成员之间的冲突可能是由于个人利益、工作风格、文化差异或资源分配等问题引起的。管理冲突需要领导者具备解决冲突的技能，并采取措施促进团队成员之间的合作和理解。

（4）跨文化团队管理。在跨文化团队中，团队管理者需要处理不同文化背景、价值观和工作方式所带来的挑战，包括跨文化沟通、解决文化冲突和促进文化融合等。

（5）人员变动和流失。团队管理者可能会面临团队成员的离职、调动或者新成员的加入等人员变动，有效管理人员变动和流失对团队的稳定和绩效至关重要。

应对这些挑战需要团队管理者具备良好的沟通技能、领导能力、问题解决能力和适应能力。同时，团队管理者也需要不断学习和改进，以适应不断变化的环境和挑战。

案例分析

跨国公司群体冲突中意见领袖的作用

一、企业介绍

某跨国公司拥有中国员工3500多人，其主要生产液晶电视和投影机两类产品，其销售市场网络遍布全球，其信誉在中国首屈一指。这家公司在企业文化体系与管理方式上沿袭了本国的管理模式，但也创新并执行了中国“本土化管理方式”。

二、冲突事件

一天，全体高层管理者参加了一个由总裁主持召开的会议，讨论并决定开除公司后勤部的5名中国员工。这5名员工屡次犯错，严重违反组织纪律，开除决议毫无悬念，一致通过。管理层考虑到国庆放假在即，决定节后落实执行。没有想到，被开除的员工个别谈话流程才行至一半，其他当事人与家属已全部来到公司门口求情。K副部长见此情景，转身向楼下奔去，那张方正黝黑的脸上出现了少有的严肃。身材高大魁梧的他很快站在人群前面，对大家说了这么几句话：“请当事者与家属随我来会议室，提出你们的要求。”由于K副部长平时在公司员工中口碑极好、信用度很高、公信力超强，是该跨国公司公认的员工意见领袖，所以大家见他出面协调便安静了下来。协调工作一直持续到晚上。对这几个犯错误的员工来说，离开公司就意味着失业和失去生活来源。到了晚上，K副部长安排几个主要被开除的当事人及家属住进该跨国公司的招待所，自己也陪同住在那里，彻夜无休的沟通使K副部长意识到事态的严重性，如果处理不好，将会对公司产生严重的负面影响。

三、问题解决方案

第二天上午，一宿未眠的K副部长来到总裁面前，他省去了平日的寒暄，直接说出了自己的想法："开除这5名员工符合组织纪律、管理制度的要求，合情、合理、合法。即便在中国企业，面对这种事情不用质疑，一定开除。这5名员工都属于当时征收土地办厂为解决其生活来源而招进来的菜农。当初，征收了这些菜农的土地才有了今天的厂址。土地是农民的命根子，没有了土地，就意味着失去了生存的资本。现在的工作是他们唯一养家糊口的来源，如果开除的决定不改，断了他们活路，事情就无法解决。面对这样跨文化背景下的群体冲突，我们必须谨慎处理、特殊处理，变通管理制衡手段，讲究双赢策略，稳定好局面乃当务之急，请求总裁改变并收回开除这5名员工的决定。"

总裁静静地听完K副部长的话，让秘书把相关部门的管理者都请到3号会议室，让K副部长把刚刚对自己说的想法再次陈述一遍，请大家商议。大家各抒己见，有人表示接受K副部长的建议，拜托K副部长全权负责；有人持反对意见，称这样会破坏组织管理风气；有人直接指责K副部长，认为奖罚不到位，制度落实就得不到保障。

K副部长认为，冲突与和谐在企业管理过程中本来就是一个循环过程。所有的管理制度必须在特定、合理的情境下进行。管理就是要一手托人心，一手抓制度。

会议很快结束了，持反对意见的人最终在K副部长的说服下不再坚持开除的观点。K副部长带着助手立即返回该跨国公司的招待所，邀请了当地政府的主管部门负责人、村主任及家属代表，请大家围坐在一起，开了一个非常严肃的会议。第一，考虑到具体情况，同意撤回开除的决定，国庆节后就可以回到公司上班，但鉴于当事人的行为造成了较坏影响，制度面前人人平等，暂时把终身雇用合同的期限改为两年。在这两年期间，若不再有任何不良行为发生，合同将会恢复到原先约定的终身雇用。第二，必须让聚集求情的家属与村民立即回家，由当地政府来协调并负责送其回家，维持好治安。第三，因当事人所犯错误和做出不当行为要接受半年不发放奖金的处罚。第四，通过公司内部广播，当事人向全体员工宣读检讨与保证书，为了保全当事人的面子，不在公开大会上与全体员工见面，检讨书只张贴在公司的相关部门，让当事人不尴尬。第五，建立员工个人信用档案。

事后，K副部长在公司内创建了员工个人信用档案。个人信用档案为百分制，没有上限，只要达到100分的就是合格员工，超过130分加一个等级，得分越高，信用越好。信用分值高的员工，享受该跨国公司给员工的很多福利。例如，员工可以自由借用公司汽车，在市内不论开多少千米，每天只需付20元。如果是外地的员工，父母来公司探望他们的时候，公司承担一定数额的招待费用。信用分值高的人，可以在职业生涯发展上享受足够的优先权利，如可以被破格提拔为公司的管理者。信用档案中有几条是最重要的内容：有利他人格，每天做一件好事，累加信用积分；诚实诚意、诚信诚心，敬业、有爱心；每天工作的8小时，100%按照规定做事、100%遵守规律、不投机取巧、不急功近利等。把这样深度的价值认同践行到日常工作、生活中，很快在公司全面提升了员工的职业道德。两年后，那5名员工已今非昔比，其中三名员工，一个被提升为门卫管理的班长，一个被提升为餐饮管理的负责人，还有一名被破格提拔为仓库保管员。其他两名员工，其信用档案里也没有不良记录，5名员工合同早已恢复到终身雇用合同。

分析思考

（1）思考案例中各方解决群体冲突的差异是什么？

（2）在跨文化管理背景下，群体冲突中意见领袖是如何发挥作用的？对企业的内外部分别产生了什么影响？

第五章　领　导

现代管理学之父彼得·德鲁克指出：领导者的唯一定义是其后面有追随者。一些人是思想家，一些人是预言家，这些人都很重要，而且也很急需，但是，没有追随者，就不会有领导者。一个组织就好比一块电磁铁，当它在电场外时没有磁力，而当其处于电场中时就会产生强大的磁力。领导者是提高组织凝聚力的关键因素，领导者的影响力让被领导者心甘情愿朝着组织目标奋斗。

第一节　领导与权力

一、领导的概念

领导者和被领导者是对立统一的一组概念，他们之间的相互作用是我们理解领导（Leadership）的关键。领导，是指导一个团队朝着一个共同目标活动的行为，是让他人理解和同意必须去做和如何有效去做的过程，以及促进个人和集体努力实现共同目标的过程。

领导的本质是影响力。领导者通过职权和个人特征对被领导者施加影响，以实现组织的目标。领导者能够激发他人的积极性和动力，引导他们朝着共同的愿景和目标努力。领导者通常具有明确的愿景和目标，并能够将这些愿景和目标传达给团队成员，激励他们共同努力实现。领导者赋予团队成员足够的自主权并相信他们能够完成任务，能够激发团队成员的创造性和责任感。领导者通过对团队成员进行物质激励、精神激励，激发他们的潜力，使其充分发挥个人能力，从而实现组织目标。领导者善于倾听团队成员的意见和建议，并能够有效地进行沟通，以建立良好的沟通氛围和团队合作关系。领导者能够根据不同的情境和环境变化，灵活调整自己的领导风格和行为模式，以最大限度地适应组织的需求和挑战。领导者通过自身的言行举止成为团队的榜样，塑造组织文化，并激励他人效仿和学习。

综上所述，领导是一个复杂的过程，涉及影响、激励、赋权、沟通、适应性等方面。领导者的成败取决于个人素质、行为特征及与团队成员的互动关系，而领导概念则是对这种过程的理论化概括。

二、权力的来源

领导者的权力主要来源于以下五个方面。

（一）法定权力

法定权力是正式组织中组织成员根据自己在组织结构中的职位来控制和使用组织资源的正式职权。这种权力源自组织的结构和规定，领导者可以依靠自己的职位来影响员工的行为。领导者在组织中的职位越高，法定权力越大。例如，部门经理可以根据公司政策和规定制定工作要求，员工在法定权力下会服从这些规定；经理利用其职位的权力公布团队目标和分配工作，员工在法定权力下会服从这些指示。

（二）奖赏权力

领导者能够给被领导者带来他们认为有价值的奖赏，那么领导者就对被领导者拥有奖赏权力。奖赏既包括金钱方面的奖赏，也包括认可、晋升、有趣的任务、友善的同事关系、有利的工作区域等方面的奖赏。例如，经理承诺对表现优秀的员工给予奖励，如提供额外的薪酬或晋升机会，以激励员工更加努力地工作。

（三）惩罚权力

领导者使用或准备使用某些惩罚手段限制被领导者的不恰当行为，从而产生的权力，叫作惩罚权力。这种惩罚可以是实质性的（如处罚、降级）或非实质性的（如责备）。例如，经理警告员工，如果不按时完成任务将会面临扣薪水或其他处罚措施，以强调对工作的要求和严肃性。

（四）专家权力

领导者因拥有特殊的技能、知识或信息而使他人依赖的权力称为专家权力。这种权力来源是建立在领导者在特定领域内的专业能力上的。例如，公司的技术总监可能会因为在技术领域具有专业知识而被认为是权威。他通过展示在领域内的专业知识和经验使团队成员更倾向于接受他的意见和建议，从而影响团队的决策和行动。

（五）参照权力

当领导者被认同拥有某个令人羡慕的资源或特质时，被领导者就会喜欢、尊重和崇拜领导者。此时，领导者拥有参照权力。拥有参照权力的领导者是有魅力的，会吸引被领导者，使其不由自主地想取悦领导者。例如，领导者可能因为个人魅力、领导风格或价值观而获得团队成员的尊重和信任。

三、组织中的影响力

在正式组织中，职权是领导影响力的关键要素。然而，在知识经济时代，合作成为组织运行中的关键活动。领导者通过与下属合作来提高影响力。领导者通过愿景引领与团队成员共同追求组织目标，从而使专家权力、参照权力等成为领导者权力的主要来源。

从本质上来说，组织中领导的影响力是一种选择自由度。当领导影响力的范围越大、程度越深时，领导者拥有更大的选择自由度，能更灵活地做出决策。

组织中的领导影响力有五个层次：第一层是领导者影响自己，即领导者相信自己的影响力，相信自己的理念和能力；第二层是领导者对一个被领导者的一对一影响力；第三层是领导者对团队的一对多影响力；第四层是组织中不同团队（或项目组、部门）之间的相互影响力；第五层是领导者通过组织向环境施加影响力。

第二节　领导类型

根据领导者与被领导者的互动关系可以得到不同的领导类型。领导类型是相对的，不是绝对的。大多数情况下，并非一位领导者仅对应着一种领导类型。

一、专制型、民主型、放任型

美国著名心理学家勒温（Kurt Lewin）提出了三种领导类型：专制型、民主型和放任型。

专制型是指决策权高度集中在领导者手中，领导者独立做出决策，指挥被领导者并要求其服从。专制型领导的决策效率高，适用于在紧急情况下快速做出决策，也适用于被领导者能力较低或不具备自我管理能力的情况。但专制型领导容易引起被领导者的反感和厌恶，且领导者在场与否对被领导者工作效率的高低影响很大。

民主型是指领导者鼓励下属参与决策、提出决策建议，通过授权激发被领导者的主动性，鼓励被领导者自我管理和自我驱动。民主型领导可以极大地提高被领导者的满意度和创造力，增强员工的归属感和责任心。与专制型相比，领导者不在场时，由于被领导者可以自我管理和自我驱动，所以能保持较高的工作效率。若能建立起领导者与被领导者之间的相互信任关系，则能形成较强的组织资本。但民主型领导需要领导者有较高的沟通能力和协调能力。

放任型是指领导者既不要决策权，也不要分配权，任由权力随机分布在群体中。处在无目标、无行动方案中的被领导者，其工作效率非常低，满意度也很低。勒温认为，在实际工作中，放任型领导并不常见，大多数领导处在专制型和民主型之间。

勒温通过实验探索不同领导类型对工作绩效和组织氛围的影响。研究发现，在民主型领导下，组织氛围融洽，工作绩效最高。在放任型领导下，员工工作绩效最低。在专制型领导下，组织氛围较差。

坦南鲍姆（R. Tannenbaum）和沃伦·施密特（Warren H. Schmidt）针对实践中领导者不知道应该自己做决策还是授权下属做决策的难题，提出领导行为连续体理论，在高度专制和高度民主之间划分出了七种领导模式。

（一）领导做出并宣布决策

领导者确定一个问题，并考虑各种可供选择的方案，从中选择一种，然后向下属宣布执行，下属不参与决策。

（二）领导“销售”决策

领导者承担确认问题和做出决策的责任，但不是简单地宣布实施这个决策，而是通过阐明这个决策可能给下属带来的利益来说服下属接受这个决策，消除下属的反对意见。

（三）领导与下属探讨决策意义

领导者提出一个决策，同时提供了一个有关自己计划的详细说明，希望下属接受这个决策，并允许下属提出问题。这样，下属能更好地理解领导者的计划和意图，领导者和下属能够共同讨论决策的意义和作用。

（四）领导与下属共同制定决策

确定问题和决策的主动权仍归领导所有，领导者先对问题进行思考，提出一个暂时的可修改的计划，并把这个暂定的计划交给有关人员征求意见。

（五）下属参与计划

在这个模式中，下属有机会在决策做出以前就提出自己的建议。领导者的作用体现在确定问题，下属的作用在于提出各种解决方案，领导者从自己和下属所提出的解决方案中选择一种较为满意的方案。

（六）团队决策

领导设定界限并解释需要解决的问题，决策权交给团队。领导者的工作是弄清所要解决的问题，并为下属提出做决策的条件和要求，下属按照领导者界定的问题范围进行决策。

（七）下属自主决策

团队在决策中有极大的自由度。如果领导者参加了决策过程，他应力图使自己与团队中的其他成员处于平等的地位，并事先声明遵守团队所做出的任何决策。

在上述各种模式中，坦南鲍姆和施密特认为，不能抽象地认为哪一种模式一定是好的，哪一种模式一定是差的。成功的领导者应该是在具体条件下，善于考虑各种因素的影响，采取最优方案的人。当需要果断指挥时，他应善于指挥；当需要员工参与决策时，他能适当放权。领导者应根据具体情况，如领导者自身的能力、下属的能力及环境状况、工作性质、工作时间等，适当选择某种领导风格，才能实现领导的有效性。

二、交易型、变革型、责任型

伯恩斯将领导类型分为两类：交易型和变革型。交易型领导以员工个人利益的满足作为激励条件，变革型领导鼓励员工将个人利益升华为组织利益。此外，还有责任型领导，其考虑组织内外利益相关者的利益。

（一）交易型领导

交易型领导是一种基于交换关系的领导风格，强调领导者与员工之间的交易和契约关系。在这种领导模式下，领导者与员工之间存在明确的目标和期望，员工通过履行任务和达到目标获得奖励或避免惩罚。交易型领导通常关注员工的绩效和任务完成情况，以及如何利用奖励和惩罚激励员工行为。交易型领导有以下主要特点和行为方式。

1. 设定清晰的目标和期望

交易型领导者会设定团队或组织的目标和期望，以确保员工了解他们的工作任务和责任。

2. 提供奖励或惩罚

交易型领导者会根据员工的绩效和行为提供相应的奖励或惩罚。奖励可以是物质性的，如奖金或晋升，也可以是非物质性的，如表扬或认可；惩罚则可能是降级、罚款或其他形式的惩戒措施。

3. 监督和控制

交易型领导者会对员工的工作进行监督和控制，以确保任务按时完成，并保障工作质量。他们通常会制定严格的规则和程序，并定期对员工的工作绩效进行评估和反馈。

4. 外部激励

交易型领导者倾向于使用外部激励来驱动员工的行为，如通过提供薪酬、奖金、晋升机会等激励员工完成任务和实现目标。

5. 任务导向

交易型领导者通常关注任务的完成和绩效的提高，而对员工的情感需求和发展关注较少。

传统的销售代表就是典型的交易型领导。他们通常会设定明确的销售目标和业绩指标，然后利用奖励和惩罚措施激励销售团队。例如，他们可能会为达到销售目标的销售代表提供奖金或提成，以激励他们；同时，对未达到销售目标的销售代表可能会进行惩罚，如减少奖金或给予警告。销售经理会监督销售代表的销售情况，并提供必要的支持和指导，以确保团队实现销售目标。在这种情况下，交易型领导者通过提供明确的奖励和惩罚，以及监督销售情况，驱动团队成员的行为，并实现销售目标。

（二）变革型领导

变革型领导强调领导者通过激发团队成员的潜力、提升其工作动机和创新能力，从而推动组织变革和实现长期成功。这种领导风格通常与愿景、激情和鼓舞人心的特质相关联，能够引领团队走向变革和成长。变革型领导的主要特点和行为方式如下。

1. 设定具有激励性的愿景

变革型领导者能够清晰地设定一个激励人心的愿景，激发团队成员的积极性和使命感。这个愿景不仅要具有吸引力，还要与组织的使命和价值观一致。美好的愿景能够引领团队走向成功。特别是在不确定的环境中，当无法预测未来时，变革型领导者绘制愿景并在员工中达成共识才是应对不确定性的最优方案。

2. 激发激情和动机

变革型领导者能够激发团队成员的激情和动机，使他们对工作充满热情。员工激情的来源先是激动人心的愿景，然后是通过赋予团队成员更多的责任和自主权以激发团队成员的创造力和工作热情。

3. 提供支持和指导

变革型领导者不仅设定了愿景，还会提供必要的支持和指导，帮助团队成员理解并实现共同的目标。他们能够与团队成员建立良好的关系，关注团队成员的需求和解决他们的问题。通过了解团队成员的个性化需求，领导者向下属提供富有挑战性的工作和智力激励。

4. 鼓励创新和学习

变革型领导者鼓励团队成员尝试新的想法和方法，促进组织的创新和学习。他们能够容忍失败，并从中吸取教训，推动团队不断进步和成长。变革型领导者不是“自我陶醉”的控制者，而是有授权艺术的鼓励者和引领者。

5. 以身作则行为

变革型领导者通过自身的言行树立良好的榜样，展现出对愿景的坚定承诺和对团队成员的关心。变革型领导者勇于承担责任和风险，给下属做好模范带头作用，在不确定的环境中有效地指引和激励团队成员效仿并奋发向前、共渡难关。

苹果公司的创始人史蒂夫·乔布斯（Steve Jobs）是一位典型的变革型领导者。乔布斯以其激情、创新和追求卓越的特质，成功地领导苹果公司从创立之初的小型初创企业发展成为全球领先的科技巨头之一。他设定了激励人心的愿景，致力于推动科技产品的变革和创新，如推出了 iPod、iPhone 和 iPad 等革命性产品。乔布斯不仅鼓励团队成员追求技术上的创新，还注重产品的设计和用户体验，使苹果成了一个以用户为中心的公司。他的领导风格激发了团队成员的激情和动力，推动了组织的持续变革和成功。

（三）责任型领导

责任型领导者考虑组织内外利益相关者的利益。责任型领导者通过平等对话和民主协商，与组织内外的不同利益相关者形成互信、合作和稳定的互惠关系网，履行社会责任；通过满足各方利益相关者的要求，建立社会资本，以共享的愿景和协调各方的责任型行为来实现商业的可持续发展及各方的共同利益。责任型领导者的主要特点和行为方式如下。

1. 平等对话和民主协商

责任型领导者重视与各利益相关者之间的平等对话和民主协商，尊重各方的意见和需求，并通过合作达成共识和解决问题。

2. 建立互信和合作关系

责任型领导者致力于与组织内外的不同利益相关者建立互信和合作关系，通过诚信、透明和公正的行为赢得信任，并与各方一起努力实现共同的目标和利益。同时，责任型领导者是员工的榜样，被员工信任和崇拜，促使员工主动担责。

3. 履行社会责任

责任型领导者认识到组织对社会的责任，并积极参与社会活动，为社会发展做出贡献。他们关注社会和环境的可持续发展，努力推动组织实现经济、社会和环境的三重回报。

4. 共享愿景和价值观

责任型领导者通过与各利益相关者分享共同的愿景和价值观，凝聚各方的共识并达成合作，共同追求组织和社会的发展和进步。责任型领导者致力于协调各方的责任行为，促进资源的有效利用和问题的有效解决，以实现共同利益和可持续发展。

一个商业生态系统中的企业家或协调各类利益相关者探索商业模式创新的创业者属于责任型领导。他们通过与各利益相关者分享共同的愿景和价值观，与内部员工及外部供应商、客户、社区和其他利益相关者进行平等对话和合作，推动共创共赢的可持续发展。通过建立互信的关系和共享的愿景，他们能够凝聚各方的力量“做大蛋糕”，实现系统整体的利益最大化。

三、威权、仁慈、德行

台湾学者郑伯壎提出了家长式领导，其认为家长式领导者在人格中包含了威权、仁慈和德行，并提出了家长式领导的“三元理论”。家长式领导以“家”文化为文化根基，普遍存在于华人企业中。威权、仁慈和德行是家长式领导的三个重要维度。

（一）威权

威权表现为领导者强调个人的绝对权威，对团队成员行使相对严格的控制和权力。这种威权可能包括单向指令、严格的规定和制度，以及对员工行为的监督和惩罚。

威权在某些情况下可以提高工作效率和执行力，尤其是在紧急情况下或需要迅速做出决策的场合。然而，过度的威权可能导致员工产生不满和抵触情绪，影响团队的凝聚力和创造力。

（二）仁慈

仁慈体现为领导者对员工的关怀、支持和理解。这种仁慈表现为领导者给予员工积极的反馈、鼓励和奖励，以及提供必要的支持和资源帮助员工成长。而下属的反应则为“感恩图报”。

仁慈有助于建立团队成员对领导者的信任和认同感，激发员工的工作动力和热情，提高员工的满意度和忠诚度，可以促进团队的凝聚力和合作精神。

（三）德行

德行体现为领导者的诚信、正直和道德品质。家长式领导者通过言行一致、遵守承诺和公平公正对待员工来展现自己的德行。领导者展现较高的个人操守和道德品质，尤其是公私分明、以身作则等树德行为，下属对此表现为“认同效法”。

德行是建立领导者权威和影响力的关键因素，也是赢得员工信任和尊重的基础。通过展现德行，领导者能够树立良好的榜样，影响员工的行为和价值观，推动团队向更高的目标迈进。

一个领导者可以同时有威权、仁慈和德行三种领导行为。比如，部门经理会根据工作需要和公司政策制定明确的工作指导方针，对员工的工作进行监督和评估。他可能规定团队成员必须在特定时间内完成任务，并对未能按时完成任务的员工进行惩罚。同时，部门经理也会对员工的个人发展和工作需求给予关注和支持。例如，他可能会定期与员工进行个人发展谈话，了解员工的职业目标和需求，并提供相关的培训和资源以支持员工的成长。另外，部门经理也注重以诚信、公平和正直的方式对待员工。例如，他会秉持公正原则对待员工，不偏袒任何一方，并在决策和行为中遵守公司的道德规范和价值观。通过展现德行，部门经理赢得了团队成员的信任和尊重，提升了团队的凝聚力和效率。

家长式领导行为随着企业发展不断调整三个维度的比重。创业期企业不仅要保证企业家有足够的威权以果断、快速地做出决策，而且要靠自己的德行和能力给予员工信心，因此威权和德行的比重较大。成长期的企业需要通过授权以适应不断扩大的组织规模，威权仍不可或缺，但仁慈开始显现出其重要作用。进入成熟期的企业，为了妥善处理内部矛盾，维持团队的活力，需要领导者兼顾仁慈和德行。

第三节 领导理论

Hernandez 等（2011）提出领导理论尝试回答两个关键问题：领导的权力从何而来？领导的权力如何传导影响员工、影响组织的凝聚力？

一、领导特质理论

领导特质理论起源于“伟人理论”（Great Man Theory）。“伟人理论”认为，世界史无非是伟人们的自传。早期的研究者认为领导者的特质是与生俱来的，并试图回答领导者与非领导者有何不同的个人特质。相关研究围绕个体的生理、智力、人格、社交等特质展开。心理学家吉布认为天才的领导者应该具备善言、外表英俊潇洒、智力超人、自信、心理健康、有支配他人的倾向、外向而敏感等特质。

20世纪中叶，学者们对这一问题逐渐达成共识：领导者与非领导者并非因为某个特殊的个人特质而有所区别；某些个人品质，如自信、勇于担责等与领导的有效性有一定的关联。虽然“一个人不会凭借拥有一些特质组合而成为领导者”（Stogdill，1948），但个人特质可以用来解释领导的产生和有效性。对早期领导者特质理论的综述研究表明，领导者特质与领导的产生和有效性之间的相关性远比研究者估计得高（Lord等，1986； Kenny和Zaccaro，1983）。美国学者鲍莫尔认为领导者应具备的主要特质有：合作精神、决策能力、组织能力、精于授权、善于应变、敢于求新、勇于负责、敢担风险、尊重他人、品德高尚。

现代心理学的进展，特别是大五人格理论的不断完善，解决了领导者特质概念模糊、内涵不清等问题，为领导者特质研究的进一步推进奠定了理论基础。研究表明，与领导者有效性有关的特质主要包括精力旺盛且忍耐力强、自信、内在控制点导向、情绪稳定、个性正直、社会化权力动机、中等程度的高成就导向、低亲和需要等（Yukl，2009）。

此外，魅力型领导理论强调对追随者有吸引力的领导特质，该研究提高了领导特质理论研究的实践应用价值。与魅力关联的领导者特质包括自信、社会化的权力动机、冒险精神、认知能力等。

二、领导行为理论

领导行为理论起源于20世纪40年代末，在梅奥等奠基的行为科学理论基础上发展起来。与领导特质理论不同，领导行为理论强调领导者在组织中的行为。调查研究发现，领导过程中的领导行为与领导有效性之间密切相关。行为并非天生，可以后天习得。因此，领导者不是天生的，可以在组织中培养，领导能力可以在领导工作中习得。领导特质理论为甄别筛选领导者奠定了基础，而领导行为理论认为领导是可以培养的。

对领导行为的分类，美国俄亥俄州立大学和密歇根大学得出了类似的结论。俄亥俄州立大学的系列研究从1000多个维度中归纳出两个维度：结构维度和关怀维度。结构维度指的是领导者为了实现组织目标而对自己与下属的角色进行界定和建构的程度，包括组织工作、工作关系和目标。关怀维度指的是领导者尊重和关心下属的看法与情感、建立相互信任的工作关系的程度。如果在结构维度上得分较高，领导者会为下属安排具体的工作任务，设定具体的绩效标准并提醒最后完工期限。如果在关怀维度上得分较高，领导者友善且平易近人，欣赏并支持自己的下属，对所有下属一视同仁。密歇根大学的研究者将领导行为分为生产导向和员工导向两个维度。生产导向指的是领导者倾向于强调工作的技术或任务层面，重点关注完成本群体的任务。员工导向指的是领导者重视人际关系，经常考虑下属个人兴趣，承认人与人之间存在差异。密歇根大学的研究者以美国企业为研究对象发现，员工导向领导者的工作方式比生产导向领导者的工作方式更有效，在其领导下员工的效率和满意度更高。

罗伯特·布莱克和简·莫顿用方格形式给领导行为分类，并提出管理方格理论。管理方格理论改变了“非此即彼”的领导行为分类绝对化趋向，指出在关心工作任务和关心员工两种行为风格上可以进行不同程度的组合。在管理方格中，以横轴表示领导者对工作任务的关心，以纵轴表示领导者对员工的关心，对横轴和纵轴分别按照程度九等分，形成 81 种不同类型的领导风格，又称为领导九方格，如图 5-1 所示。其中，有 5 种有代表性的领导行为。

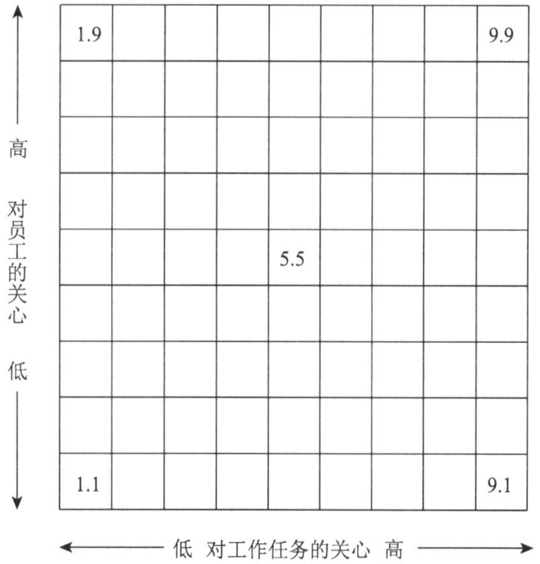

图 5-1 领导九方格

（一）1.1：贫乏型领导

贫乏型领导既不关心工作任务的完成，也不关心员工。他们已不能正常履行自己的职责，只想保住领导岗位。

（二）5.5：中间型领导

中间型领导对工作任务和员工都保持中等程度的关心，目的是追求正常的工作绩效和团队士气。

（三）9.9：理想型领导

理想型领导对工作任务和员工都很关心，致力于将工作的需要与员工的需求密切结合起来，既能带来很高的任务绩效，也能使员工获得很高的成就感。

（四）9.1：任务型领导

任务型领导对工作任务和业绩关心多，对员工关心少。由于“唯业绩指标”，在他们眼中，员工成为完成任务的工具。

（五）1.9：俱乐部型领导

俱乐部型领导对工作任务关心少，对员工关心多。他们努力营造一种放松、快乐、友善的工作环境。这是德鲁克在《知识社会》一书中提出的未来知识社会中主要的领导类型。按照德鲁克对俱乐部型领导的预言，该类领导类型存在的前提是知识型、专家型员工拥有自组织、自管理、自驱动的能力。

领导行为理论的相关研究都是相当积极的。针对160项研究的文献综述发现：如果领导者在关怀维度上得分高，其下属会有更高的工作满意度和积极性，并且更加尊重该领导。结构维度与更高水平的群体生产率和组织生产率及更积极的绩效评估存在更加显著的相关性，但对领导行为类型的偏好存在一定的文化差异。比如，法国人对领导者的看法更官僚化，较少期待领导者有人情味和善解人意；在巴西，具有关怀维度的领导者更容易取得成功；而在中国，领导者同时注重高绩效和对员工的关怀。

三、领导权变理论

尽管特质和行为在识别领导有效性时非常重要，但并不是说有了某种特质或某类行为的领导者一定能够进行有效领导。情境也是非常重要的影响因素。领导权变理论，又称领导情境理论，于20世纪60年代到70年代初形成。领导权变理论认为，领导的有效性受到领导者、被领导者和情境的影响。领导是领导者、被领导者和情境相互作用的动态过程。

（一）菲德勒权变模型

第一个全面的领导权变模型是弗雷德·菲德勒提出的菲德勒权变模型。该模型得出，有效的群体绩效取决于领导风格与领导情境的合理匹配，并假设了领导者有任务导向型和关系导向型两类领导风格。菲德勒设计了最难共事者问卷［Least Preferred Co-Worker（LPC）Questionnaire］来确定领导者的领导风格。LPC问卷的测试方式为：回想一下你最难共事的一个同事或同学，可以是现在和你共事的，也可以是过去与你共事的。他（她）不一定是你最不喜欢的人，只不过是你在工作、生活中相处最为困难的人。用表 5-1 中的 16 组形容词来描述他（她），选择并记录你认为最能准确描述他（她）的等级分数：大于 64 分者，你是关系导向型的领导风格；小于 57 分者，你是任务导向型的领导风格；介于 58 ～ 63 分者，你的领导风格不确定。

表 5-1 菲德勒 LPC 测试

描述	分数								描述
快乐	8	7	6	5	4	3	2	1	不快乐
友善	8	7	6	5	4	3	2	1	不友善
拒绝	1	2	3	4	5	6	7	8	接纳
有益	8	7	6	5	4	3	2	1	无益
不热情	1	2	3	4	5	6	7	8	热情
紧张	1	2	3	4	5	6	7	8	轻松
疏远	1	2	3	4	5	6	7	8	亲密
冷漠	1	2	3	4	5	6	7	8	热心
合作	8	7	6	5	4	3	2	1	不合作
助人	8	7	6	5	4	3	2	1	敌意
无聊	1	2	3	4	5	6	7	8	有趣
好争	1	2	3	4	5	6	7	8	融洽
自信	8	7	6	5	4	3	2	1	犹豫
高效	8	7	6	5	4	3	2	1	低效
郁闷	1	2	3	4	5	6	7	8	开朗
开放	8	7	6	5	4	3	2	1	防备

菲德勒权变模型确定了三种权变维度。一是领导者—成员关系，指的是领导者对下属信任、信赖和尊重的程度。二是任务结构，即工作任务的程序化程度（或结构化程度、条理化程度）。三是职位权力，领导者有多大的权力影响被领导者的聘用、绩效评级、奖惩、晋升等。根据这三个维度的组合情况，可以看出领导者对情境的控制力。如果对情境的控制程度高，那么说明领导者处于有利的领导情境中。

将领导风格与领导情境进行匹配发现，在相对有利的领导情境（1、2、3）和最不利的领导情境（8）下，应采取以任务为中心的领导模式；处于中间状态（4、5、

6、7），应采取以关系为中心的领导模式，如图 5-2 所示。

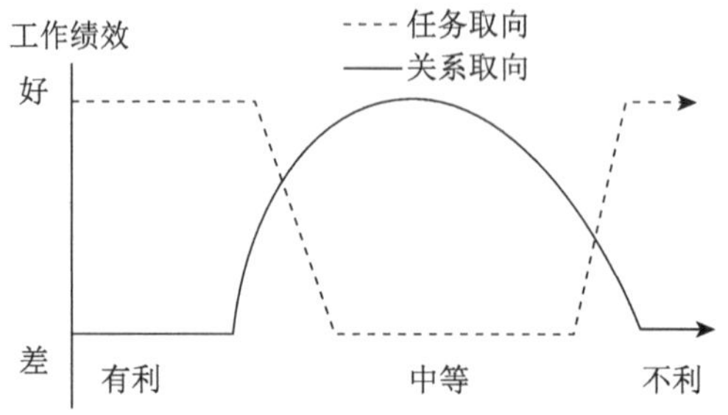

类型	1	2	3	4	5	6	7	8
领导者—成员关系	好	好	好	好	差	差	差	差
任务结构	高	高	低	低	高	高	低	低
职位权力	强	弱	强	弱	强	弱	强	弱

图 5-2　菲德勒权变模型

（二）路径—目标理论

继菲德勒权变模型后，有一个领导权变理论颇受关注，这个理论是由罗伯特·豪斯提出的，即路径—目标理论。该理论认为为下属提供信息和必要的资源支持来帮助他们实现目标是领导者的重要工作。也就是说，领导者通过提供信息和资源支持为员工指明或照亮通往目标的路径。

1. 领导行为

豪斯将领导者行为分为四种类型，分别是指导型领导、支持型领导、成就导向型领导和参与型领导。指导型领导涉及给予员工清晰的工作指导和期望，支持型领导则关注员工的个人需求和情感，成就导向型领导强调设定挑战性目标和激励员工追求成就，而参与型领导涉及员工参与决策和问题解决过程。

2. 员工特征

该理论认为，员工的个人特征和情境会影响领导行为的有效性。例如，员工的技能水平、经验、自我效能感和工作动机都可能影响他们对不同领导风格的反应。该理论认为任务结构化程度高时，支持型领导会带来更高的员工绩效和员工满意度；任务的结构化程度越低或员工压力越大时，指导型领导会带来更高的员工满意度，如果员工的认知能力很强或经验足够丰富，指导型领导则不被欢迎。

3. 工作环境

豪斯强调工作环境中的特定因素，如任务结构、权力关系和工作设计，会影响领导行为的有效性。例如，任务结构的清晰度和反馈的及时性可以影响员工对领导行为的反应。

4. 领导效果

豪斯认为，领导者的行为和员工特征、工作环境之间存在交互作用，能影响团队绩效和员工满意度。领导者应根据员工的需求和情境调整自己的行为，以最大限度地激发员工的工作动机和表现。

（三）领导生命周期理论

赫塞和布兰德提出的领导生命周期理论被管理技术开发专家们广为推崇，在《财富》500 强企业中，有 400 多家企业在领导培训中用到这个理论。领导生命周期理论将下属的成熟度作为一个权变变量，建议领导者了解自己的领导风格与下属成熟度之间的关系，以选择与该阶段适配的领导风格，如图 5-3 所示。成熟度指的是个体为完成某项具体任务所具备的能力和意愿的程度。完成工作能力强的人，拥有完成该工作的知识、经验和技能，不需要别人指导就可以独立完成工作。工作意愿强的人，有很强的完成工作的意愿和动机，不需要太多的外部激励。根据员工的成熟度，领导风格分别为说服型、命令型、参与型、授权型。

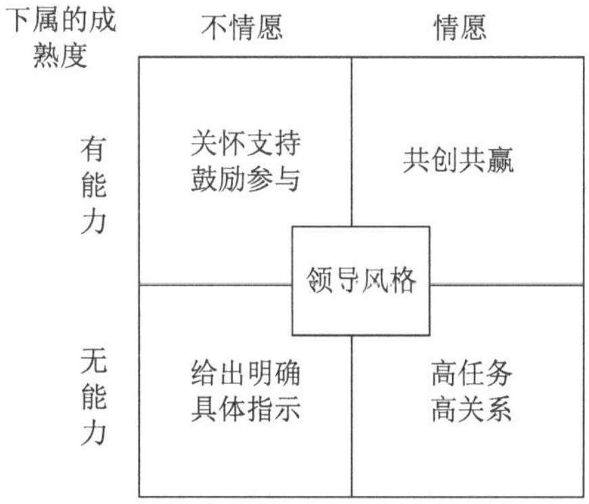

图 5-3 领导生命周期理论

1. 说服型领导风格

说服型领导风格是指当员工愿意承担任务但缺乏足够的能力和完成任务的技巧时，领导者既给予其一定的指导，又注意保护和鼓励下属的积极性和主动性，表现出高任务和高关系的领导风格。

2. 命令型领导风格

命令型领导风格是直接给出明确的具体指示，强调直接指挥。由于员工既没有完成工作的能力，也缺乏工作意愿，因此领导者应直接对下属进行分工并具体指点下属应该干什么、如何干、何时干。

3. 参与型领导风格

参与型领导风格适用于员工有能力完成领导者交给的任务，但没有足够的积极性，此时领导者鼓励下属参与决策，激发其主动性，并主动给下属完成任务提供支持，包括协助其完成内部协调沟通工作等。

4. 授权型领导风格

授权型领导风格是领导者与员工共创共赢，此时的下属既有能力完成任务，又有完成任务的激情和内驱力，领导者可授权下属独立开展工作，表现为低任务和低关系。

（四）领导者—成员交换理论

另一个以领导和员工间关系的动态变化作为权变依据的理论是领导者—成员交换理论，该理论由乔治·戈里奥等提出。该理论认为：领导者与下属中的少部分人建立了特殊关系。这些个体成为圈内人，他们得到信任，承担更多挑战性或有趣的任务。其他下属则成为圈外人，他们占用领导者的时间较少，获得令人满意的奖励的机会也较少。与圈外人相比，圈内下属得到的绩效评估等级更高，离职率更低，对主管更满意，总体的满意度也更高。领导者的圈内与圈外关系格局会经历一个动态变化的过程，这个过程有三个阶段。

1. 检验与评估阶段

在这一阶段，领导者与员工的关系未定型。领导者根据各种主观和客观的标准（如下属的潜质、能力技能及其他心理因素），判断下属是否适合成为圈内人。

2. 信任开发阶段

这一阶段为圈内人而设，领导者对圈内下属安排富有挑战性的任务，提供表现的机会，以此强化信任关系，下属要用具体表现证明自己的忠诚。

3. 感情纽带建立阶段

已经建立良好关系的圈内下属可能经历这一阶段。他们之间的关系不仅进一步加强，而且带有浓重的情感色彩。此后，下属将绝对支持领导者。

领导者与员工之间的互动关系决定了领导者—成员交换关系的质量，能够影响组织承诺、组织绩效和员工离职率。因此，领导者要重视与员工的沟通，建立良好的上下级关系。圈内人因参与重要的决策议程，会得到额外的任务，能够更多地与领导者进行深度协作，他们通过勤奋工作和全力支持领导实现组织目标。圈内人的工作任务有可能超出岗位规定的范围，对目标的承诺有可能会升级，在高质量的交换关系中可能实现自我价值。同时，高质量的交换带来更多的上下级信息交流，从而降低员工在不确定环境下体验到的不确定感，进而增强安全感。

而圈外人有可能被领导者认为缺乏能力或动力，因此给他们参与决策的机会也较少，双方难以展开深度互动。这些员工的工作任务被限制在常规的工作范围内，领导者对他们的绩效、承诺和忠诚的期待较低。当出现不公平待遇时，圈外人承受着较大的压力，常常会发泄不满情绪，并与组织抗衡。由于参与决策的机会较少，圈外人对组织的情感不深，一般是由利益驱动的。在利益驱动下，圈外人与组织的心理契约偏向于经济型心理契约。当员工认为提出建议不能增加自身利益（但可能使组织整体受益），甚至可能危害自身利益时，他们会选择保持沉默。

案例分析

重型 H 型钢厂张厂长的领导风格

2021 年 2 月底，张厂长找来重型 H 型钢研制总工程师圣工，询问目前重型 H 型钢的生产研制工作进度。圣工是 W44 产品研制工作组总负责人，正高级总工程师，2003 年取得冶金专业硕士学位，冶炼专业深耕十几载，先后完成重大项目数十个，是钢铁冶炼技术专家。圣工答道：“由于没有外方专家支持，试验中的卡钢和异形困境，让实验组成员对自主研发这件事情打退堂鼓。”张厂长看出了圣工的急切和无助，安慰道：“美标 W44 产品的研制一直借鉴外方设计理念和参数配置，国内没有经验可循。但借鉴不代表一味照搬，要根据实际生产环境做出评估，进行大胆尝试，不要囿于外方设计理念。现在外方专家不能到位，研制工作全靠我们自己摸索，一时间出不了成果是必然的。”但试验失败显然对实验组成员打击巨大，圣工诉苦道：“前面三次试验都失败了，每次试验失败都是巨大的钢材浪费。卡钢、尺寸各异、腹板弯曲和罗圈腿，问题太多了，完全不知道如何着手。”张厂长凭借其基层工作经验，领会到圣工说的问题出现在不同的生产道次上，便说：“根据你的描述，我认为目前要攻克的关卡有三个。一是产品过不了一次完整生产线；二是成品钢材尺寸无法控制标准；三是成品钢材外形存在腹板弯曲和罗圈腿。这三关可以按照生产流程的先后顺序依次攻克。每次都将实验组成员的精力集中在一个点上，群策群力，相信很快会有成效。”看着士气受挫的圣工，张厂长又安慰道：“钢该废就废，不要有心理压力。你也不要太着急，让实验组的员工们都不要有心理压力，把思维和手脚都放开，论专业技术你们是专家，集团对你们有信心。”通过张厂长的分析，圣工领会到要将问题分轻重缓急各个突破。在张厂长的开导下，圣工重拾信心，同时也在心底惊讶于张厂长对生产技术与流程的熟悉程度。

事后，圣工将三关难题按照生产顺序排列，计划逐个攻破。首先要消除卡钢难题。在张厂长的启发下，圣工不厌其烦地研究设计图纸，最终找到了突破口，外方设计的轧辊孔型参数配比不符合钢厂生产实际。但对外方提供的参数提出质疑，让圣工迟疑，一旦试验再次失败又会造成巨大浪费。进退维谷的圣工再次找到张厂长。张厂长明白对圣工此类高精尖人才来说，每次失败都是巨大打击。

张厂长拿过图纸仔细研究，凭借自身技术背景，判定圣工的想法有实操性，但圣工缺乏自信，便鼓励道：“你是这方面的顶尖专家，要有信心。失败乃成功之母，虽然这句话是老生常谈，但往往适用。试错过程也是探索成功的过程。”得到厂长支持，圣工按照调整后的参数进行了第四次试验，打破了困扰实验组已久的卡钢困境，成员们的疲惫一扫而空，眼里焕发着光彩。

但这次试验品在尺寸、外形上都还不达标，圣工明白他们还任重道远，但没有卡钢就说明努力方向没错。这第二关的难点在于产品生产需要过高的轧制力、电流，所以尺寸控制难度高。圣工汇报了试验成功攻克第一关难题之后，跟张厂长说：“针对产品尺寸控制问题，再次遇到了瓶颈。”张厂长说：“遇到瓶颈，咱们可以集思广益！要有思维的碰撞才会产生新的火花。”圣工说：“研讨会效率太低，我觉得应该由我们先找到问题症结再行讨论才能高效。”张厂长了解圣工专注业务、为人低调，遇事喜欢身先士卒，便道：“您在技术方面是专家，但不善言辞，很多想法还是要说出来和大家沟通，沟通是解决问题的关键，这次会议我也参加。”随后张厂长作为会议主持人召开了技术讨论会，针对第二关难点，张厂长建议技术员们抛开外方设计局限，深入研究压下规程设计，从源头解决问题。会上，针对前几次试验进行了全程复盘讨论，张厂长凭借深厚的技术背景与技术员们热烈讨论。正当大家诧异于张厂长的技术功底时，圣工突然灵光一闪，发现外方设计的重型产线万能压下规程参数不适用。实验组经过四轮论证和设计复盘讨论，对分配参数优化，进行了第五次试验。这次试验产出的成品异形明显减少，相较前几次试验有了质的改变。异形的产品主要出现“腹板弯曲和罗圈腿”现象，这第三关的攻克成了试验成功的关键。有了前两次的成功经验，实验组成员们彻底转变对外方设计盲目信任的态度，对产品外形问题进行了新的一轮攻关，但两个月过去了却毫无进展，挫败感让实验组成员斗志全无。圣工异常沮丧，冲到张厂长办公室发泄道："W44 产品试验就是失败了，我们自己造不出来，还请厂长尽快协调外方专家入厂！"

前两关的成功攻克，让张厂长更加坚信自主研发的决定是正确的，实验组的技术实力不容小觑。张厂长意识到，此时让圣工苦恼的不是对自身技术的质疑，而是试验反复失败让本就缺乏自信却又心气高的研发人员有了挫败感。沉默片刻，张厂长待圣工情绪有所缓和后才开口道："圣工，我非常理解你现在的心情。前段时间钢厂实施重组，集团分流政策实施不下去，钢厂生产效率明显降低，相信圣工当时也能感受到钢厂的紧张氛围。当时我非常无助，在与我父亲交流时，也曾像你现在这般气馁。当时父亲勉励说：'不能退缩，集团和钢厂全员都盼着你给出一个答复。有问题就想办法解决问题，一条路走不通那就再想别的出路。'我咬牙坚持和钢厂上下一心，最终渡过了难关。新产品研制不是你一个人的工作，我调过来就是协助你们实验团队，咱们一起成功地完成这个研制工作。现在研制工作就差最后这关了，这可是展现才能的时候，也是体现我们钢铁般意志和敢做肯干精神的时机，你作为研发队长更要为团队建立信心。这一关的攻克，咱们可分两步走，首先鼓励引导团队成员对之前实验数据进行分析，找到直接导致腹板弯曲和罗圈腿的节点，然后召开研讨会，大家一起探讨解决方案，到时候还是由我来主持会议。事实证明有些会议并不是无用功，第二关的攻克就是大家集思广益的结果嘛。"

在张厂长的耐心开导下，圣工带领团队再次在实验室里不分昼夜地反复演练和进行数据分析，最终发现万能轧件在淬火工艺环节会加剧腹板弯曲和罗圈腿现象。问题根源找到了，圣工迫切地邀请张厂长一道召开了研讨会。张厂长听完汇报后询问道："淬火工艺放在现有工序上有什么逻辑考量？"成员们认为每道工序先后的安排是行业的共识，鲜少有人深究其中奥秘。张厂长提议，由设备部王部长带领实验组人员一同查阅资料，钻研工序之间的逻辑理论。在王部长的帮助和细心讲解之下，实验组成员对生产过程查微识漏。经过查阅资料，圣工及团队改变了工艺方案，在第六轮试验中将翼缘进行喷水冷却环节，从原来的"轧制后"改为"轧制过程中"，以保证产品性能。正是因为这"一小步"的思想转变，成品外形合格率向前迈进了"一大步"。第一次成功完成了 W44 产品的产出，欢呼声响彻整个实验室。同时，为进一步提高外形合格率，技术团队人员不断地改进和优化精整工艺，并在此基础上提交出多个精整工艺技术发明专利。

2021 年 6 月，最后一批出口美国夏威夷项目的 W44×18×313 规格订单的成功交付标志着重型 H 型钢产品与生产技术达到国内领先水平，跻身于世界一流行列。集团计划对张厂长进行专访，被他婉言谢绝，他提议对圣工带领的研发团队进行专访。纪录片《钢铁的脊梁》很快传开，视频的最后是这样评价的：重型技术人员敢于打破思想枷锁，敢做“飞天梦”，具有开拓创新的“闯三关”精神，彰显出新时代国企员工的责任担当。实验组成员们心里清楚，帮助他们打破思想枷锁、敢做“飞天梦”的是那个集魅力与魄力于一身的张厂长，看向张厂长的眼神更是多了几分尊敬。

分析思考

案例中张厂长是什么领导类型？请用具体案例加以说明。

第六章　组织理论及组织设计

第一节　组织及组织理论

一、组织的定义与特征

自 20 世纪 30 年代组织理论出现后，组织（Organization）一词在管理学界频繁出现。组织是人们为了实现某一特定目标，按照一定的规则、制度和流程有机组合起来的协作系统。组织是相对静态的实体与动态的组织实践过程的统一。在现实生活中，组织可以采取不同的形式，以适应社会系统的需求。以下是几类常见的组织形式：政府组织、企业组织、非营利组织、团队、社群等。组织为协同合作和个人发展提供了平台，为创新创造了条件和环境，通过有效率和有效果的整合资源和执行决策促进社会稳定和有序发展。

组织具有以下特征。

（一）目标导向性

组织目标是组织存在的根本动力和基础，任何组织都会为了获得预期结果而设定目标。

（二）结构化

为了实现高效的协同与决策，组织按照一定的层次结构组织起来，并使组织任务由组织成员分工协同完成。

（三）分工与协作

组织中不同的成员具有不同的职能，负责完成不同的任务，在复杂的协作动机驱动下彼此合作，实现整体目标最大化。

（四）规则与制度

为了保障组织的正常运作，组织需要制定一定的规则与制度，明确成员的权力与职责，规范成员的行为。

（五）人际关系

组织是由人构成的，由此形成人与人之间的协作关系，以正式与非正式并存的形式促进组织的发展。

（六）稳定性与灵活性

组织在与环境的关系中追求安全感，在非正式关系中追求稳定性，在与利益相关者交互时追求组织身份的统一性。为了应对环境变化和内部需求调整，组织需要同时具备稳定性和灵活性。

二、组织理论

在前文，本书已经介绍了古典组织理论和行为科学理论，本章分享组织设计的另外五个理论基础。

（一）巴纳德的组织平衡理论

在前文我们已经介绍了与组织行为有关的巴纳德思想。为了更好地解释组织结构设计，再次强调这一理论，并解释巴纳德提出的组织平衡系统的观点。

为了接近组织的本质，巴纳德基于系统理论探索组织系统，探讨个人与组织的共同发展。组织是协作体系之内的一个看不见、可感知、动态变化的“场”。组织是一个开放的有机系统，遵循整体大于部分之和的系统定律。

巴纳德提到的正式组织，既是一个理念型的概念，又代表了某个实体。正式组织包括三个要素：共同的目标、协作意愿和信息沟通。而组织的存续必须具备两个条件：有效性和效率（也译为能率）。所谓有效性，指的是目标得以实现。这里的效率指的是员工能够满意。巴纳德认为，组织中的个人与协作体系之间存在着一种交换关系，即个人向协作体系贡献他们的“活动或力”，作为回报从协作体系中获得诱因，即协作成果的分配。

综上可知，组织的对内平衡是指有效分配诱因，确保各个成员的诱因和贡献的平衡，从而保持成员协作积极性。除了对内平衡，组织还需要对外平衡。组织的对外平衡是指组织通过外部环境保持平衡，以提高组织效力的过程。它包括两个方面的平衡。一是组织中的子系统与相关的其他子系统之间的平衡。那么，组织系统中的其他子系统都是该子系统的外部环境。二是组织系统与外部环境的平衡。巴纳德认为，组织目标只有在特定的环境中才有意义，因此只能借助于环境来描述目标。对环境的识别是一个循序渐进的过程，这个过程伴随着反复的决策，同时目标不断精细化。换句话说，通过反复的决策，目标和环境不断相互影响，使目标越来越精细化。最终明确了总体的目标，并形成了一条经验路径。

组织内外所有因素都处在不断变化中，组织平衡不是一次性的，不是一蹴而就的。当组织内外部环境发生变化时，原有平衡被打破，需要根据变化的环境重新建立新平衡。另外，组织本身也存在打破平衡的力量，如组织中存在的差异、矛盾、冲突都是打破平衡的组织内部力量。当然，组织的发展本身就是在打破平衡。

（二）西蒙的决策理论

西蒙认为，管理的关键在于决策。组织是一个多层次的平衡系统，决策行为的多层次交互与延续产生了相互连接的决策树。组织是一连串决策功能活动的分化与组合。

组织中的决策是非常复杂的。受到有限理性的限制，人类的决策模式可能是从多个备选方案中选出的犹豫—选择模式，也可能是刺激—反应模式。每个决策都包含两类要素：价值要素和事实要素。价值要素的“正确度”，其评判准则基于人类的主观价值。事实要素的“准确性”有着客观的评价准则。

根据决策的性质，可分为程序化决策和非程序化决策。程序化决策是指基于已有规则和程序来进行的决策，可以通过明确的步骤和固定的规则来执行。程序化决策适用于重复性较高且结果可预测的问题，执行时所需的认知负荷相对较低。由于程序化决策的特性，可以使用计算机或自动化系统来进行自动化的处理和执行。非程序化决策是指在面对较为复杂、不确定或者未经过明确规定的情况时做出的决策，执行这种决策所需的认知负荷较高。非程序化决策通常需要创造性的思维和灵活的行动，以应对不确定性和复杂性。

（三）本尼斯的组织外部适应理论

本尼斯认为，在金字塔式的官僚组织结构中，处于高层的“精英”们总是能借助集权机制适应环境，使组织有效地维持与发展。但是到了20世纪60年代，情况发生了变化，科学技术突飞猛进，数智技术影响到各行各业，研究与开发活动空前繁荣，这些导致了组织的巨变，并引发了管理行为的变化。

在新的变化和问题前，组织的发展面临着四个方面的新任务。

（1）组织的整合性任务。在组织与员工的协同系统中，只有个人需求和组织需求同时得到满足，组织才能发展。完成整合性任务的组织，需要肯定和关心一个有道德性、有完整意义的个人。

（2）组织合理配置权力的任务。在一个不确定的环境中，将权力委任于一个“伟人”，不仅是“不好的”，而且是不切实际的，应重新考虑组织中的权力分配。

（3）组织解决内部冲突的任务。本尼斯认为，组织内部充满着非正式组织、专家队伍，他们通过独特的方式进行认同，同时又对其他非正式组织心存怀疑和不信任。这里，并非否定非正式组织和专家，而是在非正式组织和专家队伍大量存在于组织的常态下，必然需要关注并应对越来越多的冲突，需要组织找出更多的办法来解决组织内部的冲突。

（4）组织适应外部环境的任务。外部环境的不确定性，要求组织不断提高适应能力。只有在动态的环境中不惧怕变革，才能产生更大的活力，组织应不断提高学习、分析和驾驭不确定性等能力。

（四）学习型组织

学习型组织（Learning Organization）是由彼得·圣吉（Peter Senge）提出的概念，指的是能够不断学习和适应变化的组织。学习型组织强调团队和个体的学习、持续创新和知识共享，以应对日益复杂和不断变化的商业环境。学习型组织有以下几个特征。

（1）系统性思维。学习型组织通过系统性思维来看待和理解组织的运作。它注重整体观念，将组织视为由相互关联和相互影响的各个部分组成的系统。学习型组织意识到改变一个部分可能会对整个系统产生影响，因此采取综合性的方法来解决问题。

（2）个体和团队的学习。学习型组织鼓励员工进行个体学习和团队学习，以不断提高组织的绩效和创新能力。个体学习包括通过培训、反思和个人发展来不断增强员工的知识和技能。团队学习强调跨职能团队的合作和协作，共同解决问题、分享知识和经验。

（3）知识共享和学习文化。学习型组织鼓励知识共享和学习文化的建立。它创建了一种开放和信任的氛围，使员工愿意分享知识、经验和最佳实践。组织中的信息和知识流动自由，促进了全员的学习和成长。

（4）创新和实验。学习型组织鼓励创新和实验，并从失败中吸取教训。它提倡员工提出新的想法和解决方案，积极尝试新的方法和技术，以推动组织的持续改进和创新。

（5）反思和适应能力。学习型组织强调组织的反思和适应能力。它通过不断地回顾和评估组织的行动和结果，及时调整策略并做出必要的改变。学习型组织能够灵活地适应外部环境的变化，并积极采取行动以应对挑战。

（6）系统性的培训和发展。学习型组织重视培训和发展，为员工提供学习和成长的机会。组织投资持续培训和发展计划，帮助员工提升技能和知识，从而不断提高整体的组织绩效。

（五）混序组织

迪伊·哈克率先对组织的混序性进行研究，其认为工业革命形成的“命令—控制”的组织形式已经过时，它有悖于人类的本性，已形成了对生物圈的破坏和对社会的伤害。因此，哈克希望借助生物圈的观念建立一种新型组织，一种像人体、大脑或生物圈可以自我组织、自我管理、自我发展的组织。这就是混序组织的雏形。

健全的组织必须是开放的，是居于“混沌”和“有序”之间的混序组织。哈克认为，混序组织是一种全新的、与人类心灵和自然相融合的“漂亮的组织”。混序组织是合作与竞争相互交融的组织，所有组织成员都能以独特的、自主的方式自由竞争，一旦与整体的利益发生冲突，组织成员能够自觉地放弃自身利益而进行协作。

混序组织的理念架构强调任何组织都是人类创造的产物，吸引人们为追求共同目标而奋斗。任何组织都是其所处的社会环境的具体展现，并与社会环境相互作用、相互依存，是一组变动的关系网，是不断演化的。

哈克认为混序组织有以下特点：①建立在明晰的共有目标和原理的基础上；②整体和部分都是自组织和自治理的；③整体为部分的存在创造条件；④从外部获得动力，从核心获得统一；⑤目标和原理是可持续的，形式和功能是可变的；⑥公平地分配力量、权力、责任和利益；⑦合作与竞争的和谐组合；⑧永远在学习、适应、创新，持续迭代是其关键特征；⑨与人类精神和自然生态圈相容；⑩提升和倍增智慧、创意和判断力；⑪包容并培植多样性、复杂性和进行变革；⑫建设性地利用和协调矛盾冲突；⑬尽量抑制但可以适当地使用命令与控制手段。

对传统的科层组织来说，混序组织是一个挑战。因此，哈克为他心目中的理想组织制定了以下几条基本准则。

（1）权力和功能必须最大限度地下放。任何功能，如果多个部门都具有，则不要集中于一个部门。任何权力，如果能由更基层的部门行使，则不要只被高层掌控。

（2）自我组织。无论出于何种原因，任何成员都有权在任何时候以任何规模进行自我组织管理，并且拥有不可侵犯的权利来参与更高层次乃至整个组织的管理。

（3）管理必须分散。任何个人或机构，或彼此间的联盟，尤其是管理者，不得完全控制或支配任何层次的任何决定或结论。

（4）必须将竞争与合作完美地结合起来。组织的每个部分都能够以独特的方式自由竞争，但又要彼此联系，以了解其他成员的需求，并在需要时相互合作。

（5）具有极大的延伸性和持久性。在保持根本目标、组织性质及具体准则不变的前提下，能够从形式和功能上不断进行自我调整，使人类的才智得到充分发挥。

（6）全部成员和谐而公平地分享组织的所有权。任何关联方都有权参与经营和管理，并享有所有权。

（7）重视组织运行的混序特性。

第二节　组织结构形式

一、组织设计的原则

管理者进行组织设计需要考虑以下结构问题：工作专门化、部门化、指挥链、管理幅度、集权与分权、正规化。

（一）工作专门化

工作专门化是指将组织的工作任务和责任进行分割和分类，使每个员工专注于特定的任务或职能领域。工作专门化使员工可以更加专注和高效地完成自己的任务，并形成高度的专业化。工作专门化以员工的专业技能为基础，使其能够充分发挥自己的专长和能力。通过将工作职能细分为专门领域，员工可以在特定领域内不断提升自己的专业技能、工作质量和效率。

工作专门化可以实现分工和流程的优化，从而提高生产效率。各个工作职能之间的相关性和依赖性减少，员工可以更加熟练地执行任务，减少生产过程中的重复劳动和资源浪费。工作专门化有助于建立标准化的工作流程和控制机制。通过明确定义每个职能领域的职责和任务，可以更好地保障工作质量和产出的一致性，确保组织的运营和服务达到一定的标准。

值得注意的是，过度的工作专门化也可能引发一些问题。例如，过分细分的工作职能可能导致员工对自己工作的局限性感到不满，缺乏整体理解和综合能力。此外，过度的分工也可能导致沟通和协调不畅，因为不同职能之间的联系和依赖性减少。

（二）部门化

部门化是将组织工作划分为不同的部门或职能区域，每个部门负责特定的任务和拥有不同的职责。部门化原则通过将组织的工作任务和职责分配给不同的部门，实现更明确的任务划分和职责责任的落实。每个部门负责特定的工作领域，使工作任务和职责更加清晰和具体。

通过部门化，不同的部门可以专注于自己的领域，并形成专业化的工作团队。部门内的员工可以充分发挥自己的专业知识和技能，提高工作效率和绩效。部门化有助于资源的优化和控制。每个部门可以按照自己的工作需求和目标进行资源配置和分配，使资源利用效率最大化。部门化还有助于资源的控制和监督，以确保资源的合理使用和管理。此外，部门化原则为组织提供了一定的灵活性和适应性。通过部门化，组织可以根据需要增加或减少部门，以适应市场变化和组织发展的需求。此外，不同部门可以根据自己特定的工作要求和目标灵活调整工作流程和决策机制。基于不同的划分标准，有以下几种不同的部门化结构。

1. 职能部门化

职能部门化指的是按照职能进行部门化。例如，某制造企业将其组织划分为研发部门、生产部门、采购部门、质量控制部门和市场营销部门，每个部门负责特定的职能，如研发部门负责产品研发，生产部门负责产品制造，市场营销部门负责产品推广和销售。

2. 产品部门化

产品部门化指的是按照不同的产品进行部门分工。例如，某跨国医药公司分设心脏病药物部门、糖尿病药物部门和抗生素部门，每个部门负责特定药物产品的研发、生产和营销。

3. 顾客部门化

顾客部门化是按照顾客类型进行部门化分工。例如，某银行可以根据不同的客户群体将其组织划分为个人银行部门、企业银行部门和机构客户部门，每个部门专注于特定类型的客户群体，并提供相应的金融产品和服务。

4. 流程部门化

流程部门化是指按照流程中的不同环节进行部门化。例如，某物流公司可以根据不同的物流流程将其组织划分为采购部门、仓储部门、运输部门和配送部门，每个部门负责各个环节的物流流程，确保顺畅的供应链和客户交付。

5. 地区部门化

地区部门化指的是按照所处的不同区域进行部门化。例如，全球化酒店集团可以按照地区将其组织划分为亚洲区、欧洲区、美洲区和非洲区，每个区域设立自己的管理团队，并负责该地区内酒店的运营和发展。

需要注意的是，部门化也可能存在一些问题。例如，过度划分的部门可能导致信息孤岛和决策滞后，部门之间的沟通和协调可能变得困难。此外，过度的部门化可能会形成组织内部竞争和壁垒，阻碍了跨部门的合作和共享。

（三）指挥链

在组织设计中，指挥链是指组织中权力和决策流向的路径，即从高层管理者或领导层向下传递指令、指导和决策的过程。它规定了组织中谁向谁负责、谁有权力做出决策，并定义了沟通和协调的路径。指挥链的设计对组织的效率、决策速度和协作能力具有重要影响。

指挥链可以采用不同的形式，如垂直或水平。垂直指挥链是指从高层管理者向下传递指令和决策的路径，每个层级的管理者负责向下级传达信息和指导。水平指挥链指的是同一层级的部门或团队之间的沟通和协调，用于实现横向的合作和决策。

指挥链有两个关键概念：职权和统一指挥。职权是管理岗位所固有的发布命令并且使下属遵从命令的权利，这种命令会被遵从和执行。法约尔提出的统一指挥原则是指一名下属应该有且只有一位直接上司，有助于保持职权链条的连续性。

（四）管理幅度

管理幅度是指管理者在组织中拥有的权力和管理责任的范围和程度。管理幅度在很大程度上决定了一个组织要设置的层级和管理者数量。当其他条件相同时，管理幅度越大，组织效率就越高。

管理幅度还反映了管理者在决策过程中的权力和控制程度。较大的管理幅度意味着管理者具有更大的自主权和决策权，而较小的管理幅度则可能意味着更多的授权和分权。较大的管理幅度需要管理者更具协调和沟通能力，以确保各部门和职能之间的协调一致性，并促进信息的流动和共享。

管理幅度还与组织层级结构有关，较高层级的管理者通常具有更大的管理幅度，而较低层级的管理者的管理幅度可能相对较小。管理幅度较小时，会使管理层级增多，管理成本会大幅增加，使组织中的垂直沟通更加复杂，还容易造成对下属监督过严，影响下属的自主性。

（五）集权与分权

集权和分权是组织设计中的两种权力分配方式。集权是指将权力和决策集中在组织的高层管理者或中央决策者手中的权力分配方式。在集权结构中，决策权垂直集中在少数几个人手中，他们通常是高层管理者或组织的领导者。分权是指将部分权力和决策下放给组织中的低层管理者和员工的权力分配方式。在分权结构中，决策权被下放到不同层级的人员手中，使得决策和责任权力更加分散。

集权可以提高决策效率，因为决策权掌握在少数决策者手中，决策过程更加简单、快速，能够实现快速响应和行动。集权可以使组织在决策和行动上保持一致和统一的方向，减少决策的混乱和不协调，使高层管理者能够更好地掌控和监督组织的运作，确保任务和目标的完成。集权可以确保决策由经验丰富和专业背景的高层管理者进行，提高决策的质量和准确性。

分权可以鼓励低层管理者和员工参与决策，使组织能够更加灵活和快速地适应变化，促进创新，以及提高创造力。分权可以激发员工的参与感和责任感，增强员工的自主性和动力，提高员工满意度和绩效。分权可以吸引不同层级人员的参与，让决策过程中融入多样的观点和经验，增强决策的全面性和多样性。随着组织规模的扩大和复杂性的增加，分权可以减少高层管理者的压力，使决策更满足组织的需求。

在设计组织结构时，集权与分权是相互制衡的。具体的设计原则和方式可以根据组织的需求、环境和文化来确定。例如，小型创业公司可能更适合采用较为分权的结构，以鼓励创新和快速决策。而大型企业可能需要一定的集权机制来确保员工步调统一和决策的有效性。同时，组织还应该考虑授权和建立监督机制，以确保权力的正确使用和行为的合规性。

（六）正规化

正规化是指组织中工作实行的标准化程度。如果一项工作的正规化程度较高，就意味着做这项工作的人对工作内容、工作时间、工作手段没有多大自主权。人们总是期望员工以同样的方式投入工作，能够保证稳定一致的产出结果。在高度正规化的组织中，有明确的工作说明书、组织规章制度，对工作过程有详尽的规定。

二、组织结构类型

经典的组织结构类型主要包括以下几种。

（一）直线职能制组织结构

直线职能制组织结构的优势是能够以高效的方式开展标准化的活动，其不足有以下几点：工作专门化会让各部门之间产生冲突，职能部门的目标有时会凌驾于组织的整体目标之上；过分拘泥于遵守规则。

（二）事业部制组织结构

事业部制组织结构分为总部和分部。一方面，总部对分部保持适度的控制权，分部则对自己具有独立自主权；另一方面，总部维持通用职能，分部独立设置业务针对性职能（实现业务全生命周期运营的完备职能）。每个分事业部可能包括多个功能部门。事业部制的组织结构可使企业兼具规模性和创新性，但事业部制存在重复配置职能部门的问题，浪费资源，并且独立设置的分部仍然无法适应环境的快速变化。

（三）矩阵制组织结构

矩阵制组织结构同时具有功能和产品线的双重管理。员工同时归属于功能部门和跨职能的项目团队，两个维度交叉管理和汇报。矩阵制组织结构使跨部门协作更具灵活性，能够更好地应对复杂的项目和任务。强调项目导向和团队合作，激发创新和协同效应。矩阵制组织结构的缺点是：权责不清，可能导致角色冲突和复杂的权力结构。需要高效的沟通和协调机制，否则可能出现意见分歧，导致决策滞后。

（四）网络组织结构

网络组织结构基于合作和共享，通过网络和合作伙伴关系进行协作。组织间通过合作协议、联盟等形式进行连接，共同实现业务目标。这类组织结构的优点有：灵活性高，能够快速响应市场变化，抓住转瞬即逝的机会；借助合作伙伴的资源和专业能力，扩大组织的能力范围；适用于创新和知识密集型领域，如科技、研发等。网络组织结构对合作伙伴的关系依赖性较强，需要建立稳定的合作伙伴关系。其协调和管理复杂度较高，需要建立良好的沟通和合作机制。

每种组织结构类型都有其适用的环境和特点，企业需要根据自身业务需求和发展阶段选择最适合的组织结构类型。同时，多种组织结构类型也可以进行结合和调整，形成混合型的组织结构，以更好地满足组织的需求。

第三节　影响组织设计中的权变因素

一、环境与技术

环境因素包括市场需求、竞争状况、法规和政策等。环境的变化可能要求组织调整其结构和流程，以适应新的市场机会或挑战。组织的设计应根据市场需求来确定产品或服务的类型、定位和交付方式。例如，电子商务的迅速发展使许多传统零售企业不得不重新设计组织结构以适应线上销售和交付的要求。组织设计需要根据竞争环境来制定战略和结构。例如，在竞争激烈的市场中，组织可能需要采用扁平化的结构和快速决策机制，以促进创新和增强灵活性。组织设计必须符合当地法律和法规的要求。例如，在食品行业，组织必须遵守食品安全和卫生方面的法规，相应的组织设计需要包括相关的职能和流程。

技术的发展将对组织结构和工作流程产生深远的影响。例如，自动化和机器人技术的发展可能导致部分传统工作职能的消失，并需要重新设计组织结构来适应新的技术环境。随着互联网和移动互联网对组织运营过程的渗透，出现了越来越多的平台型组织和生态型组织。

二、企业规模

企业规模对组织设计有重要影响。随着企业规模的扩大，组织需要更高效的协调和沟通机制，可能需要重新规划职能部门，划分责任和授权关系，并建立更完善的层级结构。

较小规模的企业通常倾向于扁平化的组织结构，减少层级和决策路径，以提高沟通和协作效率。相比之下，大型企业可能需要更多的层级和细分部门，以处理更复杂的运营和管理需求。

较小规模的企业可以更便捷地整合任务和职能，提供更广泛的角色和职责。这样可以增加员工的多样性和灵活性，促进协同合作。例如，一家小型创意工作室可能会将多个创意角色合并在一个团队中，以便更紧密地合作和创新。与此相反，大型企业由于规模大，具有复杂性，需要更明确的职能划分。不同职能部门之间需要明确界定职责和协同机制。例如，大型制造企业可能有专门的产品研发、采购、生产和销售部门，各自负责细分的任务和职能。

大型企业需要建立更为复杂的流程和标准化程序来确保协调一致性和执行效率。这些流程和标准化程序能够促进任务的分工和协同，提高管理效率并降低风险。例如，跨国银行可能需要制定统一的贷款申请流程和标准化的审批程序，以确保一致的运营和风险控制。而在小型企业中，流程和标准化可能相对较少，因为规模较小，管理和沟通相对简单。在这种情况下，灵活性和快速适应变化可能更为重要。

在小型企业中，决策往往更加集中，创始人或管理团队可能直接负责并做出大部分决策。在这种情况下，决策流程通常更加灵活和高效。而大型企业由于规模大和复杂性程度高，决策往往需要分散到不同的层级和部门。决策的授权和流程必须清晰明确，以确保快速决策和合规。例如，大型制药公司可能有多个决策层级，涉及新产品研发、市场推广和法规合规等。

三、企业战略

企业战略是组织设计的基础。不同的战略目标要求不同的组织结构和职能配置。

组织设计需要与企业的战略目标和定位相匹配，以确保组织能够支持和实现战略的执行。

公司的战略定位决定了其在市场中的竞争策略和目标细分市场。组织设计需要反映这些战略定位，以支持市场定位的实施。例如，如果公司战略定位是提供高级定制产品，组织设计可能需要注重产品研发和设计能力，建立强大的创新团队。

不同的增长策略对组织设计产生不同的影响。例如，如果公司的增长战略通过市场拓展来实现，组织设计可能需要更加分散的结构和灵活的决策权。相反地，如果增长战略通过产品创新来实现，组织设计可能需要更加集中的研发和创新团队。

如果公司采取国际化战略，组织设计则需要考虑跨国操作和管理的要求。这可能包括建立多个地区的分支机构，构建跨文化的团队和有效的协调机制。例如，大型跨国零售商需要在各地区建立本地化的销售和运营团队，同时保持总部与分支之间的协调和合作。

一些企业战略涉及与合作伙伴建立战略伙伴关系，共同开发市场或产品。这对组织设计提出了新的要求，需要建立有效的沟通和协作机制。例如，汽车制造商与零部件供应商之间是合作伙伴关系，他们需要建立紧密的供应链和协调的生产计划。

如果公司的战略目标是通过创新和敏捷性来获得竞争优势的，那么组织设计需要促进创新和提高灵活性。这可能包括扁平化的组织结构、交叉功能团队及快速决策和执行的机制。例如，科技公司的战略可能侧重于产品创新，组织设计需要支持快速迭代和灵活的产品开发流程。

四、企业文化

企业文化对组织设计的决策和实施起到重要的作用。企业文化包括价值观、行为规范和组织氛围等，它会影响组织的结构和流程设计，以及员工的态度和行为。

企业文化对组织结构和沟通方式产生重要影响。例如，若企业文化强调扁平化和开放的沟通，组织设计可能倾向于扁平结构，鼓励员工直接沟通和合作。若企业文化强调严格的层级和形式化的沟通，组织设计可能更加垂直，强调严密的汇报和授权结构。

组织设计需要与所希望的员工行为和价值观相一致。例如，若企业文化强调创新和团队合作，组织设计可能包含跨部门的交叉功能团队，以促进跨团队的合作和创新。

企业文化对领导风格和权力分配方式产生一定的影响。例如，若企业文化倡导员工参与和自主性，组织设计可能推崇分散的决策权和授权机制。若企业文化强调集中权力和强势领导，组织设计可能更加垂直，由管理层做出重大决策。

企业文化对培训和发展的重视程度也会影响组织设计。若文化中注重员工成长和学习，组织设计可能包括专门的培训和发展团队，以提供给员工学习和发展的机会。例如，某些科技公司鼓励员工花费时间在创新和技术发展方面进行自主研究，并提供相应的培训和资源支持。

企业文化对绩效评估和奖励机制的设计产生重要的影响。若企业文化强调团队合作和共享，组织设计可能采用团队绩效评估和奖励机制。若企业文化强调个人竞争和结果导向，组织设计可能更注重个人绩效评估和奖励方式。

以上权变因素相互交织、相互影响，并根据组织的特定情况和目标来决定组织设计的调整方向和程度。有效的组织设计应该能够适应环境变化，利用新的技术，符合企业规模和战略需求，并能够营造积极的企业文化。

第四节　新型组织形态

一、创业企业的组织结构

创业企业的组织结构通常具有一定的灵活性和适应性，以应对快速变化和创新的需求。创始人是创业企业的核心，负责制定愿景、战略和业务发展方向。创始团队可能包括联合创始人、高级管理人员和技术专家。创业企业可能倾向于采用平行或扁平化的组织结构，减少层级和决策层次，提高沟通和决策效率。这种结构鼓励更直接的沟通和合作，促进快速创新和决策的实施。

创业企业鼓励团队协作，意味着员工在需要时可以参与不同部门或项目的工作，这种结构安排有助于促进知识共享、创新合作和快速适应不断变化的需求。创业企业可能会依赖外部顾问和合作伙伴，如法律顾问、会计师、投资者、技术专家等，提供专业知识和支持。这些外部资源帮助企业弥补自身能力的不足，提供战略指导和增加行业影响力。

需要指出的是，创业企业的组织结构会根据不同企业的实际情况进行设计，同时会随着企业的成长和发展而发生变化。在初创阶段，组织结构通常较为简单和灵活，但随着企业规模的扩大和业务复杂性的增加，可能需要更加成熟和专业化的组织结构。因此，创业企业应密切关注内外部环境的变化，并随时调整组织结构以应对新的挑战和迎接机会。

二、平台组织结构

平台组织结构是一种以平台为核心的组织形式，旨在促进多方参与、合作和创新。平台组织结构的核心是平台本身，即提供连接和协调多方参与者的基础设施。平台可以是技术平台、数字平台或市场平台，它提供了资源、工具和机制，使不同参与者能够交互、合作和创造价值。平台组织结构涉及多方参与者，包括供应商、消费者、开发者、合作伙伴和其他相关方。这些参与者在平台上交互和合作，共同创造价值。平台组织结构通常采取去中心化的决策模式。决策权不是集中在顶层管理者手中，而是分散给不同的参与者。参与者可以根据共同利益和平台规则进行决策，并共同管理平台的运营。平台组织结构通常关注提供增值服务和创造可持续的商业模式。通过提供高附加值的产品或服务，平台可以吸引用户和参与者，并为平台的运营和发展创造收益来源。

根据双边市场理论，平台有供应端节点（研发者）和需求端节点（用户），以平台自身（核心节点）为中介来相互创造价值，平台自身同样为这两端创造价值，实现平台双边效应。根据互补理论，平台的价值取决于平台上供应侧和需求侧两方用户间的正反馈及锁定程度，存在间接网络效应。间接网络效应是指随着某一产品使用者数量的增加，该产品的互补品数量增多、价格降低而使该产品价值增加。例如手机的使用人数增加，其互补商品——手机膜、手机壳的种类相应增多，价格也相对降低了。

需要强调的是，平台组织结构是一种较新的组织形式，随着数字化和技术的发展，越来越多的企业会采用平台模式推动创新和增长。平台组织结构的优势在于能够整合多方资源、促进创新和增值，并在共享经济和数字化时代发挥重要作用。

三、生态组织结构

生态组织结构是一种以生态系统为模型的组织形式，旨在实现合作、共生和可持续发展。它强调组织与其内部环境和外部环境的相互作用和互惠关系。生态组织结构借鉴了生态系统的概念和原理。它将组织视为一个生态系统，内外部各个部分相互依存、相互影响，并通过协作实现整体的可持续发展。

生态组织结构涉及多个参与者，包括组织内部的员工、管理层和外部的供应商、合作伙伴、客户、社区等。这些参与者通过不同形式的合作和共享资源来实现生态系统的平衡和增长。生态组织结构倡导分布式权力和决策的原则。权力和决策不是局限于高层管理层，而是向下授权并赋予更多的自主权给参与者。这样可以提升组织的灵活性、创造力和快速决策能力。生态组织结构强调共享资源和知识。通过建立共享平台、共享文化和知识管理系统，参与者可以共享经验、技能、信息和创新，相互学习和共同成长。生态组织结构鼓励协作。参与者之间建立紧密的合作关系，共同应对挑战和迎接机会。协作可以通过跨部门项目、团队合作和共同打造产品或服务来实现。生态组织结构注重生态效益和互惠关系。通过合作、资源共享和共同发展，参与者可以相互促进、互利共赢，进而实现整个生态系统的增长和繁荣。生态组织结构追求可持续发展和适应性。它强调灵活性、创新性和适应性的能力，以应对不断变化的内外部环境，并保持组织的健康和竞争力。

生态组织结构的实施需要组织内外各方的积极参与和共同努力，以建立有机的关系和协作网络。它适用于多种组织，包括企业、社会组织和公共部门，可以促进合作、创新和可持续发展的实现。

案例分析

MY 公司的组织结构变迁

MY 公司是一家大数据技术创业公司，正式创立于 2014 年。初始创业团队是一群来自互联网数字营销行业、当时平均年龄不超过 30 岁的年轻人。自 2006 年他们便开始利用大数据技术从事互联网海量数据的收集、处理和分析工作，在这个过程中积累了丰富的大数据技术经验和大量互联网用户行为数据。

一、初创期

公司刚成立时，最为迫切的是开拓市场，获取种子客户。公司的业务骨干华强是 2014 年创始人文军邀请加入 MY 公司的，此前他在一家国际知名的跨国科技企业担任咨询师职务，从事金融行业的数据分析及决策产品的咨询和设计工作多年。华强参加了一个公司内部会议，讨论如何获得一个金融行业的重要客户——华商银行。

华商银行当时正计划启动一个大数据技术的实验性项目，以取代已经投产多年的数据分析系统。而 MY 公司创始人文军当时正在探讨如何帮助企业精准洞察客户的需求，并选择适当的产品和服务来与之匹配。这与华商银行的需求非常吻合，于是文军召开了此次会议。

文军说："对拿下华商银行的信心来自团队已经具备的两个能力。第一是数据能力，我们有海量互联网用户行为数据；第二是技术能力，我们是国内最早开始玩大数据的团队，有自己的大数据平台软件。"

"海量数据确实是我们区别于其他竞争对手的资源优势，但是这些数据如何应用到银行并转化为业务价值，我们的团队目前是回答不了的，因为缺少银行的业务知识，我们需要有一支业务专家队伍。我非常认可咱们的技术团队，但是为银行做系统和我们过去从事的互联网行业的工作模式、沟通协作模式等完全不同。华商银行这个项目就由我来牵头编制方案吧，我会先给几位主要的技术人员做一次业务培训！”华强稍作思考后提出了自己的想法。

文军快速转头扫了一眼周围坐着的技术骨干们，露出了自信的笑容，说：“金融是每一家科技企业都会重点服务的行业，我们也不例外，今后我们一定要为金融行业筹备专门的团队来提供服务。”

由此，MY 公司的第一个事业部——金融事业部的团队雏形初现。华商银行的项目是 MY 公司走上发展之路的引子。从售前接触到方案制定，到商务运作，再到成功拿下并进场实施，MY 公司摸清了为企业客户服务的整体流程，明确了整个流程中不同角色的任务和分工，为事业部架构奠定了实践基础。

服务好某一行业的前提是有一支“懂”这一行业的队伍，由专业的人做专业的事情。行业与行业之间存在着很高的壁垒，这使事业部制成为 MY 公司——一个跨多个行业经营的企业，组织结构设计的必然选择。

MY 公司在初创期并没有时间进行缜密的市场分析，因此力求快速进入并占领市场，决策链条要尽量扁平高效。以华商银行的项目运作过程为例，华强的销售人员需要和客户保持紧密的对接；需要懂银行业务的售前顾问编制解决方案；需要技术工程师参与项目验证和实施交付。这些资源如果分散配置在多个领导体系中，协作的效率将是低下的，因此根据所服务的行业建立事业部，对各类业务人员实行垂直管理则是最优的方式。

当时的组织设计是，将销售、售前等对行业知识积累要求很高的角色按照行业配置在为不同行业服务的事业部里。交付和产研被认为与行业的相关性不强，是公司公共资源，可以灵活分配为不同事业部服务，由此成立了交付中心来管理所有负责交付和产研的工程师。

二、战略转型期

MY 公司在依靠大数据技术能力站稳脚跟的同时，市场格局也在发生变化，随着越来越多的竞争者进入，市场份额被快速挤占，很快整个市场的利润所剩无几。公司需要重新调整战略。

此时，MY 公司接触到一家叫 Palantir 的美国大数据公司。Palantir 公司主要为

CIA 和其他美国政府机构提供情报分析服务。他们通过一种关联分析技术在大量“结构化”和“非结构化”数据之间构建庞大的关联关系网络，以此来扩大情报分析的覆盖面，提升处理效率。这个技术被称为知识图谱，是为处理以图为中心的数据分析需求而定制的一种数据库形式，性能远远超过传统关系型数据库，特别适合情报、安全等领域的线索查证场景。

当时知识图谱在国内还属于蓝海，并且 MY 知识图谱的关系分析可视化探索功能正好契合了政府安全部门在维稳方面的需求。于是，MY 公司开始组织技术团队对标 Palantir 公司研发，2016 年发布了 MY 知识图谱平台的首个版本。2017 年 B 轮融资之后，宣布公司的战略开始全面转向“基于知识图谱的人工智能创新产品研发”，并加大对公共安全领域的投入。

遗憾的是，MY 公司进行了战略方向调整，却没有配套调整组织结构。

根据当时的组织设置，交付中心是共同资源，既承担了面向不同行业的项目交付工作，也抽调了专人从事知识图谱产品的研发。紧随着几个政府部门大订单而成立的政府事业部，是知识图谱技术落地的首个突破口，需要大量的资源投入。MY 公司也确实给予了最大力度的倾斜，让交付中心开足马力投入政务知识图谱的研发和落地，还同时承担来自不同事业部的交付和研发工作。很快，交付中心人员交叉混用导致了事业部之间开始争抢资源。华强发现自己的金融事业部不仅很难从交付中心要到满意的项目实施人员，连知识图谱产品也包含了越来越多的政府业务属性，研发路线离金融行业的需求越来越远。

在一次部门会议上，销售总监抱怨道：“虽然产品技术得到了客户的认可，但因中台的同事对具体前台垂直领域的业务并不精通，导致产品虽好，却与客户需求匹配度不高，久而久之会失去市场竞争力。”运营助理同样因远高于去年 15% 的产研交付成本表达出了自己的担忧。

“我觉得我们还是需要在销售端开发更多的机会，这样才有话语权去争取更多的资源支持。”话虽这么说，但华强心里明白如果产品匹配度一直偏低，卖给客户的产品并不是客户想要的，那么销售人员将很难拿到更多的订单。

果然不出所料，最坏的情况发生在 2018 年，金融事业部遭受严重亏损，在成本超过上年的情况下，完成的签约却不到上年一半。被给予最大资源倾斜的政府事业部也并非一帆风顺，短时间涌入太多人员，背景参差不齐，管理措施跟不上，在几个关键项目推进中遇到诸多难题。同样的困境也出现在了当年新成立的工业事业部。

是什么造成了这样的局面？深入反思之后，MY 公司调整了组织架构，在 2018

年下半年推出了三项措施：第一，成立通用产品中心，集中研发通用的非行业特定属性的知识图谱平台级产品；第二，以目前在建项目为基准，将交付中心的工程师团队划归到各个事业部进行垂直管理；第三，为每个事业部设立行业产品研发组，基于通用产品之上研发具备行业属性特点的应用功能型产品，例如“基于知识图谱平台之上的金融欺诈行为分析产品”。

2018年下半年，这次事业部组织结构的微调解决了资源瓶颈问题，激发了部门的积极性，各个事业部的业绩均实现了明显的增长，金融事业部仅在2019年第三季度就追平了2017年全年的销售额，并且开发出了供应链营销系统、风险洞察系统等面向不同业务用户的金融行业产品。华强发现，销售、产研、交付三者的关系在当时达成了一个稳定的三角平衡：交付能够沉淀成果给产研；产研可以降低交付成本，并且促进销售；销售带来足够的市场机会，让产研和交付不断做大。带着这种想法，华强逐渐厘清了未来部门管理的思路，计划着进一步优化和凝聚团队，打造一个坚固的“铁三角”。

三、中台架构

随着公司的发展，员工规模增长得很快，但每个事业部都在抱怨缺人。从财务数据可以看出，原因在于平均人效太低。作为创始人，文军意识到人海战术是无法持续有效的，重整内部组织结构也许可以提高工作效率。

也是在这个时候，由阿里巴巴在业内率先尝试并取得成功的中台战略开始在国内形成一股热潮。“中台”是企业级共享服务平台，目的是对企业的各种能力进行细粒度分析，识别共享能力。高层领导认为MY公司中台战略（即为企业客户实现以中台为核心的数字化转型）成功的最关键因素，是公司内部中台架构的组织模式。这种旨在打破部门间壁垒、整合和共享资源的架构模式听上去的确非常有吸引力。MY公司创始人文军对中台的思考有二：其一，中台战略是企业数字化转型和投资的新热点，MY公司研发中台产品来售卖是一个商机；其二，中台架构的可行性是经过阿里巴巴实践验证的，可以用来提升MY公司的管理效能。让文军觉得更有意思的是：当一家公司本身就是中台战略的实践者时，它所销售推广的中台产品必然更有吸引力。

几年经营下来，MY公司的每个部门都拥有了很多诸如数据管理、用户画像、业务建模等能力，但各自的亮点无法在部门之间共享，造成了资源和能力的严重浪费。实行中台架构的组织结构调整，在MY公司高层看来是实现集约化资源配置、精细化运营管理的最佳途径。中台架构将原本分散在企业各个部门中的各类能力进行分类、归并、整合，形成可被共享、可被重复利用的通用能力。

这样既能够使企业的人力、资本、基础设施等后台资源得到更加有效的利用，又能够让面向客户的销售、市场等前台机构更加快速高效地组合各种能力，以应对外部快速变化的市场需求和凶猛的竞争对手。

文军经过研究，果断决定将公司从原本的事业部制改革成全新的中台架构，整合各类技术资源，转型为“背靠大数据技术的创新产品和服务的供应商”。MY 公司于 2020 年 4 月正式提出构建基于中台战略的组织结构，即中台架构。

原有各个事业部的产研和交付被看作是承载公司核心“能力”的部门，这次组织结构调整被划归到公司共享的部门，即产品中台和交付中台。在事业部制垂直管理时期，每个事业部独立开发了很多相似的应用功能型产品，比如用户画像系统，尽管行业的属性加注在产品里面，但各事业部的很多产品和交付物仍然是共性大于个性。事业部管理时期各事业部对产品和交付人力的需求旺盛，消耗了 MY 公司较高的人力资本。而中台组织架构实施后，各事业部前台对产品和交付的需求只需要向中台提出，由中台统一协调人力资源，分派至前台，当需求完成交付后，相关人力可再承接其他前台的其他需求，大大节约了人力成本，提高了工作效率。从这个角度看，MY 公司成立产品和交付中台理所应当。

然而，华强对这次组织结构的调整却有一些担忧。在 MY 公司新的中台组织结构中，原来的事业部只保留销售和售前资源，并将其作为业务前台，产研和交付资源被分别划拨到产品中台和交付中台。调整组织结构之前，华强掌管着金融事业部的销售、产研、交付，调整后华强负责的不再是金融事业部，而是金融前台，即原来金融事业部的销售和售前资源。中台的共享机制以类似资源池的形式来体现，各个前台部门按照需求向公司资源池（即产品中台和交付中台）申请适当的资源来使用。这样的运行机制能够支撑业务发展的需要吗？华强很担忧。

分析思考

（1）MY 公司在不同阶段分别做了哪些组织结构调整？为什么要进行调整？

（2）MY 公司在初创期为什么采取事业部制？事业部制为 MY 公司带来了哪些改变？

（3）MY 公司为什么把组织结构调整为中台架构？

（4）MY 公司调整为中台架构后，可能会遇到什么问题？

第七章　组织文化

第一节　组织文化的定义与功能

一、组织文化的多元定义

人类学对文化的定义并没有达成共识，组织文化也呈现出明显的多元性。

相对来说，影响最为广泛的组织文化定义是沙因（Schein）给出的："组织文化是在组织成员相互作用的过程中形成的，为大多数成员所认同的，并用来教育新成员的一套价值体系（包括共同意识、价值观念、职业道德、行为规范和准则等）。这一套价值体系渗入员工的潜意识，后来的每一位新员工经过耳濡目染就会被潜移默化。"沙因（1996）进一步指出，组织文化是一个分层结构，由三个层次构成。①物质层。物质层又称人工物层，是看得见的部分，包含象征物、惯例、故事、仪式、行为模式等。②价值观层。价值观层是组织的理想目标，是组织想呈现给公众的组织形象。③隐性假设层。这一层是文化的最底层部分，是潜意识层面的，是被企业视为理所当然的部分，是指一个群体在解决其外部适应性问题及内部整合问题时习得的一种共享的假设模式。它在解决此类问题时被证明很有效，因此对新成员来说，在涉及此类问题时，这种假设模式是一种正确的感知、思考和感受的方式（陈春花等，2019）。

丹尼森（1990）将组织文化定义为，潜在的价值观、信仰和原则是一个组织的全部管理系统、管理实践和行为的基础，而这套管理系统、管理实践和行为既体现又强化了这些潜在的基本原则。丹尼森给出了测量组织文化的操作性定义：参与度、一致性、灵活性和使命感。

科特和赫斯克特认为，组织文化是指一个企业中各个部门，至少是企业高层管理者所共同拥有的企业价值观念和经营实践，是指企业中一个分部的各个职能部门或者地处不同地理环境的部门所拥有的共同的文化现象。

霍夫斯泰德（Hofstede）将组织心理作为组织文化的核心，组织文化是一种组织心理及组织的潜意识，它在组织成员的行为中产生，又作为“共同的心理程序”引导这些成员的行为。霍夫斯泰德提出组织文化的四层次模型：价值观、仪式、英雄、符号。最里层的价值观是核心的，是不可见的；另外三层是实践活动，是可见的。同时，霍夫斯泰德强调价值与实践活动之间的互动。迪尔（Deal）和肯尼迪（Kennedy）认同并发展了组织文化的四层次模型，认为组织文化是价值观、英雄人物、习俗仪式、文化网络（沟通）、企业环境的凝聚。

二、组织文化的类型

（一）迪尔和肯尼迪组织文化

基于组织文化四层次模型，迪尔和肯尼迪将组织文化分为硬汉文化、快乐工作文化、程序文化和创新文化。

硬汉文化是一种强调强势和竞争的组织文化。它着重于实现目标、追求赢利，经常以个人成就和竞争为导向，主要特点包括：强调竞争和成功；高度关注业绩和结果；接受高度的风险和压力；通常具有高度的层级结构和竞争性的激励机制。

快乐工作文化强调工作的快乐和紧密的团队合作。它注重团队成员之间的互动和社交活动，主要特点包括：强调工作的快乐和有趣性；着重关注群体认同感和团队协作；以小团队为基础，激励员工进行社交活动并获得福利奖励；通常拥有灵活的工作时间和较少的形式化规则。

程序文化强调规范和程序，组织的稳定性和安全性。它注重对流程和规章制度的遵循，主要特点包括：强调组织的稳定和可靠性；着重标准化和规程化的工作流程；通常通过明确的规定和程序来管理工作；值得信任、依靠规则和程序来进行决策。

创新文化是一种高度关注创新和冒险，强调市场导向和能力发展的文化。它允许员工追求创新并为之冒险，主要特点包括：高度关注创新和市场导向；激发员工冒险和创业精神；激励员工采取大胆决策；高度重视学习和发展能力；愿意进行战略投资和探索新市场。

（二）奎因组织文化

奎因（Quinn）在竞争性文化价值模型中按照内部与外部导向、灵活自由与稳定控制两个维度对企业文化进行了分类，分为团体文化、发展文化、理性文化和层级文化，分别对应着四种基本价值模式：人际关系模式、开放系统模式、理性目标模式和内部过程模式。奎因认为，尽管这四种组织文化区别很大，但很少有企业组织单独属于其中的某一特定文化。正常的企业组织不应该只有一种文化，这样很容易走向极端。竞争性文化价值模型强调的就是组织内部不同力量之间的均衡。

团体文化强调内部导向和人际关系的重要性，呈现出类似家庭或社区的氛围，主要特点包括：团队合作是核心价值观；鼓励员工的互动和合作；气氛温和友好，强调共同的价值观和文化；组织的管理风格更偏向于激励和引导；信息流动开放，沟通更为直接和平等；领导者扮演着教练或导师的角色。

发展文化强调外部导向和开放系统的价值观，注重创新性、灵活性和适应性，主要特点包括：创新和创造力是核心价值观；鼓励员工提出新的想法和方案；组织注重迅速应对变化和持续创新；决策权下放给具有专业知识的员工；组织结构相对扁平化，弹性和流动性较高；领导者扮演着推动变革和创新的角色。

理性文化强调灵活自由和理性的价值观，注重结果和商业目标的达成，主要特点包括：竞争和成果导向是核心价值观；强调高效和结果导向；员工积极追求个人成就和目标；组织重视市场指标和商业目标的实现；决策过程较为权威和集中化；领导者扮演着目标设定和激励的角色。

层级文化强调稳定控制的价值观，注重规则、程序和层级结构，主要特点包括：控制和规范性是核心价值观；强调稳定性和组织的安全性；员工遵守规则和程序是重要的；决策由上级层面做出，层级结构明确；组织形式主要是部门化和职能化；领导者扮演着监督和规范执行的角色。

（三）家族式组织文化

中国深厚的文化积淀渗透到组织领域，形成了特有的中国家族式企业文化，这一文化的主要特征是：家族利益是企业的发展动力；血缘关系是企业组织架构的基础；家长制是企业的基本管理模式；以“子承父业”的形式完成企业的传承。

三、组织文化的功能

组织文化在组织中发挥着多种功能，包括提供身份认同和凝聚力、塑造组织行为和规范、促进共享和传递知识、塑造组织形象和声誉、提高员工满意度和忠诚度。这些功能对于组织的长期发展和成功至关重要。

（一）提供身份认同和凝聚力

组织文化可以为组织成员提供共同的身份认同和凝聚力，使他们感到归属于组织，并产生一种共同的目标和价值观。例如，谷歌公司的组织文化以开放、创新和员工关怀为特征，形成了共同的身份认同，吸引了具有相似价值观的人员加入并形成了强大的凝聚力。

（二）塑造组织行为和规范

组织文化能够塑造组织内部的行为和规范，引导员工的行为和决策。例如，华为企业文化中强调以客户为中心、以奋斗者为本，并将这些原则贯穿于组织的各个层面，员工在工作中会受到这种文化的影响，会不断追求卓越，为客户提供更好的体验。

（三）促进共享和传递知识

组织文化鼓励知识的共享和传递，从而促进组织学习、提升组织的创新能力。例如，3M 的文化强调创新、实验和知识共享，鼓励员工在工作中分享他们的经验和想法，这种文化促使 3M 不断推出创新产品并保持竞争优势。

（四）塑造组织形象和声誉

组织文化可以塑造组织在外界的形象和声誉。一种积极健康的组织文化能够吸引客户、合作伙伴和优秀的人才。

（五）提高员工满意度和忠诚度

组织文化对员工的满意度和忠诚度有着重要影响。当组织的文化与员工的价值观和期望相符时，员工会感到满足，产生归属感，并表现出更高的忠诚度。例如，阿里巴巴的文化强调客户第一、团队合作、拥抱变化、激情、诚信、敬业，这种文化能够激励员工产生更大的工作动力，提高忠诚度，也吸引了更多的互联网人才加入阿里巴巴。

第二节 组织文化的创建与维系

一、创始人与组织文化

很多组织文化都提到了企业创始人的作用。沙因（1985）首先提出组织文化的形成过程，他认为组织通过创始人初级植入机制与次级勾勒、增强机制来创造和传递组织文化。初级植入机制包括创始人的资源分配标准、创始人所厘定的奖酬、招募、甄选、提拔和调职标准等。次级勾勒、增强机制包括组织结构和体系、组织的典礼和仪式、组织中的故事和传奇、组织哲学、价值观及正式章程等。沙因（2004）提出创始人在建立组织的过程中，他（她）需要建立具有一定价值导向的组织愿景和哲学，创立和使用某些制度来体现这些价值观，并采用一些个人的实践和行为来示范其所倡导的价值观。

（一）创始人的个人特质

创始人的个人价值观和信念会对组织文化产生深远的影响。他们的价值观和信念会反映在组织的目标、规范及对员工的期望上。创始人以身作则，通过言行示范塑造组织文化。

创始人的情商对组织文化的形成和维护具有重要影响。他们的情绪管理能力和影响他人的技巧能够营造组织的情绪氛围，让员工产生情感共鸣。

（二）创始人的领导风格

具有民主式领导风格的创始人会倾听员工的声音，鼓励员工参与决策和提供建议。这种领导风格能够激发员工的创造力和团队合作，并形成开放、包容和创新的组织文化。具有权威式领导风格的创始人以强烈的个人魅力和权威来引领组织，建立强大的组织文化。创始人通过自信和决断力，激发员工的自我激励和组织忠诚度。

二、人力资源策略与组织文化

人力资源管理策略是组织文化创建和维系的重要媒介，其中使用的工具包括选聘、培养与组织价值观相一致的员工，剔除与组织文化背道而驰的员工，以激励机制引导员工符合组织价值观的行为。

（一）选聘机制

员工通过选聘过程获知和了解组织文化。选聘过程不仅是寻找适合的应聘者、向潜在的候选人“推销”自己的企业和遴选他们的过程，也是企业有计划地让新来的员工与组织文化相匹配的过程。选聘过程应该反映出该公司的信念或者价值观，特别是那些与公开、信任和公平有关的价值观。

（二）培训机制

文化深厚的组织在培训过程中不仅仅提供知识和技能方面的培训，还包括组织文化培训，即通过培训使员工了解和实现组织价值观。组织培训应该提供关于组织价值观和哲学方面的培训，并且通过这些培训来规范或者改变员工的行为，公司提供培训的总量、培训与员工行为之间的关联将直接影响到员工是否认同组织价值观。

（三）激励机制

组织中的激励体系是一种控制体系，它能塑造和改变员工的行为，组织文化也能够达到同样目的。组织文化较好的企业，激励体系是全面、持续和稳定的，并且与组织成功和组织价值观相匹配。

三、新员工的组织社会化

新员工的组织社会化是指新员工在加入组织后逐步适应组织的价值观、行为规范和工作方式的过程，并建立与组织和其他成员之间的关系。这个过程涉及新员工在组织内部的角色转变、学习和适应，包括以下三个阶段。

（一）初始阶段

初始阶段是新员工刚加入组织时的阶段。在这一阶段，新员工通常感到兴奋和好奇，并试图了解组织的文化、价值观和期望。在此阶段，新员工接触和熟悉新的工作环境和团队成员；寻找社会化信息，例如组织文化、工作准则和期望；建立起最初的工作关系和网络。

（二）碰撞阶段

碰撞阶段是新员工逐渐融入组织并与现有的文化和实践进行调整的阶段。在这一阶段，新员工可能会遇到挑战和困难，需要调整以适应新的角色和工作要求。此时，员工遇到现有文化和实践的差异，可能引发认知和情感上的不适；员工会学习如何达到组织的期望；在导师或同事的支持下，新员工会寻找和建立支持系统。

（三）质变阶段

质变阶段是新员工逐渐融入组织并形成稳定角色和关系的阶段。在这一阶段，新员工感到更加自信，并且能够更好地适应工作环境和组织文化。员工开始理解和内化组织的价值观和文化；与组织和其他成员之间建立稳定工作关系；开始展现出较高的工作效率和自主性。

曼伦（Maanen）和沙因（Schein）将组织对新员工所采取的社会化策略分为六种，每种策略由相互对立的两个概念构成，分别是：集体的（个别的）、正式的（非正式的）、固定的（变动的）、连续的（随机的）、伴随的（分离的）、剥夺的（赋予的）。进一步归纳为以下两类策略。

一是制度化策略。制度化策略指的是组织倾向于依赖集体的、正式的、固定的、连续的、伴随的、剥夺的社会化策略，强调员工被动遵从组织既定的标准化工作程序、角色和职责，弱化员工差异性，维持组织现状。

二是个体化策略。个体化策略指的是组织倾向于采用个别的、非正式的、变动的、随机的、分离的、赋予的社会化策略，强调个性，鼓励员工主动灵活地学习所需的知识和技能，适应工作环境和角色。

第三节　组织文化的传递

一、故事

故事是指在组织中发生的、体现组织价值观、反映组织情境、经过加工后流传下来的叙事性事件。故事能够引起情感共鸣、传递价值观念，并激发员工的行为和态度。

（一）通过故事引发情感共鸣

通过故事传递组织文化，可以借助情感的力量影响员工的情绪和态度，使其更容易接受和内化组织的价值观。例如，讲述一位在困境中坚持真实诚信的员工的故事，可以激发员工诚实守信的行为，推动组织形成诚信文化。

麦克唐纳公司流传着清洁工约翰逊的故事。这个故事通过讲述约翰逊对清洁工作的极致专注和以客户为中心的态度，让员工感受到自身工作的重要性和对客户的责任感，从而传递并强化了组织文化中关注客户和专注细节的价值观。

（二）通过故事传递价值观念

故事往往以潜移默化的方式，向员工示范组织中期望的行为和决策方式。通过故事传递的价值观念能够帮助员工对组织文化有更深入的理解，并引导其在工作中做出符合组织价值观的选择。

西南航空公司有一个“Nuts”飞行员的故事。该故事描述了一位飞行员在飞机上用一袋松子拯救了一名晕厥幼儿的事。这个故事展示了西南航空对顾客关怀和员工主动性的重视，传递了以客户为中心和积极主动服务的价值观念。

（三）通过故事激发员工行为

故事具有启发性和激励性，能够激发员工的自我认同和动力，引导他们以符合组织价值观的方式行事。故事中的正面角色和行为成为员工的榜样和标杆，激发他们追求卓越和持续改进。

星巴克“第三空间”的故事被广泛用于强调星巴克的社区参与和创造温馨环境的价值观。这个故事讲述了一个顾客在星巴克拥挤的咖啡店中找到了舒适感和归属感的情节，鼓励员工将星巴克打造成一个友善、温馨和便利的“第三空间”，从而促使员工在工作中积极创造愉悦的体验。

二、仪式

仪式可以是一系列的活动、事件或仪式化的行为，用于明确和强化组织的核心价值观和共享信念。这些仪式能让员工在心中树立组织文化的意识，并为他们提供参与和体验组织文化的机会。仪式具有标志性的意义，能够引起员工的重视，并将组织的价值观和信念凸显出来。仪式化的环节通过形式化和庄重的方式将核心价值观植入员工心中，增加了其认同感和记忆效果。仪式在情感层面激发员工的共鸣和参与度。它们能够通过仪式中所表达的情感和情绪，让员工与组织的文化价值产生共鸣，使其更容易接受和内化，并在工作中体现出来。仪式与行为联系紧密，能够使员工认同和模仿组织期望的行为。通过展示和强调仪式中对应的行为范例，员工容易在组织的期望行为和行为规范之间建立联系、达成一致。企业中的以下仪式在组织文化传递中起到非常重要的作用：入职仪式、表彰仪式、周年纪念仪式和团建活动。

（一）入职仪式

入职仪式是新员工加入组织时的重要仪式，旨在传达组织的价值观和期望。入职仪式可以包括致欢迎辞、介绍公司历史和文化、分享核心价值观和成功故事等，以帮助新员工建立对组织文化的认同感和归属感。在亚马逊的入职仪式中，公司会强调其核心价值观之一：以客户为中心。在入职仪式上，新员工将了解公司长期以来如何通过以客户为中心的思维方式追求卓越，并以此指导在工作中如何做出决策。

（二）表彰仪式

表彰仪式是为了表彰员工的出色表现、贡献和符合组织价值观的行为。通过表彰仪式，组织将积极的行为与组织的核心价值观联系起来，展示出组织对这些行为的重视，并激励其他员工向这些标杆行为看齐。谷歌每年颁发的“逆向导师奖”是一项奖励仪式，用来表彰在组织中追求卓越和互相支持的员工。获得该奖项的员工被认为对其他人发挥了积极作用，并展示了谷歌文化中重视共享知识和互相学习的价值观。

（三）周年纪念仪式

纪念仪式是组织庆祝成立或经营一定年份的重要仪式，用于回顾成就、弘扬核心价值观，并鼓励员工继续为组织的使命和愿景努力。这种仪式往往包括晚宴、表彰优秀员工、颁发纪念奖章等。阿里巴巴每年举办的“阿里日”庆典就是周年纪念活动，庆祝公司一年一度的成长和进步。在庆典中，员工聚集在一起，分享成功故事、表彰杰出成绩，并共同庆祝团队的努力和成就。这个仪式强调了阿里巴巴的企业文化和价值观念。

（四）团建活动

团建活动旨在加强团队合作、凝聚共同目标并促进相互理解。这些仪式可以是小组聚会、团队活动或庆典活动，通过共同体验和合作互动，加强员工之间的信任和凝聚力。腾讯有一项特殊的活动叫作“兔蛙跳”，这是一个团队协作和沟通的活动。通过团队成员的协作和默契完成一系列的跳跃动作，这个仪式传递了腾讯文化中重视团队合作、积极互助和创新的价值观。

三、沟通网络

传递组织文化的沟通网络包括内部沟通渠道和外部沟通渠道。内部沟通渠道主要是组织内部的信息传递和交流方式，而外部沟通渠道则是组织与外部利益相关者进行文化传递和沟通的方式。

（一）内部沟通渠道

口头传播是最常见的内部沟通方式，包括会议、讲话、团队讨论、领导讲话等。口头传播能够直接传递组织文化的信息，并通过言语和非言语的方式影响员工的态度和行为。书面传播包括内部邮件、公告、新闻稿、企业文化手册等书面文档的传递。书面传播能够提供详细的信息，并通过文字的方式确保传达的一致性和长期可持续性。电子邮箱曾被用作阿里巴巴内部的书面传播渠道。员工可以将问题、建议、心得等发送给上级。这种书面传播渠道鼓励员工分享和表达意见，促进了组织内部的沟通和文化交流。

（二）外部沟通渠道

通过组织的品牌形象、标志和广告等外部媒体传递组织的文化和价值观。品牌传播能够塑造组织的形象，并向外部利益相关者传递其所倡导的文化。例如，腾讯通过广告和宣传活动，传递了以“连接一切，普惠人类”为核心的品牌价值观。这个品牌传播机制强调了腾讯致力于技术服务社会、造福人类的使命，向外界展示了腾讯的组织文化。此外，组织可以利用社交媒体平台，与外界进行互动和交流，分享组织文化的内涵和氛围。社交媒体能够快速传播信息，并与外部利益相关者进行双向沟通。

案例分析

香驰的诚信文化建设之路

香驰控股有限公司（以下简称香驰）在发展过程中始终坚持“科创香驰、品质香驰”的建设要求，将诚信作为企业文化建设的核心。“人无信不立，事无信不成，商无信不兴”，诚信是香驰人刻在骨子里的担当。也正是因为诚信建设，香驰从一个植物油加工厂，成长为农业产业化重点龙头企业，先后被评为“国家循环经济试点示范单位”“国家环境友好企业”等，无论是消费者、合作伙伴，还是行业内竞争者都对香驰的产品品质赞不绝口。而香驰的诚信建设还要从一名退伍军人——刘连民讲起。

一、以法律为基，浇灌诚信之根

1989—2000 年是香驰发展的第一阶段，是单一大豆初加工发展壮大阶段，是香驰夯实基础和“滚雪球”式发展的时期，也是重重问题亟须突破的阶段。1989 年，香驰的前身——山东省博兴县植物油厂投入建设，但建设初期，工厂面临一系列难题，总结为“三新三缺”，即厂新、设备新、人新，缺技术、缺管理经验、缺人才。虽然设备新，但缺少懂技术的专家，一群“泥腿子”对设备完全不懂；管理者经验不足，退伍回来的刘连民任加工厂厂长及党支部书记，但和他一起调过来的干部都没有相关经验；大部分员工文化水平低，基本是当地剩余劳动力，“大字不识几个”，难以沟通；工厂内部裙带关系突出，形成小团体，集体反抗管理者管制，加重管理困难。因为种种难题，工厂生产效率低下，员工经常闹离职，刚投入生产的工厂面临巨大危机。刘连民上任之初，可谓百废待兴，似乎是专门留给这位老军人或者说新企业家的考验。面对这些问题，刘连民没有放任不管，而是因地制宜，立刻展开工作。

刘连民清晰地意识到，如果不尽快解决工厂存在的问题，寻找到合适的管理办法，工厂随时可能倒闭。刘连民是军人出身，自然有自己的管理之道。工厂刚成立时，各方面资源不足，就连工人也是临时抽调了部分村民组成的，大多数人没有组织观念和纪律意识，这时实行军事化管理恰到好处。想到这里，军人的纪律意识和管理观念涌上心头，刘连民立刻下定决心，将自己在部队的管理办法应用到工厂实际情况中，着力整改厂内风气，并由此创立“8 章 77 条”，这也是香驰诚信文化的起源。

针对工厂存在的各项问题，刘连民以员工为切入点，从各方面提高员工素质，从而保障工作质量。

在技术培训方面，刘连民委托各地的兄弟厂家和大中专院校，培训出 40 多名技术骨干，邀请专家来厂内讲课。半年时间，工厂所产的植物油达到国家一级标准。刘连民不断强调“严、细、实”的质量管理理念，要求员工必须一丝不苟地完成所有工作。

在员工管理方面，刘连民使用“单元式工作法”、“自检台”工作法、量化式管理法等管理办法，通过严格的管理提高员工的工作效率。“单元式工作法”是指根据具体工作，将八小时工作时间分解为若干单元，规定每个单元内的详细工作标准和操作规程，由班长、车间主任和科长负责考核，考核结果与工资奖金挂钩。“自检台”工作法是在工厂内设立“自检台”，员工若违反工厂某一制度规定便自觉在自检台进行罚站。量化式管理法打破“铁饭碗”的思想，列出各个车间的工作计划并按照完成情况给不同的考评结果，职工岗位实施动态化变更。这些管理办法的施行，是香驰结合诚信要求，进行商业模式创新的内部改革，这些措施使员工增强了时间意识、执行意识和竞争意识，极大地调动了员工的工作积极性，也使员工在工作上遵守“严、细、实”的质量生产要求。

在员工教育方面，刘连民采用“净化意识”教育法、开设扫盲班。“净化意识”教育法是刘连民到海尔进行参观、学习，回到香驰后，立刻实行新的规章制度。员工上班前要站整整齐齐的队伍，由班长带头背诵《职工上岗守则》，在看板墙上写“共同协商、互相理解、实事求是、人人敬仰”等醒目标语。此外，员工需要记住八句话56个字。每天上班之前，刘连民都要强调这八句话，这样做一方面是为了消除员工在家中及上班路上的胡思乱想，帮助员工立即进入状态，另一方面是为了培养员工的纪律意识与组织意识。通过军事化管理，员工的思想道德素质有所提升，偷奸耍滑现象明显减少。刘连民亲自进行扫盲教育，教他们读书写字并每周进行考核，检验成果。厂内开设扫盲班，每天教学几个字，一周一考试，考试成绩和工资奖金挂钩，通过学习，员工的文化素质得到提升，个人成长与工作结合起来。

在严格执行各项规章制度后，员工的组织观念、纪律意识逐渐形成体系，香驰内部管理逐渐标准化、系统化，刘连民随后开始巩固企业的法律观念与诚信意识，结合各项管理制度构建自身独特的法律诚信体系。企业的各项基础制度建设均以法律为准绳，在法律基础上设立企业管理制度、运营制度、销售制度等；企业各项活动都满足法律这一基本底线，包括经济法、劳动法、食品健康等相关法律。正是以法律为底，遵守法纪法规，香驰才能正常开展盈利活动，获得收益。

在内部管理方面，香驰建立劳动诚信意识。首先，企业投资者和领导班子成员带头遵纪守法、诚实守信，做到不贪污、不腐败。其次，香驰建立健全劳动关系保障机制，各项福利待遇及薪资发放都依据劳动法等法律进行规范和执行，切实保障员工利益。工厂内各项设备都符合法律要求，以保障员工工作环境的安全和卫生，还为员工建设宿舍、浴池、餐厅等基础设施，为员工提供福利。最后，香驰的领导层在日常生活中也积极关注员工心理健康，节假日到员工家内交流感情，调节家庭矛盾等，增强与员工的情感交流。刘连民说，老百姓的事情就要用老百姓的方法解决。员工犯错，刘连民会叫上三五好友去员工家里喝酒，该说的话在推杯换盏中便都交代了，员工也容易接受，在一杯杯酒里，员工的诚信意识也慢慢树立起来。

在对外交易方面，香驰建立质量诚信意识。香驰在进行日常生产过程中，根据产品相关的法律要求进行生产，包括食品安全、设备安全、防火等相关法律。香驰初期实施标准化管理，制定管理制度 8 章 77 条，坚持“扩大—巩固—再扩大—再巩固”的模式，产能逐渐提高，其单一产业的日加工能力由 50 吨增长到 3000 吨。香驰推行军事化管理方法，举行“双增双节、两提三降、技术革新”等挖潜增效活动，形成了“严、细、实”的管理文化，促进了产品质量的提升。产能的提高也并未让香驰忽视法律规范。香驰在经营管理过程中注重遵守诚信，依法进行各项运营、管理，合法合规地与供应商、消费者进行交易。严格拟定并遵守合同协议，保证产品质量安全，杜绝降低产品质量标准、不公平竞争、欺诈等不良行为；在处理商品交换关系时，把诚信和商品经济法则结合起来；在与合作商进行交易时，一直坚持保质保量，诚信交易，获得合作商的认可和赞扬。这些举措使香驰的名声在东北传播开来，香驰的东北市场得以打开。

二、以合作为径，培育诚信之干

2000 年，博兴县企业改革工作领导小组将植物油厂列为改制企业，将单一投资主体的国有企业植物油厂，改制为国有股份、企业内部干部职工股份和其他股份共同组成的山东香驰粮油有限公司。2003 年，国有股份退出，香驰粮油有限公司成为完全意义的民有民营市场主体。

成为民营企业的香驰先后建设成立香驰豆业蛋白科技公司、香驰健源生物科技有限公司、山东省博兴县洁源环保有限公司等。随着企业规模的扩大，2011 年，香驰进行二次改制，调整内部股权结构，建立了以资本运营为主题的控股公司为母公司、以实体经营公司为子公司的母子公司体制。

香驰规模逐渐扩大，员工数量增加，员工质量提高。此时企业形成延伸链条、产业集聚，构建循环经济，大豆、玉米与配套产业融合发展，实现产品多元化；与外部利益相关者构成合作网络，不断加固交易链条。香驰对内注重提高员工福利和奖金，对外注重提高产品和服务质量，维系与顾客的感情。

刘连民从香驰成立之初就注重员工的福利待遇和基础设施建设，从饭菜质量、花色品种到餐厅规模、用餐环境装修，处处体现出对员工的关怀，前后共投资近 600 万元用于餐厅的装修、设备采购等，保障员工“吃得舒心”。刘连民认为，员工为企业工作，企业就必须提供给员工足够的归属感。香驰还为员工建立住宅区，先后建立植物油厂住宅区、粮油三公司住宅区、粮油一公司住宅区和天苑小区、香驰正苑小区，并为公司员工购房提供住房贷款折扣、每平方米600～700元的优惠等各项购房优惠政策。除此之外，刘连民还非常注重员工的各项保险、公积金等，按照上级确定的年度缴费标准确定缴费基数，按时为员工提交养老保险、医疗保险、工伤保险、失业保险、生育保险等各项保险金。因为工作性质，香驰属于一级防火单位，刘连民强调工作服必须用高质量的材料，所有隔离衣的颜色、款式都根据员工需求进行定期更改，夏装和秋装各两套，在保障员工安全工作的同时，尽可能地满足员工对美的追求。

在香驰曾发生过这样一个故事：王明军是香驰的一位普通员工，一个偶然的机会，他查出患有白血病，但家庭困难，难以支撑高额的治疗费用。香驰得知此事后，刘连民等主要领导多次到医院鼓励他战胜病魔，且前后为其解决医疗费用32.5万元，并组织全体干部捐款4万多元。这个故事充分展现出香驰对员工的关怀和诚信负责。

香驰对员工的诚信体现在员工生活的方方面面。香驰为每位员工建立健康档案，定期进行体检，关心员工身体健康。对女职工进行劳动保护，每年三八妇女节都会给女职工发放节日礼物；不给女职工安排不适合的岗位，且保障其产假及流产休假等；每年会拿出数万元用以保障女职工身体健康。香驰保障病假、婚假及各项法定节假日，并且会为员工建立困难职工电子档案，每人每年发放800元，如果有重大疾病，还可以向公司申请疾病救济费。

香驰力争把企业变成员工的第二个“家”，除了基础保障和健康关怀，香驰对员工的人文关怀还体现在生活中的许多细节里。

刘连民非常注重员工的精神需求，定期带员工和中高层领导世界各地旅游，提高员工的审美情趣；获得旅游奖励的员工工作更加努力，对公司更加认可。这种精神奖励体现出公司浓厚的人文关怀，同时实现公司与员工的双赢。此外，香驰非常注重“孝”文化，在人才任用和日常考核方面都注重员工的个人品行。公司管理层会在春节期间到员工家里慰问老人；且香驰曾邀请国家二级心理咨询师张玉凤为女职工授课，为员工教授家庭关系和亲子关系构建问题。在外地员工生日当天，香驰还会为其订购生日蛋糕，给予每位员工充足的重视和关怀。在这种环境下，员工对公司的归属感越发强烈，自觉与公司的诚信文化相结合，成为公司“家”的一员。

香驰的企业LOGO非常有考究，标志的设计精髓取材于周易《乾》文言中的“终日乾坤，与时偕行”，寓意香驰人夜以继日、自强不息、创新不止的精神；在图形结构上，融合中国传统文化中天圆地方的哲学思想，主体由蓝天和绿地组成，层层叠加，形成谷仓的造型，寓意香驰的生态、绿色、健康事业将取得丰硕成果。香驰不断对外做出承诺，不断提高产品质量和服务质量的标准，满足利益相关者的需要。香驰将“严、细、实”的管理理念渗透到生产经营的各个环节，建立起稳定可靠的质量保证体系，并培养出一支业务精、责任心强的员工队伍。2006年至2012年，香驰陆续出台合同管理、客户信用管理等规定。根据业务需要和市场变化情况多次修订和调整，使营销管理规定和制度趋于完善。不断优化的管理规定和营销制度，使企业对利益相关者的服务标准逐渐提高，香驰也对利益相关者进行筛选，促进了企业现代化交易网络的形成。

香驰及其利益相关者在交易过程中，将经济诚信作为核心要求，参与者与核心企业共同守住高标准、高要求的经济诚信，严格遵守各项合同制度。香驰的经营理念就是“诚信开拓市场，质量创造品牌”，在此基础上研发各项产品，提高产品质量和服务规范。经济诚信让香驰树立了良好口碑，与利益相关者的合作不断加深，促进海内外市场的打开。香驰在与利益相关者进行经济往来的过程中，逐渐形成交易网络，对外的利益相关者数量逐渐增多，基础产业配套发展的循环经济框架基本形成。随着业务范围不断扩大，海内外市场逐渐开拓，截至2014年，香驰与十几家国际供应商建立起良好的合作关系。

香驰深化与可口可乐、汤臣倍健、日本不二等客户的战略合作，执行可口可乐国际化标准要求，提升公司内部制度化、流程化、标准化管理水平；学习日本不二的精细化管理理念和标准要求，借鉴汤臣倍健的信息化和智能化生产管理，进一步提升生产管控和运行效率；通过与荷兰帕克的战略合作，借助其先进工艺技术，实现洁源环保运营能力的全面提升。

香驰借鉴日本不二的先进分离蛋白生产工艺，投资建设2万吨功能型分离蛋白清洁生产项目，产品定位欧美和日本高端市场，应用于特医食品、婴幼儿食品等高端领域。自2016年以来，该项目利润由1000万元增至8500余万元，呈现几何式增长。香驰签下五谷公司，抓住非转基因豆油消费趋势，积极转变营销策略，发挥公司东北大豆种植基地优势，经营业绩实现新突破。

三、以责任为领，孕育诚信之果

香驰调整结构、优化升级，在新的经济发展周期内，确立“质量与速度”并举的发展理念，实施优势项目战略扩张，优化结构和调整布局，着力提高持续发展能力，与利益相关者在共同的价值主张下构建产业生态，以产业互联丰富循环经济内涵。香驰的员工数量平稳增加，员工结构进一步优化，高素质人才比例增加，且注重技术创新。香驰与其他参与者围绕共同的价值主张，构建产业生态系统，对内提高员工幸福度，注重团体学习和员工个人发展；对外围绕共同价值主张，注重绿色健康发展，注重承担社会责任。

香驰大豆深加工循环利用，以大豆为原料加工生产低温粕、高温粕和毛油。通过低温豆粕生产组织蛋白和分离蛋白，减少乳清水的COD（化学需氧量）含量，降低污水处理成本。通过技术研发，利用豆渣生产膳食纤维，提高产品附加值，将生产出的各种材料用于二次生产。香驰的主要产业皆实现原料循环、副产品及废弃物循环、水循环三重循环体系，提高资源利用效率，减少污染，且废水全部通过污水处理站，处理达标后再排放。

香驰引进国外先进技术，建立污水处理站，实现废水的全部达标排放和利用，且在废水处理过程中产生的污泥，通过外售或加工制造有机肥进行再利用。污水处理既提高资源利用效率，实现生产环节的加工循环体系，也符合“绿水青山就是金山银山”的理念，保护大自然的生态系统，这是香驰探寻经济发展与自然和谐相处的绿色发展之路的重要举措。

香驰非常注重科研工作，截至2020年取得各种成果及荣誉42项，申请专利25项，取得专利授权14项，其中发明专利2项，实用新型专利13项。其中包括“低厌氧处理耗减消耗工艺”“大豆分离蛋白乳清浓缩回收装置”等，为提高行业内原料利用效率和粮食产品质量提供了技术保障。香驰内部非常注重员工的创新能力，对课题项目的成绩突出者给予1000～5000元奖励，对提出合理建议的员工给予年效益2%的奖励，对于基础管理有创新性突破或成绩突出者奖励500～1000元等，各项奖励政策完备，极大激发了香驰人主动探寻创新工作的积极性和主动性。

四、以文化为动力，走向崭新未来

香驰承载着刘连民的“家国梦”，映照着刘连民担负起的责任，还有香驰上千位员工的未来，以及国家粮油产业的发展之路。香驰始终坚持与蓝天碧水共同发展，环保产业走在全国粮食加工行业前列，真正践行了“绿水青山就是金山银山”的环保理念。

香驰一路披荆斩棘，砥砺前行，是创业者们的拼搏奋斗、求实创新的工作作风，使香驰从无到有、由小到大、从弱变强。在艰苦奋斗的30多年里，香驰管理人员和职工始终坚守“诚信和善，与时偕行”的核心价值观，坚持“求实创新，团结奋进”

的企业精神，躬身践行香驰“家”文化。面临着新的市场环境、新的发展机遇和挑战，在新的发展征程中，践行诚信文化的香驰赋予企业文化符合新时代发展的新内涵，真正实现“企业有担当，客户有价值，产品有品质，员工有成长”。

站在未来思考并审视现在，香驰将坚定“领先一步”战略发展定位不动摇，以“科创香驰、品质香驰”建设为主线，坚持“稳中求进”发展总基调，围绕大豆、玉米精深加工两大主业，构建“经营、生产、研发”三大中心，推动“粮食加工”向“食品生产”转型，“精深加工”向“品牌建设”升级，全面深化改革，创新驱动发展，为人类营养健康事业奉献使命担当，为实现美好生活贡献积极力量。

分析思考

（1）香驰的诚信文化是怎么形成的？创始人在其中发挥了什么作用？

（2）香驰是如何构建企业文化的？

（3）你对香驰诚信文化的建设有何建议？

第八章　组织变革

组织变革是指组织的自我更新和开发，它是组织应对外部环境变化的产物，将外部压力转化为组织内部的应变力及解决问题能力，以改善组织效能。在人力资源方面，它能推动员工积极参与，提升成员的激励水平，提高士气和满意度。在当今百年未有之大变局的背景下，组织变革对企业来说是必然趋势。变革成功，会使企业发展迈上新的台阶，但如果失败，会加速企业衰落或倒闭，因此有句话形容组织变革的怪圈："改革是找死，不改是等死"。当然，也有许多企业因变革得当获得成功。只要涉及变革，就会上演冲突和矛盾、"冷战"和"热战"。原因其实大同小异，都可以回到一个根源：变革的方式是由领导驱动，而不是管理推动。管理的目的是确保组织系统的正常运转，领导的目的是带领组织创造性地适应环境的重大变化，是以愿景为中心，动员、激励人们克服困难，实现目标。

第一节　组织变革的动力与阻力

一、组织变革的动力

组织是存在于社会环境中的经济单元，大部分组织都是一个开放的系统，它的生存和发展的前提必须是适应环境。换言之，组织经营活动的输入和输出要符合环境的要求。比如要符合环保政策要求、产业政策要求、客户的要求等。外部环境是动态的，唯一不变的就是变化。环境的有些变化对企业来说是机遇大于挑战，有些是挑战大于机遇，不管是哪种变化，企业必须应对，做出一些变革来适应环境的要求。外部变化常见的主要驱动因素如下。

（一）产业政策

各个国家都会根据社会发展趋势或变化不断制定和推出各种产业政策。比如面对地球环境的变化，推出的各种绿色产业发展政策，推动相关企业进行变革，比如“双碳”政策的出台，加快了新能源相关产业的发展，传统车企纷纷进入了新能源汽车行业。

（二）政治和法律

政治对组织的生存发展有着深刻的影响，政局稳定、法律稳定，都会营造一个稳定的社会环境，一般这种情况下推动组织进行温和的变革多一些；如果政局不稳，甚至发生战争，就会给组织带来巨大的生存威胁；当法律政策发生改变之后，组织也必须做出相应的变革，否则会对企业产生不同程度的影响，比如尾气排放政策的改变，推动交通运输设备升级换代，如果达不到排放标准将导致强制退市。

（三）社会变化

社会风俗、习惯、伦理等因素也会影响组织变革。如果是一个崇尚进步、创新、变化的社会，那么会有利于组织的变革；反之，如果是一个求稳、追求安逸的社会，那么变革的阻力就会较大。比如中国改革开放以后，社会环境发生了较大的变化，强烈刺激和推动了各种经济组织的变革，产生了很多知名的创新型企业，也为社会发展做出了贡献。

（四）人口变化

人口的增长极大地影响了社会经济的发展。人口增长停滞甚至下降，进入老龄化社会，会对很多行业的企业产生巨大影响。比如中国近些年人口增速明显下降，甚至呈负增长，这对房地产行业、交通运输行业、教育行业、科技行业等发展影响深远。

（五）技术创新

技术创新对企业变革产生深远的影响。历次的工业革命都是技术革命，对社会进步、企业组织的变化影响巨大。比如芯片技术的不断迭代和突破，推动了人工智能的快速发展，目前已应用到很多场景中，ChatGPT、算力成为当下最热的领域，算力创造了很多产品应用场景，比如智慧医疗、智慧运维、智慧交通、智慧小区、智慧生产、无人驾驶等，深刻地影响了企业的运营模式和组织管理。

二、组织变革的阻力

大量的变革实践表明，绝大多数的组织变革都不会是一帆风顺的，变革过程中都会面临来自各方相关利益者的阻挠。管理学家罗宾斯将变革阻力分成个体阻力和组织阻力。

（一）个体阻力

组织变革多数情况下将会产生利益的重新分配或较大影响原先的利益相关者的权益，对一部分人是利益增加，对另外一部分人则是利益受损，因此那些利益受损的人必然会阻挠变革的进程。常见的个体阻力表现在习惯、经济利益、安全、对未来的恐惧等方面。

1. 习惯

每个人在成长过程中会形成各种生活习惯，进入职场工作后，也会形成一些工作习惯。行为学家经过观察发现，一个人如果重复21次相同行为后，就会形成习惯。一旦形成习惯，如果要改变，必然会带来某种不适，进而本能地产生抵制。比如在工作中对有一定自由度的工作比较习惯，如果换了工作场景，每个工作必须严格按照标准去操作，就会不习惯、不舒服，会找各种理由不按照工作标准去操作。习惯了在较为热闹的环境中工作，如果换到安静的环境中工作，会感到孤独和紧张；习惯了在人际关系比较简单的职场中工作，如果换到尔虞我诈、钩心斗角的氛围中，就会感到非常不适应、非常疲劳，会努力跳出这种氛围和环境。但有的个体喜欢自我超越，在关键时刻能做出跳出已习惯的舒适圈的决策，进入一个非常有挑战性的工作环境中。组织变革要求员工改变以往形成的思维定式和各种工作习惯来适应变革，因此如果员工不能顺利改变，将会对组织变革形成较大的阻力。

2. 经济利益

每个人都关心自己的切身利益，并且乐于接受能增加自己利益的安排，这符合人的天然本性。进入职场中工作的个体，相当一部分的经济利益是从职场中获得的，如果所在组织变革触及了利益调整，而这种调整是减少某类个体的利益，那变革必然会受到阻挠。任何一种组织变革不会使全部个体都受益，而是使一些个体收益增加，一些个体收益减少，减少的这些个体会形成强阻力，甚至使变革失败。比如发生罢工、消极怠工、离职、向上级申诉等。

3. 安全

组织变革就是打破过去的某种平衡状态，谋求新的平衡。在这个过程中，必然会影响到个体。比如当下很多企业实施的干部能上能下、人员能进能出、薪酬可高可低三项制度变革，必然会打破已形成的工作安全感，对于能力强、乐于进取、业绩水平高的员工来讲，接受这种变革，能为自己带来更多的发展机会，但对于业务能力一般的员工来说，就会形成危机感，他们会成为反对变革的主力。工作安全、财产安全、生命安全，这些都是每个人本能的需求，企业满足不了这种需求，往往会使人感到非常恐惧，但如果满足后，人就会习惯这种需求的满足，一旦组织变革又要打破这种习惯，往往初期会受到极大的干扰。

4. 对未来的恐惧

组织变革有成功，也有失败。因此变革初期，处在变革中的人们往往对未来的状态是未知的、不确定的。一些员工心里就会权衡利弊，如果察觉到弊大于利，就会在行为上表现出反对变革。比如有的企业在变革初期引发员工的离职潮，没有充分与员工进行变革沟通，大家对这种变革成败预期感到渺茫，员工心里便会对未来感到恐惧。

（二）组织阻力

组织阻力也是多样的，比如有来自非正式群体（利益集团）的阻力，也有来自正式的某个层级的组织阻力，主要有以下几个方面。

1. 组织结构惯性

在一定时期内，每个组织由于专业化分工、对客户需求快速响应的重视、落实岗位责任等原因，都会设计和固化一套组织结构模式。运行一段时间后，上下级关系、职责分工关系、工作流程关系、工作角色等都会形成一个相对固定的模式。比如通过设计部门职责说明书、岗位职责说明书、流程作业指导书、标准作业指导书等，把合适的人配置到合适的部门、岗位上，再通过设计组织目标驱动业务流程和标准作业，使组织顺利运转，进而形成组织结构惯性。如果某次变革要调整这种已经运转的组织结构，一开始如果设计不缜密，会出现各种问题和漏洞，使变革看起来无效或出现负的绩效，那就会迫使变革者恢复原来的模式。复杂的组织结构往往牵一发而动全身，如果处理不好，旧的平衡被打破，而新的平衡没有建立起来，引起组织运转混乱，这又会产生恢复原状的动力倾向，这种动力倾向就是组织结构惯性发挥出来的表现。

2. 有限的变革点

大部分组织变革不是全方位的变革场景，往往是针对某个领域或某个维度，比如薪酬管理变革、绩效系统变革、质量管理变革、生产运营模式变革、业务结构变革、供应链管理变革等，但组织是一个环环相扣的系统，某一个子系统的变革，必然会影响到其他子系统的运转。因此很多单个子系统变革的阻力来源于其他子系统不能配合和协同。配合不到位、协同不到位，往往就成为某一子系统变革成功的最大阻力，比如市场部门要进行提升响应客户需求的变革，必然要求技术部门、人力资源的绩效管理、生产运营系统的协同配合，甚至要进行研发流程、绩效管理的变革，如果这些部门变革不到位，必然会导致提升响应客户需求不能实现。

（三）群体惯性

一个组织中不仅有正式组织，如各部门、各班组、各子公司，还有在正式组织运转中形成的很多个非正式群体。这些不同性质的群体在处理业务和管理中就会形成一些不同的习惯，比如存在于不同组织的群体规范。群体规范是群体中的成员们在长期的共事中约定俗成的，希望大家共同遵守的行为准则和模式。对违反者将予以排斥、孤立、抵制、打击；惯性极大，一旦形成，难以更改。

组织变革必然会触及这些群体规范，自然来自群体惯性的阻力非常大。比如一项改革，如果触动了组织中某利益群体的利益，触动了某群体的规范，就会受到激烈的阻挠。有些变革过程经常出现“雷声大、雨点小”的现象，最后不了了之，导致变革失败，就是受到了一些利益群体的阻挠，这种事例也非常多。

（四）对专业知识的威胁

现在很多组织变革借助信息化技术展开，有的企业变革比较成功，但也有不少失败案例，很多信息系统没发挥作用，系统使用流于形式。为什么会这样？其中一个原因是对专业知识构成了威胁。组织中总有一些岗位上的一些人掌握了某些工作的技术诀窍或专业知识，而这些信息系统的上线，就要使这些诀窍和客户关系进入系统管理，成为企业的共有知识或显性化资产，掌握这些专业知识的群体或部门为保障自己在企业中的利益会极力反对，使信息系统不能发挥作用。

（五）对已有权力关系的威胁

任何一种组织变革，其结果必然是权力和利益的再分配，如果变革中部门或群体的权力变大，一般没有阻力，但如果变革需要削减权力，那么就会对原来掌握这些权力的人形成较大的威胁，这些部门或群体自然就会反对、阻碍或进行破坏，在组织内部会引发各种权力斗争，形成严重的内耗。

（六）对已有资源分配的威胁

任何一个组织，不仅有目标，还有支撑实现目标的制度、流程及资源配置。好的制度和流程，如果没有匹配的资源，就会起不了应有的作用，因此资源分配和配置非常重要。在企业组织运转中，都会形成一些资源配置的制度和标准，如 BOM（Bill of Material，物料清单）管理、各种预算定额、定价机制等，这种资源配置往往也是某些部门或群体获得利益的重要保障。因此在组织变革中，也会涉及资源分配或配置方面的改革，这就对已有的资源分配模式构成威胁和挑战，同样也会受到相关利益群体的反对和干扰，进而影响变革的顺利进行。

三、如何化解组织变革阻力

变革推动者在推动组织变革中通常采取以下策略化解或降低变革的阻力。

（一）亲自示范

变革推动者通常会设计变革方案，并选择一个部门或领域进行变革方案试点，在试点过程中观察方案的可行性和可操作性，并进一步完善方案，形成操作模板，然后在各部门进行示范培训，让组织中的人员理解变革方案的原理、变革的步骤、变革的方法、变革中遇到的瓶颈问题及解决方案、变革后带来的效果，打消员工的畏惧心理。变革推动者亲自示范，亲自推动，也是有效变革的重要特征。

（二）参与变革

变革的推动者为了变革的顺利推进，力求将变革方案设计得合理和科学，以及可操作性强，同时调动员工的积极性，通常会让各部门员工参与到变革方案设计中来。各部门参与到变革方案的设计、讨论过程中，也鼓励提出不同意见优化方案。往往在这种情况下，由于变革的方案是吸收了广大员工、各部门的意见后产生的，因此在实施中的阻力会比较小，方案的可操作性增强。

（三）培训与支持

组织变革方案往往在否定过去模式的基础上设计而成，因此在实施过程中要求员工在观念、态度、习惯、能力上有改变才能适应变革的推进，因此需要变革推动者经常举行各种相关的专业培训、案例分享、沙盘推演等活动来提升员工的各项能力，改变员工的态度，从而获得员工的支持，减小变革方案推进的阻力。

（四）谈判

变革方案有时会涉及资源分配方式的改变、权力的调整，比如部门的整合、某些岗位的消失等，为获取相关部门和人员的支持，解决变革阻力问题，有时也会采取谈判的方式，比如变革中需要一些公司的元老退居二线，为年富力强、支持改革的新人让位，给这些创业元老提供股权激励、某种待遇或荣誉等，使这些人顺利离开权力岗位，从而达到减少变革阻力的目的。

（五）强制执行

这种策略是变革推动者通过行使手中的权力，直接打压来自个体和某些群体的反对意见及干扰，通过强力推进变革方案落地，扫清变革路上的障碍。比如在某些组织变革中，变革推动者提出不换思想就换人的原则要求，应用解雇、降薪、不予提拔、消极的绩效评价手段打压反对者，从而达到降低阻力的目的。

第二节　组织变革的类型

根据组织变革聚焦的重点不同，可以分为结构变革、技术变革、物理环境变革和人员变革。按照变革的规模大小，可以分为微观变革、中观变革和宏观变革。按照变革的连续性和激烈程度，可以分为连续性渐进变革和非连续性休克疗法变革。本节主要介绍第一种变革。

一、结构变革

结构变革，主要是治理结构和管理结构的调整和优化，涉及权力关系、协调机制、工作的再设计及其他类似的结构变量的改变。比如对组织结构进行优化设计，包括组织层级、部门职责、岗位职责再设计等。结构变革要满足组织战略的要求。大部分组织每年都会不同程度地进行结构变革，以适应快速变化的环境。一些企业为了促进责任到位和激励到位，在内部实施市场化改革，上下级之间、部门之间、上下游工序之间由原来的行政管理关系转变成以订单为纽带、自行调节的市场链关系，一个外部市场订单分解成多个内部订单，比如原辅料采购订单、制造加工订单、产品研发订单、员工培训订单、招聘订单等，这种变革也是结构变革，改变的是部门之间、上下级之间的关系。

二、技术变革

技术变革主要涉及工作过程、方法及所需的设备的调整，包括流程优化、标准作业优化、设备优化和更新、自动化生产、信息化系统平台固化等。目前很多企业开展的数字化转型、智能制造、智能运维等，就是技术变革的体现。

三、物理环境变革

物理环境的变革是指工作场所的位置、空间布局安排的改变。比如在线远程办公变革、U 型生产线布局、开放的办公区域、空间温度、噪声、色彩的控制等。

四、人员变革

人员变革主要是指招聘、培训、薪酬、绩效、劳动关系、职业生涯管理等方面的变革，人员变革涉及用工方式、技能、期望、观念、态度、晋升、培训、绩效管理的改变等。

第三节　组织变革的过程

一、勒温的三步骤模型

美国管理心理学家科特·勒温（Kurt Lewin）认为成功的组织变革应该遵循以下三个步骤。

（一）解冻

解冻是个比喻说法，就像从冰箱里拿出冷冻的肉要做菜肴，需要解冻后才能用刀切，才能加工一样。企业的解冻，就是重新审视组织现状，了解组织固有的旧观念、架构、制度、流程的利弊，以及变革可能面临的困难和阻力，做好变革前的准备工作。通常的方式是系统地调研现状，进行诊断，识别关键问题及成因分析、变革可能面临的重重阻力。

（二）变革

经历组织解冻后，接下来就要设计变革方案并实施，这个过程也不是一蹴而就的，往往要对方案设计的每一部分进行详细的论证、完善，然后试点和试套方案，成功后就可以全面实施，直到实现预期的变革目标。

（三）再冻结

一旦变革落地，效果显现，就需要把变革成果进行固化，比如通过制定新的制度、流程、机制及信息化系统固化下来，使之能够得到持续落地执行，这个过程称之为再冻结。如果缺失这一过程，那么变革的方案往往会随着时间的流逝而走样，最后不了了之，达不到预期的效果，同时也为一开始就持反对态度的反对者落下了口舌，增加了变革的负面心理影响，这为以后再次变革留下了阴影和潜在的更大阻力。

二、唐纳利的八步骤模型

美国管理学家小詹姆斯·唐纳利于 1978 年在《管理学原理》一书中提出了一种组织变革的模式。唐纳利的组织变革模式分为八个步骤。

（1）确定变革力量（主要包括外部力量和内部力量）。

（2）明确进行变革的要求。

（3）分析、判断变革问题。

（4）思考组织发展的方法和战略。

（5）分析和识别限制条件或短板。

（6）选择方法和战略。

（7）实施计划。

（8）评价计划。

如图 8-1 所示，组织的变革者在实施变革计划时都会考虑到这些步骤，当管理者能够清楚地采取每一个相互连接的步骤时，改革成功的机会就会增加。

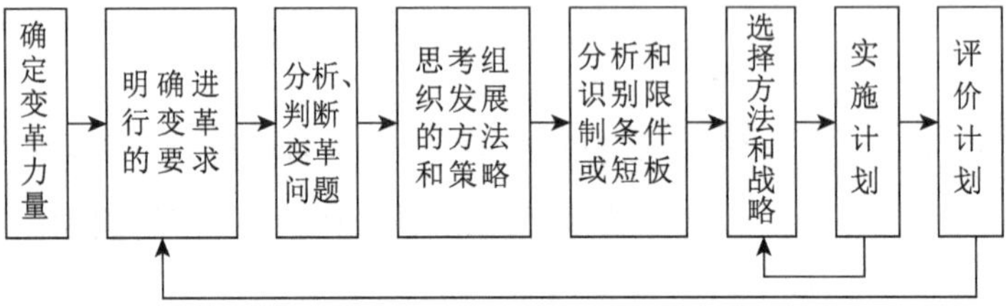

图 8-1　唐纳利的组织变革模型

三、科特的组织变革八步骤模型

哈佛大学商学院终身教授约翰·科特在其《领导变革》一书中提出领导变革的八步骤模型，该书被《时代》杂志评为最有影响力的 25 本管理图书之一。科特认为，只要深入理解组织为什么会抵制变革，就能采取相应的步骤来克服这种惰性。成功的变革都表现出两种模式：一是通常需要多个步骤来积累足够的势能，用来克服原来的惯性；二是只有在出色的领导下，才能有效实施变革。其中最重要的就是维持良性的内部关系，营造友好信任的氛围。为此，科特提出了以下环环相扣的八个步骤。

（一）产生紧迫感

组织经营危机问题已迫在眉睫，可是大家却无动于衷，为什么呢？原来是过去的辉煌经历早已使人习惯了的舒适圈，使组织滋生了自满情绪。在这种情况下，大部分的改革措施都发挥不了作用，除非能够激发起危机感和紧迫感。紧迫感该怎么产生呢？有两个办法：一个是“走出去”，一个是找差距。

“走出去”，就是要到客户和供应商那里去听听他们的真实想法，看看市场正在发生的变化。而找差距，主要是做各种比较，与竞争对手比，与客户的期望比，与巅峰时的自己比，与行业均值比，可以创造出足够大的心理落差，激发大家的斗志。

（二）组建领导团队

领导团队需要四类人，可以称为“四有人才”，也就是：有权、有才、有德、有力。有权的人通常是关键人物，可以消除变革的阻力；有才，特别是有专业特长的人能够提供各种信息、专业意见，帮助领导者做出正确的决策；有德是指有良好信誉和口碑的人，可以影响到怀疑和观望的人群；有力是指领导力，尤其是经验丰富的领导人，有助于推进改革进程。把人聚集到一起，不等于形成了团队，形成团队还需要两个基础条件：一个是相互信任的关系，另一个是拥有共同目标。优衣库创始人柳井正在他的著作《经营者养成笔记》中提出经营者必须具备四种能力：变革的能力、赚钱的能力、建设团队的能力、追求理想的能力。其中，每一种能力对应一种身份，即：变革的能力——创新者；赚钱的能力——生意人；建设团队的能力——领导者；追求理想的能力——为使命而生的人。

（三）设计愿景战略

科特说，愿景是一幅描绘组织未来的画面，明确地解释了应该为这样的未来努力的理由。清晰而且得到广泛认同的愿景，可以让所有人停止纷争。但实际情况比较复杂。很多公司并不缺少愿景规划，但是没有什么用。这引出了一个重要问题：什么样的愿景才是有效的？

第一，愿景应该是可想象的、容易解释的。让愿景变得有效的一个简单方式，就是五分钟内能够说清楚愿景跟他们的关系。

第二，愿景应该是值得做的、可行的。有效的愿景，除了描绘长期蓝图，还要设定里程碑，也就是阶段性的目标。

第三，愿景需要足够聚焦，还要有一定的灵活性。聚焦可以告诉人们该做什么、不该做什么，有所为、有所不为，能够跟上环境的变化。

（四）沟通变革愿景

只有被公司绝大多数人理解和认同的愿景，才会释放巨大力量。从沟通角度看，应该围绕三个控制点采取有力行动。

第一个控制点是沟通内容，简单、形象化的内容更容易传播。第二个控制点是沟通方式。最高效的沟通方式是重复再重复。第三个控制点是以身作则。行动是愿景落地最有力的证明。

（五）授权赋能

授权赋能因其与自主管理的高度适配性，成了普遍认可的管理发展趋势。员工在企业中通过正式权力和非正式权力两种途径获得授权赋能。怎么扫除组织障碍呢？一般来说，需要以授权为目标做三件事，分别是调结构、转制度、练本领。

第一，调结构。组织结构的本质是权力的配置系统，包括决策权、用人权、分配权。对结构进行调整，就是重新分配权力。第二，转制度。重点是人力资源制度。第三，练本领。新的目标、岗位、业务，需要新的能力。公司必须提供合适的、持续的培训，帮助管理者和员工获得新的知识和技能。

（六）积累短期胜利

短期胜利的效果是巨大的，它会让所有人相信为愿景付出是值得的、有效的，从而激励更多的人参与其中。那么，如何取得短期胜利呢？需要认真对短期胜利做系统规划，以成果为中心，贯彻“五有”计划：有目标、有进度、有措施、有责任人、有评价。通过强有力的管理，确保行动取得实际成果。

（七）促进变革深入

日益激烈的竞争环境，驱动部门之间增强协同能力。比如建立以顾客为中心的组织，要求各个流程、各个部门必须以更快的速度、更低的成本、更紧密的协作来满足客户需求。

这样的大趋势意味着变革绝不是局部的改造，而是“革组织系统的命”。一项改革措施根本没有用，可能要同时推进 20 项行动才有用。那么，该如何做到同时运作许多个项目呢？科特认为需要两个条件：第一，高管负责总体领导工作；第二，尽可能把管理权下放。

（八）将成果融入公司文化

企业文化指公司的行为规范和共同价值观。如果公司文化与变革愿景不协调，就会让变革倒退。那么，如何破除文化的阻碍呢？约翰·科特的回答简单明确：升级公司文化。

塑造新文化需要满足两个条件：第一，要尊重文化的延续性，将好的基因和价值观保留下来；第二，只有成功地改变行为，并且产生实际绩效，人们才会相信行动改变是有益的，从而体会到行动背后的文化力量。

四、行动研究中的五步骤模型

行动研究是指一种变革的过程，这种过程首先系统地收集信息，然后诊断问题，分析成因，在此基础上设计变革方案及实施的过程。行动研究为聚焦推行有计划的变革提供了方法论，具体包括以下五个步骤。

（一）调研诊断

变革推动者在行动研究中通常邀请外部咨询顾问参与调研诊断活动，外部顾问事先要设计调研提纲及问卷量表，在与组织内成员进行一对一访谈的基础上，进一步收集一手资料，了解组织的运营制度、流程和管理中出现的问题。

（二）分析问题

分析在诊断的基础上进行，对调研组织的表层问题、中间问题、核心问题进行归纳提炼，描绘问题的鱼骨图，分析引起问题的成因，厘清问题之间的逻辑关系。

（三）方案反馈

反馈主要是指在方案设计过程中让组织成员广泛参与，群策群力，分析和优化行动方案的每个细节，调动员工参与的积极性，为后面的实际行动打好基础。

（四）行动落实

这个阶段就是按照广泛反馈基础上形成的方案执行，也包括方案试点和全面推进两种方式，并在落地过程中收集出现的新问题。

（五）评价效果

评价是指对变革行动开始一定时间后产生的效果进行评估，评估变革方案是否实现了变革方案预期的目标，并进行复盘，总结经验和教训。

五、企业生命周期与组织变革

企业作为一种重要的组织类型，和世界万物一样，都经历从产生到消亡的过程，就像每个人都有生命周期一样，企业也有生命周期。有的企业发展成为百年老店，基业长青，虽过百年，但仍然生机勃勃；有的企业比较短命，存在几年或十几年就黯然倒闭。长寿的企业有一个共同的特征，就是在企业生命周期的每个阶段，都经历了较为成功的组织变革，突破了所在阶段的发展瓶颈，从而推动企业不断迈上新台阶，短命的企业则是在其生命周期的各个阶段没有及时变革或变革失败而使自己陷入困境。

对企业成长阶段的划分，至今已经出现了几十种划分方法。研究者在使用生命周期理论开展课题研究时，使用最为广泛的划分方式为“初创期—发展期—成熟期—衰退期”。然而，在一些具体问题上，研究者们也给出了一些比较有代表性的成果。例如，以发展阶段为例，Greiner（1972）将其进一步细分为定向发展期和分权发展期。其中，处于定向发展期的企业更加注重提高职能效率，以此进行规模扩张；处于分权发展期的企业则更加注重市场领域的扩散。埃里克和伊冯在进行企业生命周期阶段研究时划分出扩张阶段和多元化阶段，扩张阶段注重获取资源实现“组织规模的扩张”，多元化阶段是创业精神的再现，目的是实现多元化发展。两位学者的观点有异曲同工之妙。国内学者施炜（2019）也提出了类似的划分方式，其主张的五阶段成长模型包含机会成长阶段和分蘖成长阶段。陈佳贵（1995）在衰退期之后提出蜕变期的观点，认为企业，尤其是小型企业在衰退期之后大多破产倒闭，而发展良好的大型企业大多数不会衰亡，而是发生蜕变并实现了变革，改变经营重点或者转向新的领域或产品。廖建文（2017）提出的战略转折点的思想与陈佳贵的蜕变理论不谋而合：企业在经营过程中会经历一个战略转折点（见图 8-2），在此转折点，接受改变调整策略的企业能够进入新的发展阶段，而拒绝改变、保守维持现状的企业可能就会衰退式发展，最终死亡。

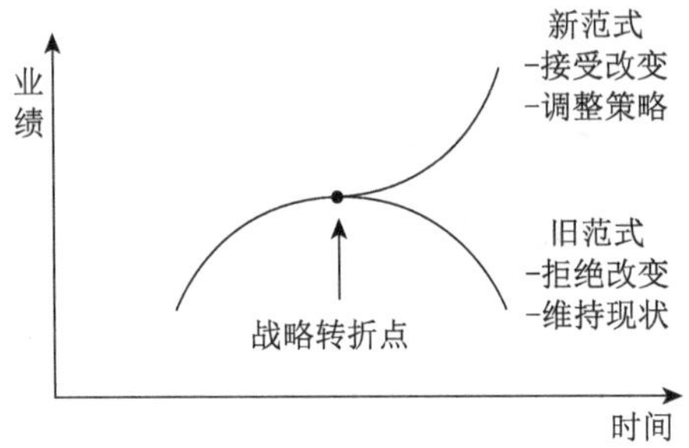

图 8-2　企业经营战略转折点

在企业管理理论和实践经验积累均较为丰富的当下，几乎每一个具有较好发展状况的企业都会未雨绸缪，力图摆脱衰退期的破产死亡结果，通过一系列变革实现再发展。本书结合 Greiner、埃里克和伊冯、施炜、陈佳贵、廖建文等学者的研究成果，以及案例企业阶段发展特征，划分以下企业成长阶段，如图 8-3 所示。

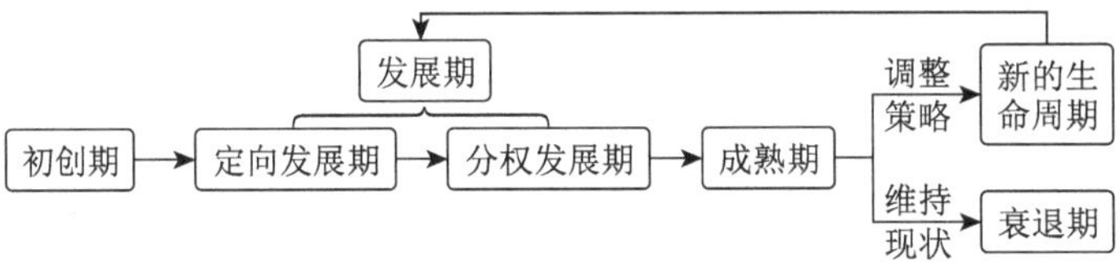

图 8-3　企业成长阶段划分

如表 8-1 所示，在初创期，企业面临的首要问题是生存，企业在市场上难以站稳脚跟，风险承担能力较差，产品结构单一且市场份额小，人力、物力、财力薄弱，企业需要获得客户认可，组织变革的关键在于目标客户定位于客户价值实现。经过初创期的发展，企业产品被消费者接受，知名度提高，生存问题已经解决。进入发展期，企业已经具备了大规模生产销售的条件，企业要一边维持现有市场，一边寻求新的利润增长点，市场份额与利润快速增加。发展期又可分为定向发展期和分权发展期，定向发展期企业的组织变革主要聚焦如何提高在初创期获得稳定市场定位的产品份额方面，而分权发展期的企业组织变革则更关注开始进入新的领域，增加收入来源。成熟期是企业收益最高的时期，市场规模和利润都已经达到较大规模，但很难再大幅度增长，发展速度放缓，甚至出现停滞的现象。成熟期的企业组织变革需要时刻保持对环境的敏锐度，发现新机会进行调整，延缓或避免进入衰退期。企业若能较好地解决长期发展积累的问题，就有机会在成熟期之后进入新的发展周期，开始新的循环，但如果处理不好，就会进入衰退期。衰退期的企业往往机构臃肿、结构僵化、反应迟钝，销售量和利润急剧下降，严重的还会导致企业倒闭。进入衰退期后，企业不得不进行大规模创新以求延长其生命。业务流程再造和商业模式大幅度创新将是企业渡过衰退期的有效手段。

表 8-1 企业各发展阶段特征、瓶颈点及组织变革的侧重点

阶段	特征	瓶颈点	组织变革的侧重点
初创期	企业刚刚成立，经营层创新力较高，公司上下齐心协力	能否研发出客户需要的产品和塑造较强的抗风险的能力	首要问题是生存问题，核心是要找到能够满足客户需求的产品，需要着重关注产品定位和产品研发
定向发展期	企业专注于单类规模化产品，单类产品销售量及销售利润有明显的增长趋势，组织规模逐渐扩大	能否建立一条稳定的供应链，为企业的规模化生产提供稳定的原材料支持；能否找到高效的关键资源，获取渠道支撑企业正常运转	首要问题是扩大规模实现批量生产，核心是要构建稳定、高效的供应链，关注的重点应该放在供应商的数量与稳定性、关键业务的标准化和关键资源的固化上
分权发展期	企业开始向多品类、多元化发展，新增产品销售量增长较快，原产品市场情况稳定，组织结构进行调整，规模不断扩大	能否建立与多品类多元化相适应的分权型组织架构，调动新领域的积极性	首要问题是将定向发展阶段取得的管理经验和优势复制延伸到新的领域，同时赋予新领域新的经营机制，处理好集权和分权的关系
成熟期	企业整体产业布局、供应链布局基本完成且较稳定，总体销售量、销售利润及组织规模呈现持续稳定态势	官僚氛围已形成，能否保持部门的活力和快速响应市场需求的能力成为影响企业发展的瓶颈	首要问题是解决“大企业病”，组织要能够快速响应市场的需求
衰退期	企业产品市场份额不断降低，销售情况不容乐观，销售利润不断下降，组织内人员冗杂，工作效率低下	能否找到有效解决企业衰退的方案	要诊断企业整体衰退的深层原因，设计和寻找颠覆性的解决方案，才有可能使企业起死回生

六、环境类型与组织变革

环境类型按照对企业发展总体有利和不利可分为两大类型。环境对于企业而言，不可控因素很多，对企业发展的影响巨大，有利环境与不利环境的区别可归纳如表 8-2 所示。

表 8-2　有利环境与不利环境的区别

有利环境	不利环境
GDP 持续增长	经济滞涨或下行
市场规模稳定增长	市场规模萎缩
人力资源较为丰富	人才短缺
获客成本较低	获客成本高
差异化的市场需求	产品同质化严重
竞争对手不多且实力较弱	竞争对手多且实力较强
供应商议价能力弱	供应商议价能力强
购货商议价能力弱	购货商议价能力强
产品供不应求	产品供过于求
丰富的资源	资源获取成本高昂
产业政策的持续支持	产业政策的限制

企业在市场经济环境下并不都能实现高竞争力、高盈利，尤其是一些大企业，根据其经营结果可分为“强健”组织和“肥胖”组织。在上述不同的环境中，环境与组织变革路径如图 8-4 所示，转变 3 和转变 4 属于有效的组织变革，转变 1 和转变 2 属于负向的组织变革。

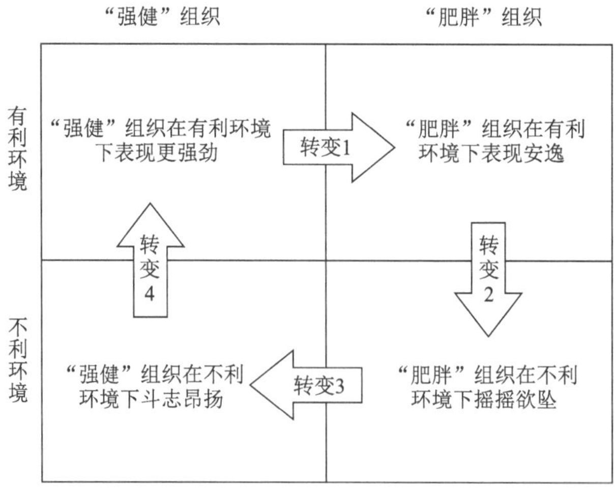

图 8-4　环境与组织变革路径

七、组织变革—业务流程再造

业务流程再造的思想起源于美国。信息技术革命的出现使企业的经营环境发生了根本的变化，特别是日本、欧洲等新兴势力的崛起，美国的企业界面临着巨大的竞争压力。于是美国管理学界就这一新问题展开了讨论：如何才能保持和增强美国产业界的竞争力？

在此背景下，哈默和钱皮提出了解决“大企业病”，使美国企业保持竞争力的流程再造理论。在以顾客、竞争和变化为主要特征的现代经营环境中，企业要关注市场需求和提高客户满意度，就必须运用合理的技术方法和管理手段对企业现有的业务流程进行全面和根本性的再设计，以实现在成本、质量、服务和速度等方面的巨大改善。

业务流程再造理论是将之前的管理理论进行集成的结果，它集成了起源于泰勒科学管理制的流程思想、组织管理理论、组织创新理论、信息化及功能理论、全面质量管理理论和精益生产等。业务流程再造理论提出后，大批学者致力于完善业务流程再造的理论和方法体系。

哈默认为业务流程再造是激进式的，“12 个月的时间足够了”。然而，Stoddard（1995）通过三个再造项目的规范研究表明，业务流程再造将关注的焦点放在了组织的软系统上，如人、价值观等方面，而人的再造需要“几年时间”来完成。后来，钱皮也认识到组织结构和企业文化对再造的影响不可忽视，业务流程再造是一项长期工程，甚至需要 10 年的时间来完成。激进也好，渐进也好，学者们对业务流程再造的研究传递出一个信息：再造是为了使组织更有效率。

卡普兰（2004）的战略地图描述了组织如何创造价值。他将流程分为运营管理流程、客户管理流程、创新流程、法规与社会流程，每类流程中又包含了若干重要的子流程。他认为高效协调的内部流程决定了价值的创造和持续。企业必须关注少数几个关键内部流程，因为这些流程不但传递了差异化的价值主张，而且对提高生产效率至关重要。许多文献认为，信息技术是业务流程再造的“使能器”。

业务流程再造有高达 70% 的失败率，说明至今人们仍未搞清楚流程追求的效率与企业的价值之间是什么关系。这一问题在业务流程再造的理论中没有解释清楚。效率与价值需要放到同一个系统中，借助其他理论才能解释清楚二者的关系，这个系统就是商业模式的逻辑系统。

当下中国相当一部分企业仍以职能管理为基本的管理架构，业务流程再造的结果是转为流程管理架构，该模式是以快速满足客户需求为导向的。传统的职能管理与流程管理在管理特点、组织特点和流程特点上有明显的差异，如表 8-3 所示。

表 8-3 职能管理与流程管理的特征

	职能管理	流程管理
管理特点	• 上级制定目标，下级完成；上级考评下级，并决定下级的职业生涯，下级对上级负责。 • 干不好，就一罚了之；以罚代管，问题依然存在，用户仍然不满意。 • 行政服从，从领导的认可中获得激励。 • 创新和变革来源于管理高层的推动，下级只需按照上级的命令行事。 • 标杆管理只在有限的范围内发挥作用。 • 管理者的职责体现为监督、协调、控制和纠偏	• 上级提供市场空间、资源平台（现有水平、先进信息、问题解决渠道、支持流程）；下级对客户负责，下级的工作结果由用户来评价。 • 根据用户的建议，创新性地解决问题，从用户的满意中获得激励。 • 精神激励是用户的忠诚度，物质激励是效益分成。 • 具体方式是树立一个标杆之后推出一项新的机制。 • 管理者不是控制下级的行为，而是创造一个下属自由发展的空间
组织特点	• 一条自上而下的指挥等级链。 • 根据职能进行专业化分工。 • 包含权利和责任的一贯性政策。 • 每项工作的标准化程序。 • 基于提高技能的职业生涯。 • 不受个人情感影响的关系。 • 来自上级协调	• 从非熟练工人到知识工作者。 • 从重复性任务到创新和关心。 • 从个人工作到团队工作。 • 从职能性工作到项目工作。 • 从单一技能到多重技能。 • 权利从上司转移到顾客
流程特点	片段式流程 • 具有一个或几个相关活动，工作的最终结果是半成品。 • 对片段流程的结果无法量化评价。 • 密切关联的活动分散在不同部门中，交流经常被阻隔。 • 问题出现时，无法对问题产生的结果负责	整合性流程 • 是一系列相互关联的活动，流程工作的最终结果是完成任务。 • 密切相关的活动处在同一个流程中，交流顺畅。 • 问题出现时，对问题产生的结果能完全负责。 • 流程的工作结果是可以用货币计量的

案例分析

组织变革案例分析

一、组织管理的现状和问题

当下大部分企业是一种“金字塔”结构，横向按照专业化分工切割成很多职能部门，纵向按照管理跨度划分成众多自上而下的管理层次。在这种管理架构下，部门边界鲜明，本位主义泛滥，部门之间形成了很厚的“墙”，在目标、行为、激励、理念四个层面不匹配的情况常态化。为了“推倒部门墙”，企业通过会议协调、文件下达、制定规章制度、人员调整等行政手段协调部门与部门、部门与企业之间的关系。这种方式导致企业管理层花费大量的时间及人力、物力去维系部门的协同，但并没有效果。本案例选择了两个具有代表性的情景案例，来剖析企业部门配称管理的现状和问题。

情景案例一：T公司订单违约追责事件。

T公司是国内工程机械行业龙头企业之一，2019年12月21日，总经理召集各部门针对一起“因延迟交货产生违约被客户列为‘黑名单’的严重事件”进行会议讨论并追究责任。市场部经理说：“根据我的经验，在公司常规操作下，该订单在40天内交货绰绰有余，因此我在11月5日与客户签订了供货合同。”技术部主任说：“因为该产品技术不需要进一步研发，我隔天就给制造部下达了订单。”制造部经理说：“11月7日，我根据订单情况将完善后的生产计划下达给采购部。”采购部经理说：“最近是生产淡季，我又在外出差，没有及时查看OA系统，11月12日我看到生产计划后立即安排采购，15日前将需付款的采购合同转交给了财务。只要财务及时付款，原材料供应肯定来得及。”财务部经理说：“11月15日我们接到付款通知，但是因为没有开协调会，我们不知道这个付款项目的轻重缓急，在资金紧张的情况下，我们先满足了其他紧迫的项目。在采购部22日进行货款催付时，又由于资金抽调困难，直到25日才付款完成。”车间负责人说：“就是啊，我22日催了采购迅速提供原料，结果25日才付款完成，27日才收到原材料。再加上生产周期是20天，直到12月17日才顺利出货，比规定交期12月15日晚了两天，导致了违约。”追责结果是相关的5个部门都受到了罚款处罚。财务部认为自己“躺着也中枪”，其他部门也大都认为自己蒙受了不白之冤。

情景案例二：M公司产品经理篡改交货期回避追责事件。

2019年4月19日，某国内家电企业M公司的产品经理召集订单执行经理、客户经理、订单经理开会。产品经理说："跟大家商量个事儿，咱们把印尼那笔订单出运日期再调整一次吧？"订单经理问道："为啥？出运期不是已经调整过一次了吗，我记得是从4月12日推迟到了4月19日。"其下级订单执行经理说："上次是我的工作没做到位，把3月13日下的电视订单拖到了24日才评审，当月考核肯定都完了，才逼得产品经理修改出运期。"客户经理说："这本来是不合规的，但没办法，我助理的考核也和这订单有关，所以我才同意了日期的改动。"产品经理说："研发认证还是没有按时完成，我上次伪造了客户要求推迟出运的邮件，现在也只能再伪造一次了。反正订单经理和客户经理的考核也跟这订单不挂钩，以后出了问题也不会受到惩罚，你们就给我提交的日期调整原因签个字吧，把出运期从4月19日推迟到4月26日，这次肯定没问题了。"其他三位异口同声地答道："行！"最后问题曝光，四位经理当月都处以800元负激励罚款，并形成讨论案例在集团范围内通报批评，除订单经理外，产品经理、订单执行经理、客户经理均报人力资源部备案。

以上两个案例呈现的管理情景在国内许多企业里都存在，反映出部门配称管理的几个关键问题。

（一）部门目标不配称

主要表现在部门目标模糊、部门目标不支撑、部门目标与实现路径不匹配三个方面。对于企业各部门而言，目标是否清晰明确、路径和活动是否支撑目标实现、何时完成目标及应承担的责任是否落实到位是实现部门目标配称的关键点。

1. 部门目标模糊

案例一中的关键事实体现出T公司市场部仅凭经验就签约，没有牵头进行订单评审，订单进度和交期等方面没有得到各部门的确认，导致各部门的订单相关目标模糊。由此产生各部门在订单处理的各个环节造成了重大的延误，部门工作对接不顺畅，最终没有按时交单，造成违约，被客户列为"黑名单"，丧失以后的合作机会，给企业带来了巨大的损失。

2. 部门目标不支撑

部门目标不支撑体现在两个方面：一是部门之间的目标不支撑；二是部门与企业的目标不支撑。部门之间的目标不支撑，必然导致部门与企业的目标不配称。案例一中T公司的采购部目标应当是"采购零延误"，及时根据订单需求制订采购计划并实施采购，这样的目标才能与订单的生产目标、市场目标配称。而案例中的实际情况是，采购部不仅延误确认采购需求，还未及时督促财务付款，部门目标未完成，导致制造部生产目标、市场部交货目标等都未及时完成。

3. 部门目标与实现路径不匹配

部门目标与实现路径是指部门在接收目标之后所采取的一系列行动措施。只有所采取的行动措施能够有效支撑部门目标的实现，部门的行动措施才能与目标实现配称。案例一中，所有部门围绕订单实现各自目标的主要路径有两个，一个是要及时进行订单评审，还有一个是落实相关责任。由于这两个路径在实施中没有得到落实，导致每个部门都没有实现相关的订单目标。案例二中，产品部经理针对客户订单目标，没有督促订单执行经理在规定的时间进行订单评审，也没有督促研发部门按时完成认证，这两个关键路径不落实，在确认不能按期交货时，错上加错，通过伪造客户出运日期延后的邮件、篡改订单要求来规避考核。

（二）行为不配称

行为不配称主要表现在各部门行为步调不一致、互相扯皮两个方面。企业各部门既要保障和提高执行力，使各自的工作节拍保持一致，也要从根本上解决部门互相扯皮的问题，才能实现部门的行为配称。

1. 步调不一致

案例一中采购部延迟采购，财务部延迟付款，生产部延迟生产，市场部延迟交货等行为都表现出了企业各部门步调不一致的现象，未能及时跟进订单需求，与订单目标要求的行为不合拍。采购部仅因为是生产淡季就没有及时查看 OA（办公自动化）系统，制造部在原料没有到位的情况下未能及时催付，财务部资金调动也未能及时到位等，反映出了各部门执行力弱导致的步调不一致。案例二中，订单执行经理延误订单评审，研发认证未能及时开始和实施完成，导致制造部无法按时完成产品交付，产品部无法按时完成客户需求。受部门利益的驱动，各部门决定篡改客户交期要求。

2. 互相扯皮

案例一中，T 公司各部门负责人在此次追责事件中没有进行自我检讨，寻找解决方案，而是互相推诿，推脱本部门的责任。这是企业部门互相扯皮的典型表现，导致问题不能及时发现和解决、责任不能及时落地、行为不能及时纠偏等，最终导致外部客户不满。

（三）激励不配称

激励不配称主要表现在责任机制不落地、奖罚机制不合理、责权利一体化的分配机制不到位三个方面。只有责任到位，奖罚到位，责权利一体化的分配机制到位，层层推进，才能有效推进企业部门的激励配称，保障目标和行为配称实现闭环管理。

1. 责任机制不落地

责任机制不落地主要表现为“在规定的时间和地点，没有完成对应的工作职责和目标情况下，应承担什么责任”不到位。案例一中对于采购部延迟采购、财务部延迟付款、制造部延迟生产、市场部延迟交货等情况，各部门应承担什么责任企业事先没有明确的制度规定，而是事后开会研究如何追责。案例二中制造部订单经理、客户部客户经理的考核都没有与订单明确挂钩，对未完成订单相关工作应承担的责任不明确。

2. 奖罚机制不合理

奖罚机制不合理主要表现为责任程度和奖罚程度不匹配，对各部门完成或未完成工作的配套奖罚措施也不到位。案例一中，T 公司事先没有相关的奖罚措施，针对各个部门在规定时间内未完成订单进度应负的相应责任和相关奖罚手段没有明确。案例二中，订单执行经理延误订单评审，下级犯错，其直属上级订单经理没有对应的奖罚机制，滋生“老好人”现象，损害企业利益。

3. 责权利一体化的分配机制不到位

公司的发展依赖于每一笔客户订单的履行，订单是否盈利取决于各部门对订单的履约情况。责权利一体化的分配机制是指如果订单未能履约，其产生的损失（亏损）应该由相关部门根据责任程度全额承担，反之，其订单盈利也应由相关部门根据责任程度获得对应的分享。该机制不到位主要表现为订单损益没有和各部门利益紧密挂钩。案例一和案例二中反映出的目标不配称和行为不配称，根本的原因在于没有建立起针对客户订单的责权利一体化分配激励机制。案例一中如果企业将被客户列入“黑名单”产生的损失与各部门利益挂钩，案例二中如果因延期造成的损失由相关部门责任人全额承担，就不会产生案例中所述的一系列不配称问题。

（四）理念不配称

企业理念不配称主要体现为部门层缺乏理念梳理、部门之间理念不匹配、部门理念与企业理念不支撑等问题。企业理念是一个共有的价值观系统，由于每个部门都有不同的专业分工，因此对应的部门都需要根据公司理念和各自业务特点进行转化和承接，才能形成互相支撑的理念系统。

1. 部门层缺乏理念梳理

部门理念梳理关键在于把能够对接公司层理念的部门理念筛选出来，来指导部门员工工作行为。案例一中，各部门所体现的工作行为结果导致了对客户的违约，其行为背后隐藏着错误的理念，没有正确的理念梳理。市场部没有“先有信誉再卖产品”

的理念，采购部没有“只有淡季思想，没有淡季市场”和“物料供应零延误”的理念，制造部没有“生产零延期”的理念。案例二体现了各部门对企业制度认知的错误理念，不是刚性的执行制度，而是想尽办法“绕过去”。这两个案例都反映出没有梳理出承接公司层理念的部门正确理念，错误的理念导致错误的行为，错误的行为造成错误的结果。

2. 部门之间理念不匹配

案例一中采购部未及时查看OA系统折射出的“淡季市场”的理念与制造部“及时生产”的要求冲突，财务部暂缓付款的行为折射出的理念与采购部及时采购的要求冲突，这些部门的行为及理念都与市场部“按时交货”的行为要求和“客户至上”的理念冲突，部门之间理念的冲突导致部门工作对接的不到位。案例二中制造部未能及时进行订单评审和产品生产，产品部未能及时与制造部沟通，客户部也未能及时与产品部交流，这些行为反映了各部门理念不匹配。

3. 部门理念与企业理念不支撑

部门理念与企业理念不支撑主要表现在企业内“西风压倒东风”的现象，在部门“本位主义”驱动下，公司内部形成一个个“小山头”。符合“小山头”利益的人和事大行其道，为了保护本部门利益而牺牲企业整体利益。案例二中的产品部经理，制造部订单经理、订单执行经理，客户部经理出于对本部门利益的维护，形成利益同盟，产生共同篡改客户订单的行为，规避企业考核，对企业发展造成严重危害。

二、部门实现配称管理的案例分析

（一）京瓷集团“阿米巴”配称案例

“阿米巴”模式是日本京瓷集团创始人稻盛和夫创造的一种独具特色的企业经营管理模式，通过将庞大的企业组织细分成独立核算、独立完成任务的小集体，实现全员参与经营。京瓷集团通过“阿米巴”模式顺利通过了现代史上四次经济危机的考验，取得了巨大的成功。

1.“阿米巴”模式的内涵

“阿米巴”模式以调动员工积极性、释放员工能量为核心，以内部市场化和单位时间核算为手段，搭建“阿米巴”经营平台，达到全员经营和企业效益持续增长的目的。其关键路径如下。

（1）划分“阿米巴”。“阿米巴”是指能够独立核算，独立完成业务的最小核算单元。能够独立核算、独立完成业务是“阿米巴”划分的重要标准。依据这个标准，根据领导人的经营能力，以查清经营状况、最大限度地激发组织活力为目的，对制造部门、研发部门、销售部门、管理部门进行“阿米巴”设计和划分，公司向下共产生了3000多个“阿米巴”。这些“阿米巴”不是固定不变的，而是根据市场变化灵活调整，及时进行组织结构变更，甚至发挥创业精神使“阿米巴”成长为新事业。

（2）建立内部市场化机制。京瓷集团市场化机制特征之一：将外部市场机制引入企业内部，“阿米巴”之间以实体产品和服务作为交易对象，以实体产品为交易对象的是买卖关系，以服务为交易对象的是服务关系，通过这种部门之间的关系转变，把客户需求通过内部市场化迅速传递到每个“阿米巴”。在外部市场价格的框架下，通过协商倒推“阿米巴”之间的交易价格。而服务部门没有收益，其产生的费用根据受益程度大小分摊给各“阿米巴”，受被服务对象“阿米巴”牵制。

京瓷集团内部市场化表现之二：“阿米巴”之间通过市场化交易产生竞争。如果企业内多个“阿米巴”能够提供同一产品，买家“阿米巴”可以选择更有竞争力的“阿米巴”进行交易；如果外部公司能够提供更好的产品，买家“阿米巴”也可以绕开企业内的卖家“阿米巴”直接向外部购买。这种市场化的竞争方式有效防止了交易垄断带来的卖家强势问题，驱动企业内“阿米巴”展开竞争。

（3）以单位时间核算来衡量“阿米巴”的经营绩效。单位时间核算制度提供了衡量每个“阿米巴”经营绩效的核算办法，其经营绩效主要体现在总附加价值和每小时贡献价值。每天的生产、费用、时间等主要实绩数据隔天都会以日报的形式分发到各部门，“阿米巴”领导人根据这些数据每天进行单位时间核算。并且，每月月底结账后立即对“阿米巴”经营状况进行反思，每月月初公布全公司的经营业绩。

在这种核算制度下，经营节奏加快，经营数据每天汇总累积起来，“阿米巴”员工可以即时知道自己的工作成果并及时修正工作行为。每月月底的反思让“阿米巴”领导人根据经营数据，思考提升经营绩效的办法。每月月初的公布会则让每个“阿米巴”了解集团总体经营绩效情况，通过对比经营状况进一步反思和改善。

2.“阿米巴”模式中部门配称的关键点

（1）内部市场化机制驱动部门目标动态配称。在内部市场化环境下，企业内“阿米巴”之间形成一种动态的买卖和服务关系。买卖定价由外部市场客户认可的价格倒推而来；而提供服务的“阿米巴”费用则由其他被服务的“阿米巴”分摊，“阿米巴”根据市场动态对其进行牵制。也就是说，外部市场的客户需求由订单承接，通过内部市场化将市场需求传递给所有相关“阿米巴”。“阿米巴”各自的目标都是内部市场化的产物，内部市场化围绕客户需求，实现一种动态的配称。

在市场化手段的规范下，销售部门从外部市场获取订单，将客户需求传递给制造部门，制造部门根据生产工序自主调配，然后根据生产需求倒逼采购部门、研发部门、管理部门和其他间接部门，使各个“阿米巴”之间达到目标的自主配称，从而实现企业整体的目标配称。

（2）内部市场化交易和竞争机制驱动行为动态配称。内部市场化机制主要从三个方面来保障行为配称。第一，独立核算。每个“阿米巴”都是独立完成业务的经营单位，拥有定价权、采购权等诸多自主权，在自主经营的机制驱动下，“阿米巴”自觉追求收入最大化、费用最小化，从而解决了行为配称的动力问题。第二，“阿米巴”之间的买卖结算机制。这种市场化结算机制使每个“阿米巴”的行为必须围绕“客户”的需求，如果卖家“阿米巴”的产出不能令买家“阿米巴”（内部客户）满意，买家可以不买。第三，如果卖家“阿米巴”价格和质量没有竞争力，买家“阿米巴”可以在企业内外寻找更有竞争力的对象进行采购。为了获得收益，“阿米巴”必须调整其行为使产出得到买家“阿米巴”的认可，买家“阿米巴”的认可最终代表了客户的认可。因此，市场机制驱动所有“阿米巴”的行为保持动态配称。

（3）单位时间价值贡献驱动激励配称。单位时间核算制度提供了一个持续动态的核算平台，每个“阿米巴”的单位时间附加价值在平台上动态公布。一方面，这是一个内部公开的平台，单位时间附加价值在平台上公布后，所有成员都能看到，对业绩较差的“阿米巴”造成竞争压力，体现了市场化的竞争机制；另一方面，单位时间附加价值低的部门会被要求进行持续改善，实现有效管理。这种价值激励手段有效构建了责任激励机制，推动实现责权利一体化的激励配称。

（4）京瓷集团文化管理驱动理念配称。京瓷集团哲学的原点是“作为人，何为正确”，在此基础上，京瓷集团的任何决策层都根据业务特色具有相应的经营理念。一方面，京瓷集团决策层有义务在公司日常会议及工作中反复强调这些理念，高频次传递给每个层次的员工，直到被所有员工接受。另一方面，京瓷集团的内部市场化机制，有利于企业理念的传输。通过单位时间核算制度，每个“阿米巴”的经营状况每天都会直接传达给所有“阿米巴”员工，员工以此为纽带，通过市场化的数据反馈与决策层共享价值观和目标，由此实现理念的配称。比如在传递“定价即经营”这一核心理念时，每个“阿米巴长”在定价时都要仔细考虑所在的“阿米巴”的效率、人员情况、自身竞争力及内外部客户对价格的接受程度，不是简单的成本加成定价，把成本转移给下游。

（二）海尔集团“人单合一”模式配称案例

海尔集团从成立至今经历了名牌战略、多元化战略、国际化战略、全球化战略、网络化战略五个发展阶段，为了实现每个阶段的战略目标，海尔集团进行持续的管理创新，其各阶段战略及管理创新模式如表 8-4 所示。

表 8-4　海尔集团各阶段战略及管理创新模式

时间	1984—1991 年	1991—1998 年	1998—2005 年	2005—2012 年	2012 年至今
战略	名牌战略	多元化战略	国际化战略	全球化战略	网络化战略
模式	全面质量管理	OEC 管理	市场链管理、SBU（Strategic，战略；Buiness，事业；Unit，单元）经营	“人单合一”管理	“人单合一”管理

1.“人单合一”模式的内涵

“人单合一”模式的内涵是以推动员工身份转化为经营体为核心，通过落实经营体的自主用人权、分配权和决策权，以内部市场化为手段，搭建适合多种形式经营体的运营平台，达到实现快速响应市场需求、全员增值、企业发展的多赢模式。该模式中，“人”是指每个员工，“单”是指满足客户需求的目标。其架构如图 8-5 所示。

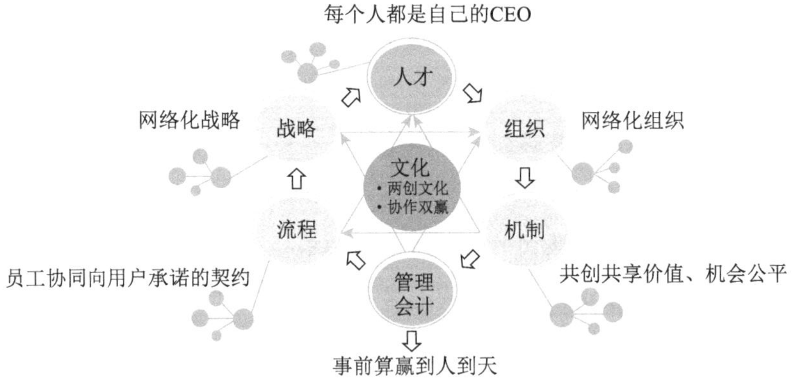

图 8-5　海尔集团“人单合一”模式架构

其关键路径有以下三个方面。

（1）设立自主经营体。自主经营体是指自主决策、自负盈亏的经营单元，是“人单合一”模式的载体，每个经营体有自己的客户和独立完整的业务，能核算出其损益情况，根据此原则公司向下划小成立了 2000 多个自主经营体。这些经营体被授予了自主用人权、自主分配权和现场决策权，以用户为导向自主经营，成为自驱动、自运转、自创新的活性化节点，快速响应和满足市场需求。在网络化战略的驱动下，自主经营体也根据市场需求升级进化，一部分发展成为更具有创新力的“小微企业”，在海尔集团构建的平台上发挥更大的作用。

（2）构建内部市场链机制。内部市场链机制是指围绕集团战略目标，把外部市场机制引入企业内部，上下级之间、部门之间由原来的行政隶属关系转变成平行的市场关系，形成以订单为纽带、自行调节运行的业务链。主要表现在两个方面，即业务关系市场化和经济利益市场化。一方面，业务关系市场化，主要强调经营体之间的买卖关系、服务关系和契约关系。买卖关系表现为横向经营体之间的产品包销定制，服务关系表现为物流、管理等职能经营体提供服务换取收益，契约关系主要表现为对质量、技术等问题提供解决方案，三种关系形成一张完整的内部市场关系网，外部市场订单信息通过这张网迅速传递。另一方面，经济利益市场化，经营体采用“人单酬”机制，根据自主经营体的实际营收和员工为用户创造价值的实际贡献进行收益的内部分享。在“人单酬”机制下，自主经营体为了获得更多的利益，必须参与内部市场竞争进行“抢单”，为经营体争取更多的一流资源，推动经营体在企业平台上发挥最大效益。“抢单”后，通过市场竞争力定薪和经营体的超利分享，经营体内员工获得收益。

（3）“倒三角”组织支撑。“倒三角”是指与“金字塔”完全相反的组织架构，将人数最多的一线员工放置在“倒三角”的顶层，成为现场经营决策者，由他们构建的经营体被称为“一级一线经营体”。职能部门成为企业资源提供者，构建“二级平台经营体”，全力以赴为一线经营体提供达成工作目标所需要的资源。高层管理者成为“倒三角”的支撑点，形成“三级战略经营体”，为一级、二级经营体识别机会、制定战略方针、进行模式和机制创新提供关键支撑。

在这种模式下，通过内部市场机制，一级经营体为了在第一时间满足客户需求，倒逼二级平台经营体提供最有竞争力的资源，二级经营体为了提供最有竞争力的资源，必须进行机制创新和模式创新，从而倒逼三级战略经营体提供政策、方向和战略资源支撑。

2.“人单合一”模式中部门配称的关键点

（1）内部市场化驱动部门目标动态配称。

如图 8-6 所示，海尔集团三类一线经营体之间是一种“包销定制”或“即需即供”的买卖关系。市场经营体抢到承接第一竞争力目标的客户订单，如不需要开发定制，则转化为线体经营体即需即供的生产目标；如需要开发定制，依据内部市场链机制的传导，转化成型号经营体的开发定制目标，开发成功后再转化成线体经营体的生产订单目标。型号经营体在市场中捕捉到用户的潜在需求后开发出的新产品，与市场经营体签订包销定制合同，与线体经营体签订即需即供协议。通过这些市场链机制的传导，来确保市场、研发、生产单元之间的目标动态配称。

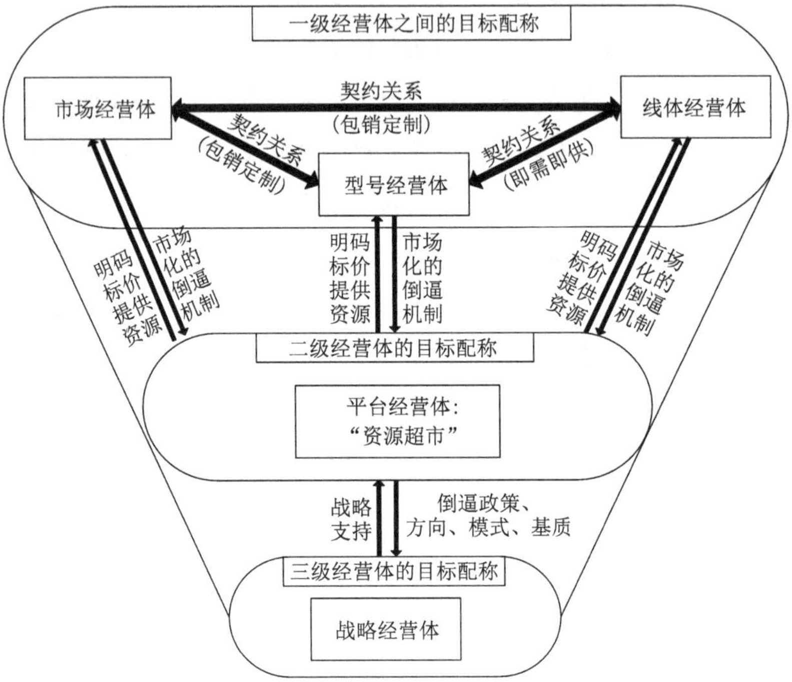

图 8-6 海尔集团经营体目标配称架构

二级平台经营体主要包括采购、配送、仓储、人员保障、核算、结算等类型的经营体。依据内部市场化的服务契约，向一级经营体提供具有竞争力的资源，具体表现在两个方面。一是以“资源超市”的方式明码标价提供资源，二是要及时满足一级经营体的需求。要提供具有竞争力的资源，必须转化为平台经营体自身的经营目标，并为此全力以赴，增强资源超市的丰富性和资源价格的竞争性，从而保障二级平台经营体的目标与一级经营体目标的配称。

（2）内部市场链机制、“日清”和“官兵互选”驱动部门行为配称。

从机制的角度在完成部门目标动态配称之后，如果没有各部门行为的适时配称，部门目标的配称就会落空。海尔集团部门行为配称的实现主要依靠三个方面，一是内部市场链机制，二是即时“日清”，三是“官兵互选”。由于各类各级经营体自负盈亏，内部市场链机制提供了行为配称的动力，而在确保部门行为适时配称方面则是通过“日清”机制来实现。“日清”机制主要通过“日清表”来体现，“日清表”的任务是通过信息化的“日清”平台对关闭目标差距的工作按时间节点进行“日清”，并提供产生差距的原因和路径，帮助员工形成每天工作的预算，将其纳入闭环优化的PDCA（Plan，计划；Do，执行；Check，检查；Act，处理）循环，实现由亏损到收益的转化。经营体长对成员“日清”时，发现当天未完成的事项，通过对问题的“买单”和“买断”，促使责任人对当天的工作差距进行关闭，促使责任人在规定的时间和地点履行工作职责，实现对应的目标。如果经营体使用前述手段仍不能解决行为不配称问题，造成经营体的持续亏损，客户不满，则启动“官兵互选”机制对部门行为进行纠偏。

（3）“人单酬”机制驱动部门激励配称。

“人单酬”是一种激励制度，根据产品竞争力和用户资源情况，划分了不同市场竞争力的阶梯式目标，依据目标的完成情况实施“缴足利润，挣够费用，超利分成，自负盈亏”的激励分配机制。经营体内员工在月初需要选定“单”，设定自己期望达到的目标，主动承担起完成目标的责任。激励分配不再拘泥于行政级别、工作内容不同带来的差异，薪酬主要取决于“单”的价值。员工自主承担责任，行使相应的权力为用户创造价值，从而收获个人利益，实现责权利的一体化，在经营体内实现激励配称。而在经营体之间，由于“人单酬”机制传达了以“单”为核心的中心思想，因此各经营体更多地关注于用户需求，通过抢入更具有竞争力的“单”实现部门间的激励配称。

（4）海尔文化管理驱动理念配称。

海尔集团的“是非观”——以用户为是，以自己为非，“发展观”——创业精神和创新精神，“利益观”——“人单合一”双赢，构成了海尔集团的核心价值观体系。围绕海尔集团的核心价值观，市场、服务、研发、生产、质量、采购、配送、人力、财务等板块都做了相应的理念梳理和承接，形成了各自领域指导工作行为的专业理念。在此基础上，制定了承载海尔系列理念的相关流程和制度，编制了诠释理念的一系列典型案例和漫画，以报纸《海尔人》和现场管理看板为传播载体进行内部分享，构建了完整的海尔企业文化管理体系。

在这个文化管理体系中，公司层理念和部门层理念是经过专业化梳理并使之配称的。在将理念转化为部门具体行为实践中，海尔企业文化中心价值观经营体主要通过通俗易懂的典型案例剖析、生动形象的系列漫画展示等，在《海尔人》和现场看板等载体上高频次地与员工交流分享。另外，晨会、周会、月会和各种专题会是海尔集团各经营体、各部门宣传观念的重要途径。在这些会上，通过目标的差异—追踪措施—责任人—背后理念的路径，找出正反两个方面的典型案例并进行剖析，使错误的理念和产生的具体损失曝光，用事实和数据教育员工，纠正错误理念。典型案例也会在《海尔人》同步连续追踪报道。

通过这些措施，推动了各级员工正确理解和接受公司的价值观并转化为行为实践，实现价值观的共建和配称。

三、讨论与结论

（一）结论讨论

1. 内部市场化是有效实现部门配称的自驱动机制

由于部门不配称呈现常态化，大部分企业管理层主要使用行政手段，通过会议、下达制度文件、人事调整、正负激励等方式推动部门之间配称，但使管理层陷入文山会海的事务性陷阱中，效率低、效果差。为此，聚焦海尔集团和京瓷集团案例研究，发现企业划小后，通过设立经营体或“阿米巴”单元，赋予其经营自主权，并在建立内部市场化机制后，经营体落实了责任，市场化赋予了其动力，无论是部门间的目标配称、行为配称，还是激励配称、理念配称，把过去由行政手段推动的部门配称转变成经营体或“阿米巴”之间的自驱动配称，无论从效率上还是效果上都明显优于前者。另外，企业的经营环境和客户需求都处于不断变化中，这就要求企业部门之间实现适时的动态配称，资源才能得到最优的配置，企业才能较好地适应环境的变化和满足客户的需求。然后，凭借管理层的努力和大量时间精力的投入，依赖行政手段可以实现一时的配称，但实现适时的动态配称是非常困难的，尤其是大中型企业。本书认为企业划小核算单元，建立内部市场化机制，用市场手段解决目标、行为、激励、理念的适时配称是一种有效的途径。

2. 目标、行为、激励、理念是检验部门之间是否配称的关键要素

在企业管理实践中，要对被管理对象进行管理，前提必须是可测量的。部门的配称管理，是企业发展必须面对和解决的难题。本书基于企业部门配称管理的大量实践现象，提出了部门配称的四个关键要素，同时，部门之间的配称管理是一项系统工程，不会一蹴而就，是一个不断完善和螺旋式上升的过程。在这个过程中，从易到难依次为目标、行为、激励和理念四个方面的配称，这四个要素的配称可以衡量部门配称程度，如图 8-7 所示。

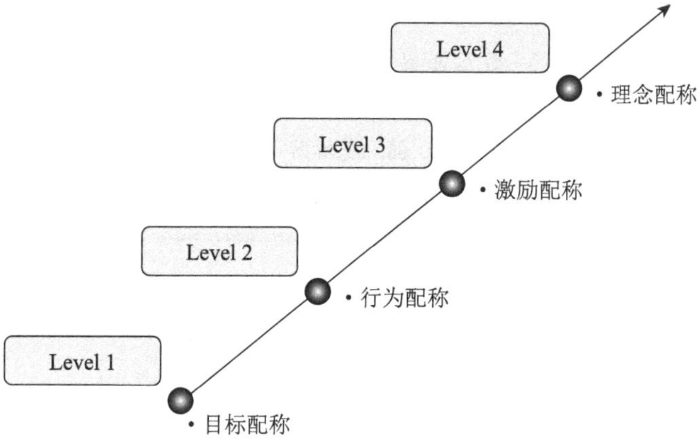

图 8-7　部门配称度的四个层级

利用这四个等级的配称度可以分析和评价企业的部门配称现状和问题的框架，从而针对部门之间不配称的主要领域进行改善。针对 1 ～ 4 级的配称度，可设计专门的量表，测量具体每一等级具体的配称度。

3. 基于信息化的核算与结算平台是部门配称管理的重要保障

无论是“阿米巴”模式，还是“人单合一”的经营体模式，划小后产生的这些经营单元，不仅使部门属性发生了根本的变化，由原来承接一定专业分工的职能部门变成了自主经营的单元，更重要的是大大增加了内部结算和核算的工作量，核算到“阿米巴”，结算到经营体，对于一个产生成百上千个经营单元的企业而言，日常的经营核算与结算的工作量非常大，因此必须建立起信息化的核算与结算平台。京瓷集团将基于管理会计核算与结算系统视为“阿米巴”模式的重要组成部分，海尔集团早在进行市场链流程再造的时候就建立了 CRM 系统（客户关系管理系统），将企业内部的供应链系统、物流配送系统、资金流管理的结算系统和分销系统集成，核算与结算所需的数据实现了从系统取数，保障经营体之间及时的核算和结算，成为目标配称、行为配称、激励配称的兑现平台。

（二）理论贡献与实践启示

从现有的文献研究到企业部门配称管理的实践，表明了实现部门的最优动态配称是企业获得竞争优势的源泉，同时，企业管理层花费大量的时间和精力处理部门配称问题，但还没有形成处理和解决该问题的模型框架，基于案例研究，揭示了配称管理的关键共性特征，主要表现在以下几个方面。

1. 提出了部门配称管理的整体模型框架

本案例提出的部门配称管理模型，如表 8-5 所示，即目标配称、行为配称、激励配称、理念配称，以及对应的二级路径指标，既揭示了部门配称管理的重点和路径，又可以进一步建立三级量表评价企业部门配称度的工具，评估企业部门配称度的现状，识别配称管理的最短板，为企业改善配称管理提供理论指导。

表 8-5　部门配称度评价模型

<table>
<tr><th></th><th>一级指标</th><th>二级指标</th><th>三级指标</th><th>配称度</th></tr>
<tr><td rowspan="11">部门配称</td><td rowspan="3">目标配称</td><td>目标明确</td><td rowspan="3">三级量表</td><td rowspan="3"></td></tr>
<tr><td>目标支撑</td></tr>
<tr><td>路径匹配</td></tr>
<tr><td rowspan="2">行为配称</td><td>步调一致</td><td rowspan="2">三级量表</td><td rowspan="2"></td></tr>
<tr><td>推诿扯皮</td></tr>
<tr><td rowspan="3">激励配称</td><td>责任明确</td><td rowspan="3">三级量表</td><td rowspan="3"></td></tr>
<tr><td>奖罚到位</td></tr>
<tr><td>责权利一体化</td></tr>
<tr><td rowspan="3">理念配称</td><td>理念梳理</td><td rowspan="3">三级量表</td><td rowspan="3"></td></tr>
<tr><td>理念匹配</td></tr>
<tr><td>理念支撑</td></tr>
</table>

2. 揭示了部门动态配称管理的路径和手段

基于京瓷集团和海尔集团的案例研究及结论，体现了解决动态配称的关键路径：划小核算单元、自主经营、搭建内部市场链机制和竞争机制，用市场机制和手段驱动部门之间目标、行为、激励、理念四个层级的适时配称。

传统的管理学相关理论强调通过计划、组织、领导、控制四大职能管理实现企业提高效率、获得发展，这四大职能核心都体现了明显的以行政手段为主的管理色彩，这在企业规模比较小的时候是适用的，但是当企业规模达到一定程度的时候，尤其是部门协调变得异常复杂时，再以行政手段为主要方式进行计划、组织、领导和控制管理，就会使企业发展陷入停顿或低效困境，“大企业病”就是当下很多企业的一种普遍现象。本书的研究结论显示，从部门目标制订与配称、行为的配称、激励的配称乃至价值观共有，都体现了以市场手段为主要方式进行部门配称管理，在适时性和效率方面有独特的优势，一些实施内部市场化的企业实践也表明了这一点，这对传统管理理论是一种有益的补充。

3. 部门配称管理是企业实现商业模式创新的基础

杰出的商业模式创新可以改变一个行业的游戏规则，甚至导致行业市场的重新洗牌。在一些企业卓越的商业模式实践效果的示范下，众多企业纷纷进行商业模式的再设计，其中有些企业因成功地进行了商业模式创新大大提升了竞争力，产生了可观的经济效益。然而，无论是基于价值创造、价值评价、价值分配的商业模式创新，还是基于价值主张、客户细分、渠道通路、客户关系、收入模式、关键业务、关键资源、关键合作、成本控制等要素创新，都强调了其中的活动配称，而企业活动在实践中都是通过各部门或单元来实施的，因此，部门的配称管理是活动配称的基础。一些企业的商业模式创新失败的原因在于设计或实施中，没有对决定活动配称的部门配称进行有效的机制设计。本案例的配称管理模型、路径和手段为商业模式设计和创新理论提供了有益的补充。

分析思考

（1）本案例中京瓷集团“阿米巴”模式和海尔集团经营体模式的异同点有哪些？

（2）“阿米巴”模式和经营体模式对个体行为、群体行为及公司组织行为带来哪些影响？

（3）这两个模式在结构授权赋能方面发挥哪些作用？

参考文献

[1] 埃德加·沙因，彼得·沙因．组织文化与领导力 [M]. 陈劲，贾筱，译．北京：中国人民大学出版社，2020.

[2] 埃里克·弗拉姆豪茨，伊冯·兰德尔．企业成长之痛：创业型企业如何走向成熟［M］．黄震亚，董航，译．北京：清华大学出版社，2011.

[3] 彼得·德鲁克．卓有成效的管理者 [M]. 北京：机械工业出版社，2020.

[4] 陈佳贵．关于企业生命周期与企业蜕变的探讨 [J]. 中国工业经济，1995(11)：5-13.

[5] 陈春花，尹俊．组织文化研究的演化路径、知识图谱及研究展望 [J]. 外国经济与管理，2019，41(11)：70-85.

[6] 丹尼尔·平克．驱动力 [M]. 龚怡屏，译．北京：中国人民大学出版社，2012.

[7] 戴维·迈尔斯．社会心理学 [M]. 8 版．张智勇，乐国安，侯玉波，等译．北京：人民邮电出版社，2006.

[8] 稻盛和夫．阿米巴经营 [M]. 陈忠，译．北京：中国大百科全书出版社，2009.

[9] 稻盛和夫．经营与会计 [M]. 曹岫云，译．北京：东方出版社，2013.

[10] 杜运周，贾良定．组态视角与定性比较分析（QCA）：管理学研究的一条新道路 [J]. 管理世界，2017(6)：155-167.

[11] 弗雷德里克·泰勒．科学管理原理 [M]. 马风才，译．北京：机械工业出版社，2014.

[12] 亨利·法约尔．工业管理与一般管理 [M]. 迟力耕，张璇，译．北京：机械工业出版社，2013.

[13] 李燚，魏峰．领导理论的演化和前沿进展 [J]. 管理学报，2010，7(4)：517-524.

[14] 廖建文，崔之瑜．职能商业战略启示录 [J]. 哈佛商业评论，2017（4）：110-116.

[15] 柳井正．经营者养成笔记 [M]. 北京：机械工业出版社，2018.

[16] 罗伯特·殷 . 案例研究方法的应用 [M]. 齐心，周海涛，译 . 重庆：重庆大学出版社，2009.
[17] 罗伯特·卡普兰，戴维·诺顿 . 战略地图——化无形资产为有形成果 [M]. 刘俊勇，孙薇，译 . 广州：广东经济出版社，2005.
[18] 罗瑾琏，赵莉，韩杨，等 . 双元领导研究进展述评 [J]. 管理学报，2016，13(12)：1882-1889.
[19] 罗仲伟，李先军，宋翔，等 . 从“赋权”到“赋能”的企业组织结构演进——基于韩都衣舍案例的研究 [J]. 中国工业经济，2017(9)：174-192.
[20] 迈克尔·哈默，詹姆斯·钱皮 . 改革公司：企业革命的宣言书 [M]. 胡毓源，等译 . 上海：上海译文出版社，1998.
[21] 彭玉冰 . 企业再造：中国企业并购后整合七大策略 [M]. 广州：中山大学出版社，2006.
[22] 乔治·梅奥 . 工业文明的人类问题 [M]. 陆小斌，译 . 北京：电子工业出版社，2013.
[23] 切斯特·巴纳德 . 经理人员的职能 [M]. 王永贵，译 . 北京：机械工业出版社，2007.
[24] 秦昕，甘雨青，邓惠如，等 . 领导行为如何影响领导自身？综述与未来方向 [J]. 技术经济，2023，42(11)：1-22.
[25] 施炜，苗兆光 . 企业成长导航 [M]. 北京：机械工业出版社，2019.
[26] 斯蒂芬·罗宾斯，蒂莫西·贾奇 . 组织行为学精要 [M]. 吴培冠，等译 . 北京：机械工业出版社，2008.
[27] 特伦斯·迪尔，艾伦·肯尼迪 . 企业文化：企业生活中的礼仪与仪式 [M]. 李原，孙健敏，译 . 北京：中国人民大学出版社，2015.
[28] 王瑞红 . 勒温的三种领导方式的影响分析 [J]. 知识文库，2016(12)：268.
[29] 吴春波，曹仰锋，周长辉 . 企业发展过程中的领导风格演变：案例研究 [J]. 管理世界，2009(2)：123-137.
[30] 亚当·斯密 . 国富论（上下）[M] . 郭大力，王亚南，译 . 上海：上海三联书店，2009.
[31] 殷智红，叶敏 . 管理心理学 [M]. 2 版 . 北京：北京邮电大学出版社，2007.
[32] 余凯成，黄培伦，陈维政，等 . 组织行为学 [M]. 大连：大连理工大学出版社，2006.

[33] 约翰·科特. 领导变革 [M]. 徐中，译. 北京：机械工业出版社，2021.

[34] 杨国安，拉姆·查兰. 移动互联网时代的组织创新 [J]. 哈佛商业评论（中文版），2016（8）：127-132.

[35] 曾楚宏，李青，朱仁宏. 家长式领导研究述评 [J]. 外国经济与管理，2009，31(5)：38-44.

[36] 郑晓明. 领导权变论：西方领导理论的主流 [J]. 中国人才，1999(11)：17-19.

[37] 朱国云. 组织理论：历史与流派 [M]. 南京：南京大学出版社，2014.

[38] 周浩，龙立荣. 恩威并施，以德服人——家长式领导研究述评 [J]. 心理科学进展，2005(2)：227-238.

[39] Barnard C I. The Functions of the Executive[M]. Cambridge, MA: Harvard University Press, 1968.

[40] Bruce Tuckman. Developmental Sequence in Small Groups[J]. Psychol Bull, 1965, 63(6): 84-99.

[41] Cameron K S, Quinn R E. Diagnosing and Changing Organizational Culture[M]. Reading: Addison-Wesley, 1999.

[42] Connie C J G. Time and Transition in Work Teams: Toward a New Model of Group Development[J]. Academy of Management Journal, 31(1988): 9-41.

[43] Deal T E, Kennedy A. Corporate Cultures: The Rites and Rituals of Corporate life[M]. Cambridge, MA: Addison-Wesley Reading, 1982.

[44] Denison D R. Corporate Culture and Organizational Effectiveness[M]. New York: John Wiley and Sons Inc, 1990.

[45] French J R P, Raven B. The Bases of Social Power[J]. Studies in Social Power, 1959(150): 167.

[46] Greiner L E. Evolution and Revolution as Organizations Grow, Harvard Business Review[J]. 1972, 50(4): 37-46.

[47] Hofstede G B, et al. Measuring Organizational Cultures: A Qualitative and Quantitative Study across Twenty Cases[J]. Administrative Science Quarterly, 1990, 35(2): 286-316.

[48] Holmstrom J, Drejer A. Re-Engineering in Sales and Distribution-Creating a Flexible and Integrated Operation[J]. Business Process Reengineering & Management Journal, 1996, 2(2): 23-38.

[49] Kanter R M. Power Failure in Management Circuit[J]. Harvard Business Review, 1979, 57(4): 65-75.

[50] Kenny D A, Zaccaro S J. An Estimate of Variance Due to Traits in Leadership[J]. 1983, 68(4): 678-685.

[51] Kotter J P, Heskett J L. Corporate Culture and Performance[M]. New York: Free Press, 1992.

[52] Lord R G, De Vader C L, Alliger G M. A Meta-Analysis of the Relation Between Personality Traits and Leadership Perceptions: An Application of Validity Generalization Procedures[J]. Journal of Applied Psychology, 1986, 71(3): 402.

[53] Maanen J V, Schein E H. Toward of Theory of Organizational Socialization[J]. Research in Organizational Behavior, 1979(1): 209-264.

[54] Ogbonna E, Harris L C. Leadership Style, Organizational Culture and Performance: Empirical Evidence from UK Companies[J]. The International Journal of Human Resource Management, 2000, 11(4): 766-788.

[55] Porter M E. What is Strategy[J]. Harvard Business Review, 1996, 74(6): 61-78.

[56] Schein E H. Organizational Culture and Leadership: A Dynamic View[M]. San Francisco, CA: Jossey-Bass, 1985.

[57] Schein E H. Organizational Culture and Leadership[M]. San Francisco: Jossey-Bass, 1992.

[58] Schein E H. Culture: The Missing Concept in Organization Studies[J]. Administrative Science Quarterly, 1996, 41(2): 229-240.

[59] Stoddard, Jarvenpaa. Business Process Reengineering: Tactis for Managing Radical Change[J]. Journal of Management Information Systems, 1995(3): 81-108.

[60] Stogdill R M. Personal Factors Associated with Leadership: A Survey of the Literature[J]. The Journal of Psychology, 1948, 25(1): 35-71.

[61] Yukl G, O’Donnell M, Taber T. Influence of Leader Behaviors on the Leader-Member Exchange Relationship[J]. Journal of Managerial Psychology, 2009, 24(4): 289-299.